행복설계사 티모시 샤프의

행복심리학

행복한 삶을 위한 전략들

티모시 샤프의

행복심리학

-행복한 삶을 위한 전략들-

티모시 샤프 지음 · 박병기 옮김

인간사랑

The Happiness Handbook : Strategies for a Happy Life, second edition
by Timothy Sharp

차례

이 작은 번역서를 고향 전주에 홀로 계신 어머님과
몇 년 전 피안에 드신 아버님께 바칩니다.

옮긴이 머리말

행복해지기 위한 전략이 꼭 필요할까?

행복이라는 화두(話頭)

살아가면서 우리가 행복을 선택할 수 있을까? 가까운 사람들 중에서 너무나 행복해하는 사람들을 보거나 한없이 불행해하는 사람들을 보면서 내가 어떤 도움을 줄 수 있을까를 가끔 고민해 본 적이 있다. 행복해하는 사람과 함께 있을 때는 행복한 기분을 함께 나누려 노력하면 되었지만, 불행한 사람과 함께 있는 순간은 당혹스러움과 침묵 속에서 그저 지켜볼 뿐인 경우가 대부분이었던 것으로 기억된다.

나 자신의 삶에서 행복했던 순간이나 불행했던 순간이 어느 때였는지를 떠올려 보기도 한다. 지나간 일들에는 아름다움이라는 색깔이 덧칠해진다지만, 행복했던 순간으로는 결혼해서 첫 아이를 얻었을 때와 박사 학위를 받고 전임 자리를 얻었을 때 정도가 떠오르고, 불행했던 순간으로는 내 삶의 많은 부분을 지탱해 주셨던 할머니와 아버지를 떠나보냈을 때가 아련히 떠오를 뿐이다. 그런 순간에도 많은 사람들이 나와 함께 해주었고, 그들 중 일부는 지금도 선연한 기억으로 남아 있지만, 특히 불행은 근원적으로는 나 자신의 몫임을 처절하게 자각해야 했던 여정이기도 했다.

행복이 우리 사회의 화두(話頭)가 된지 오래고, 책방에 행복과 관련된 책들이 적지 않게 나와 있는 상황에서 이 책의 원본이 나왔던 작년(2007) 여름쯤에 번역을 권유받고 일단 거절했던 기억이 난다. 지금 우리 책방에 나와 있는 행복에 관한 책들은 주로 불교와 같은 종교적 배경에서 씌어진 것들이거나 긍정심리학과 같은 심리학적 배경에서 나온 것들인데, 이 책도 후자에 속하는 또 하나의 행복서일 뿐이라는 생각이 들어서였기 때문이다. 그런데 웬 일인지 집으로 돌아오는 순간부터 이 책이 머리 속에서 떠나지 않고 생각의 꼬리를 지속적으로 이어주고 있음을 깨닫고 다시 연락해서 해보겠노라고 답변했다. 서문과 목차를 잠시 보았던 것일 뿐인데 … .

왜 그랬을까? 그저 스쳐 지나갔을 가능성이 높았던 이 책과 나의 인연(因緣)을 이렇게까지 이어준 고리는 과연 무엇이었을까? 지금 생각해 보니 그 당시 나 자신이 겉으로는 멀쩡해 보였지만 내면적으로는 불행과 행복의 연속선상에서 자신을 주체하지 못하고 있었고, 그 혼란을 피해보고 싶어서 이런저런 행복 관련 책을 읽거나 사람들을 만나고 있었지만 별로 성공을 거두지 못하고 있었기 때문이었던 것 같다. 행복 관련 책들은 너무 뻔한 이야기이거나 아니면 지나치게 작위적이어서 거부감이 들었고, 마음을 나누고 싶어 만난 사람들로부터는 위안보다는 오히려 상처를 받는 경우가 더 많았다.

사람들로부터 얻을 수 있는 위안의 한계에 대해서는 이미 고등학교 시절부터 알아챌 수 있었음에도 고독감이 혼자 감내할 수 있는 수준을 넘어서거나 어떤 일이 뜻한 대로 되지 않아 상처받았을 때 나는 꼭 사람을 만나고 싶어하곤 했다. 그 사람을 만나서는 정작 그 일과 관련된 이야기는 하나도 하지 못한 채 다른 시시껄렁한 이야기로 채우다가 돌아서는 순간에는 더 심해진 상처를 부여안고 소리도 내지 못한 채 꺼이꺼이 마음으로 울어야만 했다.

돌이켜 보면 초등학교부터 중학교까지 9년 동안, 혼자서 두어 시간 산길을 걸어야만 도착할 수 있었던 등교길에서 나와 온전히 함께 했던 것은 나무이거나 바람이거나 포장이 되지 않은 좁은 오솔길을 귀를 쫑긋거리며 지나가던 산토끼나 뱀 같은 짐승들뿐이었다. 그래서 오십 고개를 바라보는 이 순간까지 한편으로는 그 자연을 한없이 그리워하면서도 다른 한편으로는 그 이상으로 사람들에 대한 진한 그리움을 떨치지 못하고 있는지도 모른다. 그때의 꿈은 고향 마을의 영웅이었던 한 선배와 같이 사람들이 많이 사는 그곳 도청 소재지의 일류 고등학교에 진학하고 다시 서울대학교에 합격하고 나서는 판검사가 되거나 장관이 되어 이름을 떨치는 것이었다.

생각이 여물어 가던 시기에 별다른 고민 없이 선택했던 그 꿈은 고등학교와 대학교를 거치면서 인간의 정신적 영역에 대한 관심으로 바뀌었고, 그 관심에 따라 사범대학을 마친 후에는 서울 시내 어느 여자중학교 도덕 교사와 공군의 정신교육 담당 교관, 모교의 시간강사와 고향 교육대학의 전임을 거쳐 현재의 자리에 이르렀고, 최소한 외적으로 내 삶의 성취는 만족할 만한 수준이라고 생각할 수 있게 되었다. 그런데 이 책의 번역을 권유받았던 그 시절에 오랜 시간 열망해 왔던 일을 성취하고자 하는 또 다른 계획이 마음대로 되지 않아 속앓이를 하고 있었고, 더 견디기 어려웠던 점은 계획의 좌절보다 그 좌절을 견디지 못하는 자신의 '깜냥'이었다.

전라도 사투리로 '깜냥'은 무엇을 담을 만한 그릇의 정도와 같은 정신적 크기를 일컫는 말이다. '어떻게 살 것인가?' 라는 질문을 평생의 화두로 삼아 윤리학을 공부하고 도덕교육이라는 어려운 일에 몸을 맡긴 지도 벌써 30여 년 가까운 시간을 축적해 가고 있다. 더욱이 서양윤리학과 도덕교육에 관한 공부에 한계를 느껴 마음의 문제를 제대로 다루어 볼 수 있을 것이라는 기대로 가산불교문화연구원에 설치된 불교원전전문학림 삼학원(三學院)에 들어가 불교공부를 시작한 지도 10년을 훨씬 넘기고 있지 않은가? 험난한 5년제 과정이면서도 세속의 학위와는 무관한 그곳을 그저 무사히 수료할 수 있게 한 요인도 한편으로는 물론 한문과 산스크리트어라는 언어 습득 과정에서 느끼곤 했던 희열감이었지만, 더 중요한 요인은 마음공부를 통해서 '어떻게 살 것인가?' 라는 나의 화두를 감내할 수 있는 마음자리를 얻을 수 있을 것이라는 기대였다. 그곳에서 '가산 지관(伽山 智冠)' 이라는 이 시대의 거목을 스승으로 모실 수 있는 인연의 행운도 누렸고, 그분 외에도 고옥(古玉) 스님이나 김성철, 정병삼 선배님 같은 스승이자 도반(道伴)을 만나 마음공부의 한 자락을 엿볼 수 있는 기회를 얻기도 했다. 그럼에도 나의 깜냥은 이 정도에 머물고 마는 것인가?

마음공부를 통해 행복을 얻을 수 있을까?

우리의 전통 속에서 공부란 곧 마음공부를 의미한다. 불교에서는 말할 것도 없고, 선진유교와 선불교의 화합물이라고 할 수 있는 성리학에서도 진정한 공부는 곧 하늘의 명령을 제대로 알아차리고 마음 속에 자리 잡고 있는 욕심을 다스릴 수 있는 마음공부이다. 조선 시대를 대표하는 선비들이라고 평가받는 남명과 퇴계, 율곡이 모두 이 마음공부의 한 자락을 성공적으로 펼쳐냈던 사람들이고, 경허와 만공, 성철, 숭산으로 이어지는 근대 이후 우리 선사들의 선맥(禪脈)도 모두 이러한 마음공부의 맥과 동일한 것이다. 그 시대를 함께 했던 사람들은 그런 모형들을 마음 속에 새기면서 공부길에 들어설 수 있는 행운을 누린 사람들이다.

그런데 현재의 우리는 그 전통과 비교적 멀리 떨어져 있다. 우리 사회는 시민사회(市民社會, civic society)이다. 이 사회에서는 모든 사람들이 주체가 되어야 하고, 그 주체는 주로 자신이 어떻게 하면 혼자서 살아남을 수 있을까를 고민해야 하는 상황에 내던져진다. 이들이 살아남기 위해서 돈이 필요하다는 사실을 깨닫는 데는 시간이 많이 필요하지 않다. 돈을 버는 데는 자신의 이익이 무엇인지를 철저하게 따질 수 있는 경제적 합리성이 필수적이고, 우리는 교육을 그런 유형의 합리성을 키우는 것과 동일시하는 데 익숙해질 수밖에 없었다. 가족공동체에 근거를 둔 막연한 유대감이 통하던 '좋은 시절' 마저 구제금융 사태(소위 IMF사태)를 견뎌내는 과정에서 내주어야만 했다.

이제는 유치원부터 대학에 이르는 모든 교육과정 속에서 영어회화 같은 생존능력에 요구되는 도구 교과를 무시하는 사람을 찾아보기 어렵다. 또 실제로도 좋은 대학에 가거나 좋은 직장을 구하는 데 영어가 차지하는 비중이 결정적이기도 해서 영어공부를 경시할 수도 없거니와 지식과 정보를 수집하기 위해서도 영어공부는 필수적인 상황이 되었다. 그러다 보니 '진정한 공부는 마음공부' 라는 주장은 점차 목소리를 잃고 가정과 학교의 형식적인 목표 정도로만 겨우 명목을 유지하고 있을 뿐이다. 요즈음 우리 교육계에서 주로 부각되어 있는 문제는 이런 학교교육을 통해서 각각의 학부모가 요구하거나 기대하는 경쟁력이 길러질 수 있는지 하는 것인데, 대체로 이런 기대는 무너지고 상당 부분은 사교육 시장으로 채우고 있는 것이 또 다른 우리 교육의 자화상이다.

이 교육의 문제는 우리 사회가 처한 문제 상황과 맥락이 같은 것이기도 하고, 그 맥락에서 비롯된 것이기도 하다. 우리의 경제력 규모는 세계 200여 개 국가 중에서 10위권이다. 만약 어떤 학생이 자신이 다니는 학교의 같은 학년 200명 중에서 10등 정도를 하고 있다면 누구나 '공부를 잘 하는구나' 라고 생각하는 게 당연하다. 그런데 어찌된 일인지 우리나라가 잘 사는 나라에 속한다고 말하는 사람을 찾아보기는 어렵다. 이런 현상을 어떻게 설명할 수 있을까? 이런 기이한 현상을 설명하는 데는 국가 전체의 부는 커졌는데 그 부가 일부에 독점되어 있어서 정작 국민은 가난하기 때문이라거나, 조선과 일제 식민지 시대를 거치면서 자신을 제대로 평가하지 못하고 늘 1등 국가와만 비교하면서 열등감을 갖는 사회풍조 때문이라는 식의 설명들이 유효하게 동원될 수 있다. 각각 다 의미 있는 설명들이기 때문에 관심을 갖고 지켜볼 필요도 있다.

그러나 확실한 것은 설령 경제적 부가 세계 1등 국가가 된다고 해도 우리 국민들이 그만큼 행복해하지는 못할 것이라는 사실이다. 이미 여러 행복학자들의 연구를 통해서 검증된 것과 같이 일정한 수준까지는 경제적 부와 행복이 일치하지만 그 선을 넘어서면 별다른 관련이 없거나, 오히려 자살률 부분에서는 부유할수록 더 높아지는 경향마저 나타난다. 외적인 부와 행복의 관계가 이렇다면 이제 남은 문제는 마음의 문제일 뿐이다. 마음이 모든 것을 결정한다는 명제는 본래 불교의 오랜 명제였다. 흔히 '모든 것이 마음에 달려 있다[一切唯心造]'로 표명되는 이 명제는 많은 부분 성리학자들에 의해 계승되어 우리 정신사의 밑바탕을 형성했다.

물론 마음이 모든 것을 결정한다는 명제는 현실 속에서는 늘 일정한 과장을 포함한다. 어떻게 마음으로 모든 것이 결정되고 극복될 수 있는가? 우리 인간은 마음보다도 몸으로 더 강한 관계를 원할 때도 있고, 살 곳이 제대로 마련되지 않았을 경우에는 사랑하는 사람끼리 서로 마음이 상해서 싸우거나 헤어지기까지 하는 사례를 주변에서 쉽게 볼 수 있다. 아니 단지 주변의 문제가 아니라 나 자신도 외적인 문제가 강렬하게 다가올 때 마음으로 그것을 통제하거나 조절하지 못할 때가 대부분이지 않은가? 그럴 때 모든 것이 마음 먹기에 달렸다는 설법은 공허한 메아리로 머물다 갈 뿐이다.

이 순간에 우리가 할 수 있는 일은 그 명제를 포기하거나 한 발짝 물러서서 재검토해 보는 일이다. 명제를 포기하고자 할 경우에 모든 것이 마음과는 상관없다고 말하거나 상관이 있다고 하더라도 부분적일 뿐이라고 말하는 방안이 있을 수 있고, 재검토하고자 할 때는 마음이 정말로 무엇인가를 따져보거나 그 마음과 마음을 흔드는 외적인 것들 사이의 관계를 다시 따져 묻는 일을 할 수 있다. 마음이 무엇인지에 대해서는 자연과학자들의 소위 물질주의적 관점, 즉 인간의 마음도 결국 인간을 구성하는 물질적 요소들 사이의 상호작용으로 환원시켜 설명할 수 있는 대상이라는 관점이 우리 시대를 지배하는 패러다임으로 자리 잡은 지 오래다. 이 패러다임의 지배력이 현실의 어느 영역에서는 확고한 반면 상당수의 다른 영역에서는 의외라고 할 수 있을 만큼 흔들리고 있기도 하다. 최근 점증하고 있는 서양인들의 불교에 대한 관심도 그 간접적인 증거의 하나이다.

마음을 어떻게 보든지 그것과 그것에 영향을 미치는 외적 요소들 사이의 관계에 대한 일정한 한계 안에서의 설명은 가능하다. 이 둘은 서로 같은 영향권 속에 머물러 있기 때문에 서로 영향을 주고받을 수밖에 없지만, 일정한 시간과 노력을 거친다는 전제를 하고 나면 마음이 외적인 것들에 미칠 수 있는 영향력의 범위가 획기적으로 넓혀질 수 있다는 설명이 그 하나의 예이다. 이 설명과 함께 제시될 수 있는 다른 명제는 행복의 문제도 결국은 마음의 범주 안에 있는 문제이고, 따라서 마음공부를 통해서 행복을 키울 수 있을 것이라는 주장이다. 이 주장이 현실 속에서 검증되기 위해서는 자기 스스로 경험해보거나 전문학자들에 의한 실험 또는 관찰이라는 과정이 요구된다. 임상심리학자이자 상담 및 심리치료의 전문가이기도 한 글쓴이 티모시 샤프의 공헌은 이 부분에서 돋보인다.

행복을 위한 전략이 꼭 필요할까?

티모시 샤프의 이 책은 심리학적 배경에서 쓰여진 다른 행복서들과 많은 부분을 공유하고 있으면서도 동시에 차별화될 수 있는 매력들을 함께 지니고 있다. 내게 이 책을 번역하고자 하는 마음을 갖게 만든 것이 바로 이 부분이다. 다른 행복서들과 공유하고 있는 부분은 행복을 바라보는 관점의 모호함과 그 전략이 지니는 지나친 작위성이라는 한계이다. 이 책도 다른 유사한 행복에 관한 책들과 같이 행복이 무엇인지에 대한 명확한 정의도 내리지 않은 채 '이렇게 하면 누구나 행복해질 수 있다' 라고 과장된 목소리로 외치는 듯한 식상함을 일부 지니고 있다. 지은이의 말처럼 정말 이 책을 읽고 그 전략들을 실천에 옮기기만 하면 누구나 행복해질 수 있을까? 나는 이 말에 선뜻 동의하기 어렵다.

그럼에도 나는 왜 이 책을 번역해서 '낙양의 지가' 를 올리고자 하는가? 사실 우리 풍토에서 번역은 그리 매력적인 과제가 아니다. 특히 나처럼 이미 자리를 잡고 있는 사람에게 번역은 돈이나 명예 등과 같은 외적 가치들을 기준으로 따져볼 때는 전혀 매력적인 일이 아니다. 게다가 본래의 책이 갖고 있는 식상함과 한계가 더해졌음에도 왜 번역하고 싶은 마음이 일어난 것일까? 이 질문에 대한 답으로 이 머리말의 마지막 부분을 채우고자 하고, 그것은 다른 측면에서 이 책을 접하는 사람들이 왜 이 책을 읽어야 하는가에 대한 답의 한 부분이 될 수도 있을 것으로 기대한다.

우리는 누구나 행복하기를 원한다. 만약 지금 이 순간 행복하지 못하다고 느낀다면 누구나 다음 순간에라도 행복해지기를 원한다. 그렇게 행복을 원하기 때문에 자신이 할 수 있는 수준과 범위 안에서 행복해지려는 노력을 한다. 술을 마셔보거나 사람을 만나기도 하고, 때로는 긴 여행을 계획하여 실천에 옮기기도 한다. 그럴 수 있는 여유가 없는 사람들은 그저 자신의 삶에서 행복했던 순간들을 떠올려봄으로써 잠시나마 현재의 고통과 불행을 잊고자 노력하기도 한다. 그렇게 보면 인간이라면 누구나 행복을 위한 자신만의 전략을 갖고 있는 셈이다.

문제는 그 전략들이 얼마나 효과가 있는가 하는 점이다. 어떤 행복 전략이 효과를 발휘할 수 있기 위해서는 우선 그것이 행복의 본

질에 부합하는 것이어야 하고, 더 나아가 각 개인의 상황과도 맞는 것이어야 한다. 마음공부를 통해 행복을 증진시킬 수 있다는 주장을 수용한다면 그 전략의 상당 부분은 마음공부로서의 성격도 동시에 갖추고 있어야 할 것이다. 티모시 샤프는 행복한 삶을 보장하는 전략으로 여섯 가지를 제시하면서 그것을 '선택'(CHOOSE)이라는 영어 단어를 각 전략의 첫 글자로 요약하는 요령을 보여주고 있다. 삶의 목표의 명료함(C, Clarity), 건강한 삶(H, Health Living), 낙관적 사고(O, Optimism), 타인들과의 좋은 관계(O, Others), 자신의 장점 받아들이기(S, Strengths), 순간을 즐기기(E, Enjoy the Moment) 등이 그것이다. 이 여섯 개의 전략 중에서 우리가 무엇인지 알 수 없는 것은 전혀 없다. 오히려 너무 상식적이어서 실망스러울 정도이다.

글쓴이도 이 사실을 알고 있기 때문인지 문제의 핵심은 이 전략들을 정확하게 알고 받아들이는 것을 전제로 우리의 일상 속에서 실천에 옮길 수 있는가의 여부라고 말하면서 다음과 같이 강조하고 있다.

이제 당신 자신이 실천에 옮겨라!

> 이 책을 읽고도 아무런 시도도 하지 않는다면 아예 읽지 않는 것보다 못한데, 왜냐하면 그럴 경우 당신은 이 책을 읽은 그 시간을 낭비한 것에 불과하기 때문이다. 제발 당신 자신과 당신을 사랑하는 사람들, 또 당신이 사랑하는 사람들을 위해서 어떤 것이라도 좋으니 여기서 읽은 것을 실천에 옮겨보기 바란다.
>
> —글쓴이의 '시작하는 글'에서

이 책의 매력은 바로 글쓴이의 이런 자세이다. 그는 행복을 위한 전략을 자신의 삶과 직접 결부시키고 있다. 자신이 상담하면서 만나는 사람들을 통해 실천해 보고자 노력하면서 그 장점과 한계를 분명히 깨우친 것으로 보인다. 그러다 보니 한편으로는 지나치게 자신감을 보이는가 하면, 현실의 문제로 돌아오면 지나치게 겸손해지는 흔들리는 모습을 보여주기도 하지만, 행복에 관한 한 그런 자세는 극히 정상적인 자세이기도 하다. 자신의 행복과 관련시켜 이야기할 때 일관된 자신감을 보일 수 있는 사람은 아마도 이론적 영역에 머물고 마는 한계를 지닌 전문가이거나 거짓말을 하고 있는 사람일 가능성이 높다는 점에서 그러하다.

이 땅에 사는 누구에게나 마음공부가 요청되는 시대를 우리는 건너고 있는 중이다. 글쓴이가 제안하고 있는 행복을 위한 실천 전략들이 그 마음공부의 어떤 부분을 이룰 수 있을지에 대해서는 비판적인 검토의 여지가 남아 있지만, 그럼에도 이 책은 태어나서 반드시 죽을 운명을 갖는 생멸(生滅)의 차원과 그 한계를 뛰어넘을 수 있는 진여(眞如)의 차원을 동시에 살아내야 하는 존재인 우리들로 하여금 '나는 왜 살고 있는가?' 라는 질문을 스스로에게 던지게 하는 묘한 매력을 지니고 있다.

마지막으로 이 책을 번역하는 짧지 않은 시간 동안 나에게 행복한 시간을 제공해 준 공간에 대한 이야기를 덧붙이고 싶다. 이 책을 주로 번역한 곳은 내 연구실이나 집의 서재가 아니다. 아침 일찍 수리산 자락 산책로를 노트북을 걸머지고 호젓하게 걸어와서 자리를 잡고 번역을 한 곳은 바로 나의 단골 커피 전문점이다. '스타벅스 산본점' 이라는 이름을 가진 이 공간의 구석진 자리에는 목줄기를 타고 넘어가는 에스프레소 커피의 아찔한 중독감과 삶의 굴곡들에 대한 사색, 임용시험 준비를 하느라 조금은 지친 표정으로 함께 하기도 했던 큰딸 새롬이의 맑은 미소가 늘 함께 하곤 했다. 가끔씩은 아내 정례와 둘째 세원이도 함께 했는데, 삶이란 어쩌면 이렇게 커피 한 잔의 아찔함 속에서 이루어지는 만남과 바라봄의 미학으로 채워지는 행복감 그 자체인지도 모른다.

무자년 여름을 맞으며,

옮긴이 법연(法淵) 박병기 드림

낙관적으로
생각해야 할
시간이야!
Millard

시작하는 글

어떻게 하면 행복을 선택할 수 있을까?

2년 전 이 책을 출간한 이후로 나는 우리 행복연구소에서 제공하는 행복 프로그램을 더 완전한 것으로 만들기 위해 노력해 왔고, 이 책에서 설명하고 있는 행복의 원칙들을 어떻게 활용할 수 있을지를 놓고 여러 곳에서 상담과 강의를 하기도 했다. 아마도 수천 번까지는 아니겠지만 적어도 수백 번은 행복에 관한 다른 사람들의 생각과 내 생각을 대화를 통해 주고받을 기회는 가진 것 같고, 그런 기회를 통해서 이 책에 대한 여러 의견들을 충분히 접할 수 있었다. 그 결과 행복의 기본 원칙에 관한 나의 신념이 바뀐 것은 아니지만 좀 더 새롭고 흥미 있는 행복 모형을 제시할 수 있게 되었다.

이 개정판에서 새로운 행복 모형을 제시할 수 있게 된 것이 기쁘고 자랑스럽기까지 하다. 그 관련성이나 유용성, 접근성 등을 폭넓게 고려해서 행복선택 모형(the choose happiness model)이라는 새로운 모형을 제시하고자 하는데, 이 모형은 최근에 관심을 모으고 있는 긍정심리학 연구를 반영한 것이기도 하다. 행복선택 모형은 명료화와 낙관, 적극적인 관계 설정, 자신의 내적 역량 활용 등 행복에 다가갈 수 있는 6가지 전략을 갖고 있다. 행복이 당신 스스로 선택할 수 있는 어떤 것임에는 틀림없고, 이 흥미로운 새 모형은 당신이 행복에 좀 더 가까이 다가갈 수 있는 결정을 내릴 수 있도록 도움을 줄 것이다. 그리고 좀 더 반가운 소식은 이 전략들이 단순히 개인들에게만 적용될 수 있는 것이 아니라 연인들과 가족, 팀과 같은 크고 작은 조직에도 적용될 수 있다는 점이다.

행복은 당신이 선택하는 어떤 것이다

행복은 우리가 매 순간, 매 시간, 그리고 매일 매일 내리고 있는 하나의 결단이다. 사실 우리가 행복연구소를 통해서 제시하고 또 확인하는 것은 바로 행복이 이러한 일상적 결단의 하나라는 단순한 원리이다.

우리는 또한 행복에는 어떤 미스테리한 것이나 마술과 같은 것이 없다고 믿고 있고, 오히려 우리가 경험하는 모든 것을 통해서 얻을 수 있거나 옳은 일을 하거나 올바른 선택을 하는 순간에 얻을 수 있는 어떤 것임을 확신한다.

앞으로 내가 '선택'이라는 단어를 사용하거나 행복이 당신이 선택하는 어떤 것이라고 말할 때는 그 단어나 문장을 신중하게 선정해서 사용하고 있음을 알아주었으면 한다. 행복연구소에서 '선택'이라는 단어는 우리가 행복을 가져다 줄 것이라고 믿고 있을 뿐만 아니라 과학적인 증거도 확보하고 있는 6가지 핵심 전략을 연상시키는 부호이다. 그 6가지를 핵심 단어 하나하나를 가지고 접근해 보기로 하자.

C = Clarity 명료함(삶의 목표, 방향, 목적의)

H = Healthy living 건강한 삶(당신이 아프거나 항상 지쳐 있다면 행복할 수 없다.)

O = Optimism 낙관(당신 자신과 미래, 세계에 대한 긍정적인 태도)

O = Others 타인들(당신의 삶에서 중요한 관계 모두를 포함하는)

S = Strengths 장점들(삶의 질과 기여도를 포함하는)

E = Enjoy the moment 순간을 즐김(감사와 칭찬, 즐거움을 갖는 것을 포함하는)

자기결정론에 대한 신념에 기반을 둔 이 흥미로운 접근은 심리학과 심리치료에 관한 전통적인 접근법과는 근본적으로 다른 긍정심리학의 가장 흥미로운 측면 중 하나이다. 전통적으로 임상심리학자들은 인간 심리의 연약함과 문제점에 더 많은 강조점을 두거나 그것을 핵심 내용으로 삼아왔지만 긍정심리학은 중요한 측면에서 다른 접근을 시도한다. 아직까지 좀 더 많은 과학적인 검증을 필요로 하는 접근법이기는 하지만 긍정심리학자들은 다음과 같이 말하고 싶어한다.

좋아! 우리는 우리 자신의 결점은 일단 그대로 놓아두고 다른 부분을 발달시킬 수 있어. 우리는 모두 내적인 강함과 자질, 태도를 갖고 있고 그것을 보다 잘 활용하면 좀 더 행복하고 성공적인 사람이 될 수 있어.

행복한 사람이 자기정체성이 더 강하고 자신의 강점을 더 잘 활용하는 반면에 자신의 약점에 대해서는 덜 집착한다는 점은 분명한 사실이다. 그렇다고 해서 그들이 자신의 결점을 경시한다는 것은 아니다. 오히려 그들은 자신들의 결점을 잘 통제하면서 그것들이 자신의 행복과 성공의 방해 요소가 되지 않도록 하는 능력을 갖고 있다. 그들은 또한 목적을 성취한 뒤에는 거기에 머무르지 않고 자신들이 진심으로 좋다고 생각하는 것을 향해 전진한다.

우리가 선택 모형 속에서 제안하고 있는 성공을 위한 6가지 비밀들은 서로 긴밀하게 연계되어 있다는 점을 유념할 필요가 있다.

C = Clarity 명료함

만약 당신이 춘향전을 읽었다고 가정해 보면, 당신은 춘향이가 오랜 기다림과 고난 끝에 이도령을 만나는 장면을 기억하고 있을 것이다. 이 춘향전이 현대적으로 각색된다면 춘향은 사랑과 현실 속의 힘 가운데 어느 쪽을 선택할 것인지를 놓고 고민하는 여자로 그려질 수 있다. 고민하는 춘향이에게 우리가 어떤 충고를 할 수 있을까?

그 방향을 놓고 잠시만 생각해 보자. 그 선택과 방황의 순간에 당신 스스로가 진심으로 하고 싶어하는 것은 무엇인지, 또 그 방향에 대해 정확히 알고 나서 선택을 하거나 충고하는 것인지를 반성해 볼 필요가 있다.

나의 다년간의 경험에 의하면 대다수의 사람들은 자신의 삶의 계획을 짜는 데보다 한 여름의 휴가를 어떻게 보낼 것인지에 대한 관심이 훨씬 더 많다. 대부분의 사람들이 어떤 종류의 분명한 인생계획도 없이 되는 대로 살고 있고, 그 결과로 가끔씩 몰려오는 상실감이 어디서 오는지를 몰라 당황스러워한다. 자신들이 단지 일상의 흐름에 내맡겨진 희생물임을 어느 순간에 깨닫고 스스로 얻을 수 있는 행복이나 성공과는 거리가 먼 삶을 살고 있다고 느끼면서도 어쩌지 못하는 것은 당연할 결과이다.

이와 반대로 분명한 계획을 갖고 있는 사람은 자신과 자신의 삶, 자신에 속한 세계에 대해 좀 더 확실한 소속감을 느낀다. 이런 선택과 결심은 이 책을 읽고 있는 사람들 각자에게 달려 있다. 누구도 당신을 대신해서 선택해 줄 수 없고, 혹시 다른 사람이 그런 제안을 했다고 해도 당신 스스로 살아내야 할 삶을 다른 누군가가 대신 말해주기를 기대할 수 있겠는가?

다른 사람이 당신의 목표를 대신 결정해 주기를 바라지 않는다면 그것은 결국 당신 스스로에게 달린 셈이다. 좀 더 분명하고 세분화된 삶의 목표와 방향을 가질수록, 또 자신이 누구인가를 좀 더 명료하게 인식하고 어떤 삶을 살고 싶은지를 분명하게 하면 할수록 그만큼 더 성공적이고 행복한 삶을 살 수 있을 것이다.

행복한 사람은 삶이 무엇인가를 알고 있는 사람인데, 이 책의 1장에서 어떻게 하면 그 명료함을 얻을 수 있는지 알 수 있게 될 것이다.

H = Healthy Living 건강한 삶

이제 'H'로 옮겨가 보자. H는 건강한 삶을 의미하고, 아무리 명료한 의식을 갖고 있다고 하더라도 말 그대로 항상 지쳐 있거나 아프면 행복하기 어렵다는 점을 강조한다. 만약 당신이 하고 싶은 일을 할 수 있는 힘이 없다면 행복해지기 어려울 것이다. 우리는 최근 수

십 년의 연구와 모든 임상적 관찰을 통해서 건강한 삶이 행복을 경험할 수 있는 당신의 기회를 증진시켜 줄 수 있다는 사실을 지속적으로 확인할 수 있었다.

좀 더 자세하게 말하면, 우리는 즐겁고 만족스러운 활동에 참여함으로써 긍정적인 느낌을 받을 수 있는 빈도를 증가시킬 수 있음을 알고 있다.

덧붙여 우리는 활동과 운동이 건강과 행복을 보장할 수 있는 매우 효과적인 수단임도 알고 있다. 사실 활동과 운동은 아마도 질병을 막고 건강과 복지를 증진시키는 데 가장 값싸면서도 효과적인 수단일 것이다. 운동은 우울증 치료에 있어서도 병원에서 받는 치료만큼이나 효과적인 방법이라는 사실이 속속 검증되고 있다.

운동과 활동 못지않게 다이어트와 섭생(攝生)도 중요하다. 제한적으로 음식을 섭취하는 경우 그 결과가 어떻게 되는지에 관한 연구가 많이 나와 있지만 아직은 그 구체적인 내용은 잘 모른다. 다시 말해서 어떤 음식을 먹는 것이 당신의 행복을 증진시키거나 우울증을 극복하는 데 도움이 되는지에 대해서 확신을 갖고 얘기할 수 있는 수준은 아니다.

그러나 우리가 확실히 알고 있는 사실은 건강하고 균형이 잘 맞춰진 식사가 당신의 건강에 매우 중요하다는 점이다. 다른 측면에서 보면 건강한 사람은 행복한 삶을 영위하기 위한 기반으로 잘 먹고 활동성을 유지하는 데서 더 유리한 위치에 있다고 말할 수 있을 것이다.

이제 선택 철학의 구성 요소로서 '건강한 삶'에 대한 이야기를 마치기 전에 한 가지 비판적으로 검토해 보아야 할 것이 있다. 대부분의 사람들이 운동과 적절한 음식 섭취를 핵심 요소라고 쉽게 말하면서도 건강한 삶을 위한 또 하나의 핵심 요소, 즉 수면과 휴식을 그다지 중요하다고 생각하지 않는다. 수면은 나의 첫 번째 저서인 『숙면을 위한 안내서』에서 큰 흥미를 갖고 있었던 요소이다. 나 스스로 잠이 자신의 행복에 얼마나 중요한지를 직접 경험했기 때문에 특별히 더 많은 관심을 가질 수 있었다.

불행히도 잠이 건강과 행복에 얼마나 중요한지, 또 잠을 못 자는 것이 건강과 행복, 성취에 얼마나 방해가 되는지는 잘 알고 있음에도 많은 사람들에게 수면 결핍은 중요한 문제가 되어 있다. 현재의 서구 사회에서는 평균적인 사람이 꼭 필요한 수면 시간을 한 시간 이상 채우지 못하고 있고, 그 결과 대체로 늘 지쳐 있는 상태이다.

건강과 행복을 위해 이런 요소들이 언제 요구되고 또 왜 필요한지 알면서도 우리들은 왜 알고 있는 것을 실천에 옮기지 못하는 것일까? 자주 시간이 문제가 된다. 우리들은 '운동을 하고 싶어도 할 수 있는 시간이 없어'라고 말하거나 '웰빙 음식을 준비할 수 있는 시간이 없어서 패스트푸드를 먹을 수밖에 없어'라고 말한다.

그러나 다음과 같은 스탠리(Edward Stanley)의 충고를 읽으면서 잠깐 동안만 생각해 보자.

> "운동할 시간이 없다고 생각하는 사람들은 조만간 병을 얻을 시간을 갖게 될 것이다."

운동할 수 있는 충분한 시간이 없다고 생각한다면 곧 그만한 대가를 치르게 될 것이라는 경고이다. 따라서 자신을 돌볼 수 있는 시간을 만드는 것이 중요하고, 그것은 당신 자신에게는 물론이고 가족과 우리 모두에게도 가치 있는 일이다. 왜냐하면 당신이 좀 더 건강해지면 더 행복해질 수 있을 것이고, 그렇게 되면 우리가 원하는 더 많은 일을 해줄 수 있는 힘도 갖게 될 것이기 때문이다.

즐거운 활동과 건강한 삶, 긍정적인 변화를 어떻게 가능하게 할 것인가에 관한 내용은 2장과 6장, 7장에서 더 상세하게 다룰 것이다.

O = Optimism 낙관

최근 몇 년간 나는 행복연구소의 설립자이자 책임자로서 많은 사람들에게 행복에 관한 이야기를 해왔고, 언론인들을 포함한 많은 사람들로부터 행복에 관한 질문을 받기도 했다. 인터뷰나 토론의 형식을 빌려 만난 이 사람들이 내게 던진 질문은 항상 '행복에 이르는 비밀의 열쇠가 있는가?' 였다.

이 공통된 질문을 받고 나면 나는 대개 쉽게 답변하지 못하고 망설이곤 했는데, 왜냐하면 그 질문에 대한 답이 한 가지로 모아지지 않았기 때문이다. 그것은 한편으로 행복에 이르는 단 하나의 비밀 열쇠가 있다고 생각하지 않았기 때문이기도 하지만, 설령 내게 해당되는 비밀 열쇠가 있다고 해도 그것이 다른 사람에게도 맞을 것인지 확신할 수 없었기 때문이기도 하다. 우리는 각각 다른 인간들이고, 그에 따라 우리 모두에게 맞는 한 개의 열쇠는 없는 것이 당연하다.

그런데 대부분의 사람들을 행복하게 하는 데 결정적으로 기여하는 것은 분명히 있고, 우리의 선택 모형에서 제시하는 6가지 전략은 그 중에서도 가장 중요한 요소임에 틀림없다. 이 6가지 전략 중에서도 더 중요한 하나의 요소를 들라고 하면 나는 낙관론을 의미하는 'O'를 가장 첫 번째로 꼽는 데 주저하지 않을 것이다. 행복에 관한 생각을 확산시키는 데 근원적으로 기여한 달라이 라마의 다음 말씀을 함께 읽으면서 자신의 생각을 더 전개해 보자.

> "보다 행복한 삶에 이르기 위해 중심이 되는 방법은 일상 속의 마음공부를 통해서 부정적인 태도를 약화시키고 긍정적인 태도를 강화시키는 것이다."

달라이 라마의 말씀 중에서 내가 특히 좋아하는 부분은 '일상 속의 마음공부' 인데, 이 말씀을 통해 알 수 있는 것은 낙관론이 우리가 노력해서 얻을 수 있는 것이라는 점이다. 이것은 하나의 기능이고, 다른 기능과 마찬가지로 더 많이 노력하고 연습할수록 더 좋은 마음 상태에 이를 수 있으며, 더 좋은 상태의 마음을 가질 수 있게 되면 스스로가 더 행복해질 수 있다는 사실을 암시하고 있다.

낙관적으로 생각하는 사람들은 단지 행복한 것에 그치는 것이 아니라 병에 대한 적응력이 높아져서 더 건강해지기도 한다. 또한 주위 사람들과 더 좋은 관계를 유지할 수 있기 때문에 자신의 일에서 더 성공할 수 있고 더 오래 살 수도 있다. 이런 정도의 이점은 내가 생각해서 제시할 수 있는 범위 안에서 이야기될 수 있는 것이고, 낙관적인 생각이 가져올 수 있는 긍정적인 결과에 대해서는 온전히 예측하기 어려울 정도이다. 부정적인 생각을 없애고 좀 더 낙관적으로 생각할 수 있는 구체적인 방법에 대해서는 5장을 꼭 읽어보기 바란다.

O = Others 타인들

선택 모형에서 두 번째 'O' 는 관계를 다른 말로 표현한 '타인들' 이다. 앞에서 지적했던 것처럼 낙관적인 생각은 행복에 첫 번째로 중요한 변수인데, 임상경험이나 연구결과들을 토대로 해서 두 번째로 중요한 변수를 든다면 우리들이 맺고 있는 인간관계의 질이다.

행복한 사람들은 당연히 좀 더 풍부하면서도 좋은 인간관계를 맺고 있다. 좋은 관계는 스트레스나 우울증에 저항력을 높여주고 좋은 삶을 살고 있다는 느낌을 가져다 주는 등 여러 가지 측면에서 행복에 기여하는 요소가 된다.

강한 종교적 신념을 갖고 있는 사람들이 더 행복하다는 흥미로운 연구결과도 있다. 오랜 시간 동안 그러리라는 짐작을 해왔으면서도 정작 그 이유는 정확하게 알지 못했던 사실인데, 수차례에 걸쳐서 몇 가지 방식의 설명이 제시되었다. 그 중 하나가 강한 신앙심을 가진 사람들은 교회활동에 좀 더 적극적으로 참여하고, 그 결과로 좀 더 강한 사회적 유대관계를 갖게 되기 때문이라는 설명이다.

분명히 당신이 좋은 관계를 맺고 유지할 수 있는 많은 방법이 있지만, 확실한 사실은 좋은 관계를 만들고 유지해 가는 것이 자신을 지켜가는 가장 효과적인 방법이고, 다른 사람의 행복뿐만 아니라 자신의 행복을 증진시키는 가장 좋은 방법이라는 점이다. 행복의 요소로서의 타인과의 관계에 대해서는 4장에서 자세하게 다루게 된다.

S = Strengths 장점들

3장에서 한 중국인 물장사에 관한 이야기를 하게 될 것이기 때문에 여기서 반복하거나 특별히 강조할 필요는 없지만, 이 이야기와 3장의 내용 전부가 당신 자신의 장점들을 확인하고 활용하는 일의 중요성과 이득에 관한 설명이라는 점만 지적해 두고자 한다.

임상심리학의 한 영역을 대표하는 긍정심리학자로서 나는 많은 사람들이 자신의 결점과 약함을 숨기는 데 너무 많은 시간을 낭비하는 반면에, 자신의 장점들을 활용하는 데는 거의 시간을 내지 않거나 힘을 쏟지 않는다고 주장하고자 한다. 물론 이 말이 자신이 갖고 있는 문제들을 완전히 무시하라는 뜻은 아니다. 다만 행복한 사람이 자신의 긍정적인 요소나 태도 또는 장점들을 활용하는 데 더 많은 시간을 보낸다는 말을 하고 싶은 것이다. 이때의 장점들은 정확히 선택 모형의 'S'를 뜻한다.

'장점들'이라는 개념이나 용어에 익숙하지 않은 사람들에게는 이 개념이 주로 육체적인 강함을 의미하는 것으로 들릴지 모르지만, 나는 오히려 태도 또는 자세의 강점을 뜻하는 말로 사용하고 싶다. 그 자세한 내용에 대해서는 3장에서 다시 보게 되겠지만, 이 장점들에는 공부열이나 열린 마음, 인내심과 성실함, 정직성, 관용심과 같은 요소들이 포함된다.

행복한 사람은 자신의 장점을 더 잘 알고 있을 뿐만 아니라 일상 속에서 더 효과적으로 활용하기도 한다. 그 결과로 행복한 사람들은 더 많은 성공을 거둔다. 그런데 우리들 중 많은 사람들은 이런 생각조차 제대로 하지 못하는 경우가 있다. 심리요법이나 상담을 통해서 행복해지고자 하는 많은 사람들은 자신들의 장점이 무엇인지조차 모른다. 그들은 대체로 오랜 시간 자신들의 모든 결점을 부각시키는 데 초점을 맞춰 왔기 때문에 자신들의 장점과 좋은 태도를 볼 수 있는 눈을 잃어버리고 말았다.

우리들 중에 누구도 완전한 사람은 없고, 심지어 테레사 수녀와 같이 성녀로 추앙받는 사람도 아마 결점을 갖고 있을 것이라는 사실을 기억하는 일이 중요하다. 그녀조차도 때로 절대자가 정말로 있는지에 대한 의심을 가졌다고 고백하는 것을 보면 그 놀라운 행동들과 많은 기적 같은 일에도 불구하고 그녀가 완전하지 못했음을 알 수 있다. 그녀는 또 완전히 열린 마음을 가지지도 못했고, 매우 강한 신념이 그녀의 장점임에는 틀림없지만 거꾸로 완전한 이해심과 용서의 마음을 가지지 못했다는 증거일 수도 있다.

비슷한 맥락에서 테레사 수녀가 누군가 함께 일하는 데 익숙한 사람이라고만 해석될 수 없는 요소도 있을 수 있지만, 그것이 그녀가 해온 위대한 행위를 경감시키는 요소가 되지는 못한다. 여기서 나는 나 자신이 테레사 수녀를 얼마나 존경하는지, 또 그와 유사한 행동을 보여주는 사람들을 얼마나 높이 평가하는지 분명히 해두고 싶다. 초점은 그녀의 결점이나 약점을 지적하고 드러내는 일이 그의 위대한 행동들을 멈추게 하지는 못한다는 점이다. 아마도 이 문제들은 그녀의 믿기 어려운 장점들을 드러내는 또 다른 장치가 될 수도 있을 것이다.

이 책을 읽어가면서 당신은 사람을 행복하게 만드는 데 모든 일에서 성공적이거나 놀라운 일들을 해낼 필요보다는 자신의 핵심적인 장점을 인식하고 발견하는 일이 중요하다는 사실을 알게 될 것이다. 그렇게 되면 당신 자신의 기회를 더 많이 활용할 수 있게 되고, 그것이 곧 행복을 경험하는 일이기도 할 것이다.

자, 이제 선택 모형의 마지막 글자인 'E'에 대해 살펴보기로 하자.

E = Enjoy the Moment 순간을 즐기기

지금 이 순간은 우리가 진정으로 행복을 맛볼 수 있는 유일한 시간이다. 이 명제는 헨리 밀러라는 작가에 의해서 다음과 같이 근사하게 정리되었다.

> "모든 순간은 이 순간을 자체로 받아들일 수 있는 비전을 가진 사람들에게 최고의 것이다."

우울증에 빠진 사람들이 공통적으로 보여주는 사실 하나는 그들이 과거에 머물면서 너무 많은 시간을 낭비하고 있다는 점이다. 과거는 변화시킬 수 있는 대상이 아니기 때문에 그다지 도움이 되지 않는 행동이다. 걱정이 많고 스트레스를 많이 받는 사람들은 미래에 대해서 지나친 걱정을 하기도 한다. 그러나 우리는 내일이나 다음 주에 어떤 일이 일어날지 알 수 없고, 심지어 다음 시간은커녕 바로 다음 순간에 어떤 일이 일어날지 알 수도 없다.

행복한 사람들은 과거에 머무르지도 않고 미래를 지나치게 걱정하지도 않는다는 사실을 아는 게 중요하다. 그들은 단지 지금 이 순간을 살고 있는 것이다.

이 핵심 요소를 근사하게 정리해내고 있는 또 다른 위대한 작가의 말을 떠올려 보자.

> 과거는 역사이고
> 내일은 아직 미지의 세계이다.
> 오늘은 선물이고 …
> … 그것이 현재를 '선물'(the present)이라고 부르는 이유이다.

흥미롭게도 대부분의 사람들은 어린 시절에 과거나 미래를 떠올리거나 걱정하는 것을 멈추고 현재를 살아낸 적이 있다. 아이들은 지금 놀고 있는 것에만 몰두하거나 바라보고 있는 사물에만 몰두하는 모습을 보여준다. 그 모든 것들이 '지금 여기'에 해당된다.

많은 이유로 우리들은 어린 시절의 이 경험을 잊고 살고 있고, 미래에 대해 더 많은 생각과 고민을 해야 한다는 책임을 부여받고 있다. 물론 미래에 대해 생각하는 일은 필요하고 또 중요하기도 하다. 이상적으로 보면 미래의 목표를 성취하기 위한 우리의 노력이 어른으로서의 책임과 미래에 대한 계획이 가져다 주는 이득 사이의 균형으로 맞춰질 수 있고, 과거의 경험으로부터 얻을 수 있는 중요한 이점과도 이어질 수 있다면 그것이 바로 현재를 제대로 살아내면서 즐기는 일의 이점이 될 것이다.

당신은 혹시 내가 '현재에 사는 일'과 '즐기는 일'을 구분하고 있음을 알아차렸는지 모르겠다. 둘을 구분하고자 한 이유는 서로 관련되어 있으면서도 각각 다른 의미를 갖고 있다고 생각하기 때문이다. 현재에 사는 일은 어떤 측면에서 보면 단순히 긴장을 푸는 기술이나 명상기술과 같은 주의집중의 기술처럼 보이기도 한다. 현재의 순간을 즐기는 일은 칭찬이나 감사와 같은 핵심적이고 매혹적인 요소들과 같은 다른 어떤 전체적인 것을 포함한다는 점에서 차별화가 가능하다.

긴장을 푸는 기술이나 명상기술과 같은 주제들은 8장에서 상세하게 다루어진다.

어떻게 하면 일상 속에서 이 선택 모형을 활용할 수 있을까?

나는 행복을 위한 이 선택 모형이 우리들의 행복에 기여할 것이라고 확신하는데, 그 근거를 제시해 보면 다음과 같은 것들이 될 것이다. 첫째, 이 모형에 포함되어 있는 전략들이 만 명 이상의 개인들을 대상으로 하는 수많은 연구를 통해서 효과가 있는 것으로 검증되었고, 둘째 나 스스로 행복연구소의 다양한 프로그램에 참여하는 의뢰인들을 통해서 반복적으로 지켜보았으며, 셋째 내가 말하는 것을 스스로 실행에 옮겨본 결과 그것이 적합하다는 사실을 확인했다는 점이다.

나 스스로에게 적용해 본 사례의 하나로 다음 사실을 제시해 보겠다.

일상의 모든 순간에 우리는 결정을 내리고, 이 결정의 수준과 질에 의해 우리가 경험할 수 있는 행복의 정도가 좌우된다. 수년 동안 나는 결정을 내리는 순간에 나 자신의 생각을 의식하고자 노력했고, 그 결과 거의 모든 순간에 어떤 것을 선택하고자 하는지를 물을 수 있는 원칙과 능력을 개발할 수 있게 되었다.

예를 들어 나는 항상 어떻게 하면 어떤 상황에 적절하게 대응할 수 있는지를 묻곤 한다. 좀 더 구체적으로 말해 보면 다음과 같은 질문들을 자신에게 던지곤 한다.

- 어떤 선택이 내 목표를 달성하고 나 자신의 삶을 의미 있게

하는 일과 가장 많이 일치할까?

- 가장 건강한 결정은 무엇일까?
- 이 상황을 고려하는 데 가장 현실적이고 도움이 되며 건설적인 방식은 무엇일까?
- 나 자신에게 최선의 결과를 가져오거나 다른 사람의 지지나 도움에 부응하는 가장 적절한 선택은 무엇일까?
- 이 상황 속에서 보다 나은 결과를 이끌어내기 위해서는 나의 장점 중에서 어떤 것을 활용해야 할까?
- 나 자신이 즐거움을 느끼고 있는가? 더 많은 의미를 부여할 수 있고 더 많이 감사할 수 있는 어떤 것이 없을까?

이 선택 모형이 반드시 당신에게 구체적인 답변을 요구하는 것은 아니고, 오히려 당신 자신이 스스로를 발견할 수 있는 구체적인 상황 속에서 가장 적합하고 적절한 답을 찾아볼 수 있는 하나의 틀을 제공해 줄 수 있다는 사실을 기억하라.

결론

행복은 우리가 선택할 수 있는 것이고, 당신 자신이 실감나는 행복감을 지속적으로 느낄 수 있는 기회를 증진시키는 선택을 하는 방법을 배울 수 있다는 것이 우리의 결론이자 좋은 소식이기도 하다.

예를 들어 당신이 결정을 내리는 모든 순간에 명료함과 낙관과 같은 원칙을 마음 속에서 유지한다면 아주 짧은 시간 안에 삶을 즐길 수 있으리라고 확신한다. 이 전략들과 우리의 매력적인 새로운 선택 모형은 모든 유형의 조직들과 개인들에게서 지속적으로 검증되고 있는 중이다.

이제 당신 자신이 실천에 옮겨라!

당신은 좀 더 나은 삶을 살 수 있고 사랑하는 사람이나 동료들과 더 좋은 삶을 함께 할 수 있다. 이 책이 당신에게 좀 더 적극적인 행동을 할 수 있는 기회를 제공해 줄 수 있기를 바라지만 당신 스스로 생활 속에서 활용하지 않는다면 큰 도움이 되지 않을 것이다.

이 책을 읽고도 아무런 시도도 하지 않는다면 아예 읽지 않는 것 보다 못하다. 왜냐하면 이 책을 읽은 그 시간을 낭비한 것에 불과하기 때문이다. 제발 당신 자신과 당신을 사랑하는 사람들, 또 당신이 사랑하는 사람들을 위해서 읽으면서 어떤 것이라도 좋으니 실천에 옮겨보기 바란다.

봐!
조금만 속이면
수영할 수 있는 시간은 많아.
Millard

1장

행복을 위한 계획 세우기

나는 수십 년 전부터 오늘까지 사람들을 좀 더 행복하게 하는 일에 종사해 왔고, 이 과정에서 수많은 의뢰인들을 만나왔다. 그 사람들과 만나면서 슬프거나 좋지 않은 이야기를 듣기도 했고, 때로는 정말로 나쁜 상황에 직면한 사람들과 만나기도 해서 무엇을 듣든지 별로 놀라지 않을 수 있게 되었다. 그럼에도 아직도 우리가 만났을 때 항상 던지곤 하는 나의 전형적인 질문에 답하려고 애쓰는 의뢰인들 때문에 여전히 놀라곤 한다.

그 질문이 그렇게 특별히 복잡한 것은 아니라는 사실을 눈치챘을 것이다. 사실 그 질문은 나 같은 사람이 던질 수 있는 일반적인 것이다. 한편으로 그것은 특별한 충격으로 다가오지도 않을 것이고, 다른 한편으로 빠르고 명료하게 답할 수 있는 종류의 질문일 것이다. 그러나 실제로는 결코 그렇지 않다. 이 쉬운 질문에 많은 사람들이 쉽게 답변하지 못하는 이유는 그들 스스로가 행복하지 못한 상황에서 나를 만나서야 비로소 제대로 직면하게 되는 질문이기 때문일 것이다.

그 질문은 바로 '당신이 진정으로 행복했다면 당신의 삶이 어떠했을 것인가?' 라는 것이다.

당신이 원하는 것은 무엇인가?

스스로 행복하지 못한 사람들이 나에게 와서 자신들을 행복하지 못하게 하는 요인들을 제거할 수 있다면 아마도 행복했을 것이라고 말하는 상황을 가정해 볼 수 있는데, 이런 가정은 그다지 도움이 되지 않을 뿐만 아니라 어쩌면 위험한 것일 수도 있다. 확실히 적절한 경우가 아님에도 불구하고 많은 사람들은 자신들의 불행을 끝내는 데 관심은 가지면서도 행복을 창조하거나 성취하는 일에는 거의 관심을 갖지 않는다.

이야기를 더 전개하기 전에 한 가지 사실을 분명히 해둘 필요가 있다. 불행이나 우울함, 기분 저하, 문제 상황과 같은 것들을 끝내거나 없애는 것이 곧 진정한 행복(또는 마틴 셀리그먼 교수가 참된 행복이라고 말했던 것과 같은)의 출현을 의미하는 것은 아니라는 점이다. 질병에서 벗어나는 일이 곧 진정한 건강과 참살이(웰빙)를 의미하는 것은 아닌 것과 같다. 아프지는 않으면서도 진정한 건강과는 거리가 먼 삶을 살아가고 있는 많은 사람들이 있는데도 이러한 오해가 우리의 건강을 바라보는 관점을 상당 부분 지배하고 있고, 바로 그 이유 때문에 많은 사람들이 잘 살지 못하고 있기도 하다. 잘 사는 일에 초점을 맞추는 사람들이 거의 없는 것이 현실이다.

『참됨을 위한 혁명』(*Wellness Revolution*, 『건강관리 혁명』이라는 제목으로 번역출간)의 저자인 폴 제인 필저(Paul Zane Pilzer)가 지적한 것처럼 대부분의 서양 건강 시스템은 진정한 건강 시스템과는 거리가 멀다. 좀 더 정확하게 말하면 그것이 거의 전적으로 아프고 난 이후의 사람들을 대상으로 한다는 점에서 질병 관리 시스템일 뿐이다. 거기에는 사람들을 잘 살게 하는 문제에 대한 관심이 결여되어 있다.

우리들 스스로가 이 시스템 속에서 자라났기 때문에 자신들의 건강을 질병의 여부와 관련시켜 바라보는 일이 당연시될 수밖에 없고, 그 결과 우리들은 아플 때까지 기다려서 의사에게 가는 일과 같은 방식의 건강 관리를 하고 있을 뿐이다. 질병을 미리 예방하고 건강과 참된 삶을 목표로 하는 활동에 관심을 갖는 사람들의 숫자는 극히 적다. 이런 상황은 단지 육체적인 건강 문제에만 해당되는 것이 아니고 심리적이고 정서적인 건강 문제에서도 마찬가지이다.

우리들 대부분이 이러한 건강 시스템 속에서 살고 있다는 점에서 이제 중요한 것은 최악의 상황으로 떨어지지 전에 그 절벽 끝에서 자신을 지켜낼 수 있는 어떤 장치를 마련하는 일의 중요성을 인식하는 일이다. 나 자신의 관점에 따르면 가능한 범위 안에서 많은 사람들이 처음에 그 절벽으로 떨어지기 전에 절벽 끝에 담을 설치하는 일이 훨씬 더 효과적일 뿐만 아니라 윤리적이기도 하다.

내가 자주 사용하는 상징적인 사례이기도 하고 대부분의 사람들이 쉽게 이해하기도 하는 사례를 든다면 바로 재정적인 문제이다. 당신의 빚을 갚기 위해 신용카드사나 은행으로부터 500만 원을 빌려야만 하는 상황에서 전문가와 상담하는 경우를 생각해 보자. 그 전문가는 당신의 수입과 지출을 꼼꼼히 분석한 후에 빚을 청산할 수 있는 계획서를 제시할 것이고, 만약 이 계획대로 당신이 해낼 수 있다면 12개월 후에는 빚을 완전히 청산할 수 있을 것이다.

이것 자체가 대단한 일로 충분히 칭찬받을 만하다. 그러나 이것이 곧 당신이 부자가 되었음을 의미하는가? 단지 걱정이 없다는 것이 행복과 동일시될 수 없는 것처럼 빚이 없다는 사실이 곧 부자가 되었음을 의미하는 것은 아니다.

나에게 오는 대부분의 사람들(그리고 아마도 이 책을 읽고 있는 당신을 포함해서)이 자신들의 고통으로부터 벗어날 수만 있다면 행복해질 수 있다고 생각하지만 현실은 결코 그렇지 않다. 고통으로부터 벗어나는 일이 중요하고 또 우울증과 걱정에 빠진 사람들을 도와주는 일이 여전히 중요한 목표임에는 틀림없지만, 그것이 사람들이 행복해질 수 있도록 도와주는 일과 동일시될 수 없다.

부자가 되는 일이 빚을 없애는 일 이상을 요구하고 건강해지는 일이 단지 질병으로부터 벗어나는 일 이상을 의미하는 것과 같이 행복을 얻는 일은 걱정거리를 해결하는 일 이상을 요구한다. 그 일은 확실히 초점이 다르고 본질적으로 다른 사고방식을 요구한다.

행복이 당신 자신에게 무엇을 의미하는지를 정확히 알기 전까지는 어떤 것도 당신을 진정으로 행복하게 해줄 수 없다. 당신이 얻고자 하는 것이 무엇인지 정확히 모르면서 어떻게 그것을 얻을 수 있겠는가? 만약 당신의 목표가 단순히 우울함을 극복하는 것이라면 그 목표를 달성했다고 해도 단지 당신은 우울함이 없는 상태에 도달할 수 있을 뿐이다. 이 상태가 곧 행복과 같은 적극적인 감정과 경험의 풍부함을 의미하는 것은 아니다.

행복을 위한 계획 세우기

행복연구소에서 우리들은 '더 이상의 빚이 없는 것'이 미래의 계획을 명료하게 하는 데 매우 중요하고, 단지 빚을 갚는 것이 아니라 재산을 가질 수 있는 비전을 향한 계획을 세우는 데도 중요하다는 사실을 확인하고 있다. 여기서 내가 분명히 말하고자 하는 것은 이 사실은 단지 돈이나 물질적인 부에만 적용되는 것이 아니라 심리적이고 정서적인 부, 더 나아가 정신적인 부의 문제에도 적용된다는 점이다. 이 일을 성취하기 위해서는 여러 가지 요소 중에서도 특히 얼마나 많은 부가 필요한지, 또 어떤 유형의 부가 필요한지를 알아야 하고, 이 과정에서 '충분한 부'를 다르게 정의할 수 있어야만 한다.

아마도 당신이 내가 전하고자 하는 이 메시지를 이해했을 것으로 기대하지만 초점을 분명히 해두기 위해서 내 관점을 좀 더 분명하고 간단하게 제시해 보면 다음과 같다. 행복해지기 위해서 가장 우선적으로 중요한 사실은 행복해지기 위한 계획을 세우는 일이다. 당신이 얻고자 하는 유형의 행복을 얻기 위해서는 당신 자신이 자신을 위해서 좀 더 상세한 계획을 세울 필요가 있다는 점은 특별히 강조하지 않아도 될 것이다.

우울증이나 걱정, 스트레스와 같은 문제들을 치료하는 것은 단지 절반의 문제일 뿐이고, 행복과 같은 적극적인 정서를 얻기 위해 노력하는 일이 중요하다는 사실을 깨닫게 된 몇 년 전부터 나는 나 자신의 삶을 바꾸기 시작했다. 그 구체적인 내용들은 이 책의 여러 부분에서 제시되겠지만, 그 중에는 행복의 길에 접어들기 위한 첫 단계도 포함된다. 그 첫 단계는 바로 나에게 행복이 무엇을 의미하는가를 아는 일이다. 내가 얻고자 하는 것이 무엇인지를 정의하게 되면서부터 그것을 얻을 수 있는 방법을 찾는 일은 쉬운 과제가 되었다.

최근에 내가 도움을 준 한 부부의 사례를 함께 살펴보면서 계속 이야기를 진행시켜 보자.

내가 제인을 처음 만났을 때 그녀는 남성 문화가 지배적인 한 전형적인 기업의 성공적인 고위직 임원으로 일하고 있었다. 그녀는 남성과 여성을 통틀어서 다른 사람들보다 더 많은 직업적 성과를 거뒀고, 그 결과로 당연히 상당한 정도의 재력과 지위를 갖출 수 있었다. 또한 그녀를 알고 있는 대부분의 사람들로부터 존경을 받았고, 좋은 급여와 직업, 사랑하는 남편, 두 명의 건강한 아이들과 같이 자신이 원하던 것을 얻었다. 더 나아가 자신이 바라기만 하면 언제나 근사한 저녁과 휴일을 즐길 수 있을 정도의 재력과 교외의 그림 같은 집을 소유하고 있기도 했다.

그러나 그녀는 행복하지 않았다.

몇 가지 전문적인 검사와 의견 교환을 거친 후에 우리는 그녀가 처음 사회에 발을 들여놓을 때 설정했던 방향을 상실하고 있다는 사실을 분명히 알게 되었다. 비록 그녀가 좋은 일을 택해서 성공을 거두었지만, 그것이 곧 그녀가 처음 가지고 있었던 비전을 성취한 것과 일치하지는 않았던 것이다.

그녀를 성공으로 이끌었던 초기의 동기들은 그 영역에서 두드러진 업적을 남기고 싶다는 열망이었고, 그녀는 그 열망이 근본적인 중요성도 함께 갖는다고 믿었다. 자신의 영역에서 탁월하면서도 두드러진 업적을 남길 수 있었고, 그 결과로 다른 사람과는 다른 자리에 오를 수도 있었다.

그런데 이 새로운 자리에 와서는 이전만큼 열심히 일할 필요도 느끼기 힘들게 되었을 뿐만 아니라, 하는 일도 주로 이전에 자신이 좋아했던 일을 하는 것이 아니라, 그 일을 하고 있는 부하 직원들을 지켜보거나 팀별로 이루어진 성과를 평가하는 일임을 발견하게 되었다. 이 새로운 일이 외적인 성취에 비해서 어떤 근원적인 진보를 의미하는 것으로 느끼기는 어렵다.

실제로 어떤 일이 일어나고 있는지를 깨닫기도 전에 제인은 점차 일을 하면서 행복을 느끼지 못하고 있음을 알게 되었다. 다른 많은 사람들과 마찬가지로 자신이 무엇을 하고 있고 어디로 가고 있는지와 같은 방향 감각을 잃어버리기 시작했다. 그 과정에서 신발이 벗겨졌다 해도 그녀는 자신에게 맡겨져 있는 길을 계속 갔을 것이다. 만약 그녀가 어느 순간 깊은 숙고를 할 수 있었다면 그 길이 반드시 자신이 가야만 하는 길이 아니라는 사실을 깨달았을 것이다.

그러나 불행 중 다행으로 그녀는 자신에게 일어나는 일과 자신이 직장에서 하고 있는 일의 의미를 완전히 깨닫지는 못했지만, 그 일들이 점점 더 불만족스럽고 때로는 비참한 생각이 드는 순간도 있다는 사실을 분명히 자각했다.

우리 연구소에 왔을 때에야 비로소 그녀는 자신의 삶을 본래의 궤도로 돌려놓기 위해서는 누군가의 도움이 필요하다는 사실을 깨닫게 되었다. 그녀에게 나는 새로운 길을 보여줌과 동시에 자신이 추구해 왔던 삶의 방향에 대해서 다시 생각해 볼 수 있도록 도와주었다. 더 나아가 자신의 삶에서 어떤 긍정적인 변화를 가져올 수 있는 제안과 전략들을 주었고, 다행스럽게도 이 전략들을 통해서 그녀가 행복을 경험할 수 있는 정도까지 변화가 가능해졌다.

이 이야기를 통해서 우리가 함께 생각해 보고 싶은 것은 결과적인 성공이라기보다 제인에게서 이 성공이 가능할 수 있었던 전 과정에서 첫 번째 단계에 대해서이다. 이 가장 중요한 첫 단계는 어떤 변화의 과정에 접어들기 전에 자신에게 변화가 필요함을 깨닫고 도움을 요청하는 단계이고, 이 단계에서 특히 중요한 것은 자신의 삶을 어떻게 이끌어 가고 싶은지와 행복해지기 위해서 어떤 삶을 살고자 하는지를 결정하는 일이다.

조금만 다른 시각에서 보면 제인은 이미 서양 사회에서 통용되는 성공의 기준에서 성공을 거둔 사람이다. 그녀는 자신의 직장에서 충분히 인정받는 자리에 올랐고, 그 결과로 은퇴 이후의 삶도 보장받을 수 있을 정도의 부도 축적했기 때문에 충분히 성공했다는 평가를 받을 만하다.

실제로 그녀는 직장에서 은퇴한 이후에도 별다른 변화 없이 현재와 같은 안락한 삶을 살 수 있을 것이라는 확신도 갖고 있었다. 그와 함께 바로 그 미래 계획이 충분히 믿을 만한 것인지에 대한 확신도 조금씩 사라졌다는 데서 문제가 있기는 했지만, 그것이 구체적으로 무엇을 의미하는지 그녀 스스로도 알 수 없었다.

우리 연구소에 왔을 때 나는 우선적으로 자신의 삶을 완전하게 평가해 보는 시간을 그녀와 함께 가졌다. 그 과정은 은퇴 후의 생활을 생각해 보고 그때 자신이 하고 싶은 일이 무엇인지 떠올려 보는 과정을 포함했고, 자신의 일에서 특별히 만족감을 느끼거나 어떤 긍정적인 자극을 얻는 지점이 어디인지에 대해 생각해 보는 과정이기도 했다. 그 모든 과정이 순조롭게 진행된 것만은 아니지만 자신의 일을 통해 부여되는 정신적 자극이 심각한 정도의 걱정거리를 유발하고 있다는 사실은 분명해지기 시작했다.

앞에서 이미 살펴본 것처럼 그녀가 재정적인 계획 말고는 좀 더 넓은 의미의 삶의 계획 또는 은퇴 계획을 갖고 있지 못했고, 자신의 삶의 방향이 올바른 것인지를 검토해 볼 수 있는 여유를 갖지 못한 채 그저 열심히 일하고 있을 뿐임을 알 수 있게 되었다. 그를 도와주는 과정은 주로 자신을 위한 행복한 삶이 무엇인지를 분명하게 하는 과정에서 시작해서 그 행복을 위한 즐거움과 만족감을 느낄 수 있는 일이 무엇인지 생각해 보는 과정으로 이어졌고, 그것은 곧 이러한 행복한 삶의 유형을 만들어 가는 데 그녀에게 필요한 일이 무엇인지에 초점을 맞추는 과정이기도 했다.

불행히도 매우 적은 수의 사람들만이 내가 개인적으로 노력하거나 존이나 제인 같은 사람에게 도움을 주는 일, 즉 행복한 삶이 무엇이고 그것을 위해 어떤 계획이 필요한지를 고민할 따름이다. 내가 '불행히도' 라는 말을 사용하는 이유는 그들 모두는 아닐지라도 최소한 대다수의 사람들은 만약 그것을 안다면 더 행복한 삶을 살 수 있을 것이라고 믿기 때문이다. 더 나아가 그들은 그것을 모르는 만큼 좌절을 경험하고 있다고 말할 수도 있는데, 내가 존이나 제인에게 알려주는 그런 계획과 전략들은 아주 쉽게 실천할 수 있는 것들이라는 점에서 더 안타깝다. 누구나 접근이 가능할 정도로 이 과제는 우리 가까운 곳에 있고, 또 실제 삶 속에서 구현할 수도 있다.

이 책을 계속 읽어나가면서 내가 추천하는 전략들을 실천에 옮겨 보도록 하자.

자신을 위한 목표 세우기

대부분의 사람들은 살아가면서 어떤 목표도 갖지 않은 채 놀라운 일이 생기기를 바란다. 또 좋은 일은 흘려보내고 나쁜 일에는 집착하면서 흘러가는 대로 살기도 한다. 그러다 보면 어떤 영화의 주제와 같이 흘러가는 대로 주로 돈을 버는 일에 매달리며 살다가 그 사는 방식에 따라 생각하면서 세월을 보내게 된다.

그러나 진정으로 행복하고 성공적인 사람들은 자신에게 다가오는 일들에 매달리지도 않고 강물에 흘러가는 낙엽처럼 흘러가는 대로 살지도 않는다. 오히려 그들은 그 흐름을 자신의 통제 범위 안으로 끌어오려고 하고, 자신과 관련된 일들을 스스로 통제할 수 있는 힘을 갖고자 노력한다. 다시 말해서 그들은 행복을 스스로 선택하고 창조하는 셈이다. 행복을 얻을 수 있는 과정을 상정하여 그 과정을 적극적으로 이끌어 가는 것이다.

그런데 한 가지 유념해야 할 사실은 이렇게 행복을 얻는 과정을 만들고 다음에 우리가 함께 살펴볼 행복해질 수 있는 전략들에 익숙해지기 시작하면 그 길이 별로 어렵지 않게 다가온다는 점이다. 그러나 쉽다는 것은 마치 자동차 운전이 많은 시간 동안 연습하고 또 연습해야 편안해지는 것처럼 훈련과 연습을 거치는 것을 전제로 한다.

행복한 사람은 자신이 원하는 것이 무엇인지를 안다. 또 당연한 일이지만 그는 자신이 원하는 것이 즐겁고 만족스러운 일임을 알고 있을 뿐만 아니라, 그 일이 무엇인지 명료하게 인식하고 있기 때문에, 또 그것을 얻기 위해 할 일이 무엇인지 잘 알고 있기 때문에 결국 자신은 그것을 성취할 수 있다는 자신감도 갖고 있다.

그에 비해 불행한 사람은 자신이 원하는 것이 무엇인지조차 모른다. 불행한 사람들은 자주 자신이 얼마나 불행한지를 호소하면서 불행할 수밖에 없는 이유들을 유려하게 설명해내곤 한다. 그러면서 그들은 자신들이 행복해지기 위해서 얼마나 피나는 노력을 하고 있는지에 대해서도 함께 말하면서 다른 사람들이 자신을 행복하게 해주어야만 한다고 강조하곤 한다. 결국 그들은 자기 자신 말고는 어느 누구도 자신을 행복하게 만들 수 없다는 사실을 알지 못하는 무지의 오류를 범한다.

상황을 더 악화시키는 것은 그들이 많은 시간을 실패의 위험을 생각하고 그 실패가 가져올 결과를 두려워하는 데 할애한다는 점이다. 그 결과 행복한 사람들이 자신의 건강과 성공을 위한 확고한 생각을 갖고 노력하는 것만큼 노력할 수 없게 될 뿐만 아니라, 행복과 즐거움, 만족, 성공과 같은 좋은 기회들을 얻을 수 있는 가능성을 스스로 줄여버리게 된다.

만약 당신이 지금 불행하지 않다고 느끼거나 다른 사람들에 비해 상대적으로 더 행복하다고 생각한다면 그만큼 많은 행복을 경험할 수 있을 것이고, 당신 스스로 변화할 수 있는 힘을 얻게 될 것이다. 물론 어떤 일들은 지금 내가 설명하고 있는 것처럼 순조롭게 진행되지 않을 수도 있다. 그렇지만 행복한 사람들과 같이 당신도 행복과 성공이 무엇을 의미하는지를 음미하는 데 더 많은 시간을 할애한다면 행복해질 수 있다는 사실은 분명하다. 자신이 하고자 하는 일이 무엇인지, 또 되고 싶은 것이 무엇인지를 스스로 명료하게 생각할 수 있는 전략은 행복해지기 위한 기본 요건인 것이다.

그리고 만약 당신이 좀 더 많은 행복을 경험하고 싶다면 다음 일을 먼저 시작할 수도 있다.

이 책을 읽는 독자들 중에서도 많은 사람들은 자신의 삶이 진정으로 행복하고 만족스럽다는 것이 정확하게 무엇을 뜻하는지를 모를 수도 있고, 행복하고 만족스러울 때의 삶이 구체적으로 어떤 것인지 모를 수도 있다. 따라서 여기서 나는 당신이 제대로 된 계획을 세우지 못하고 있다고 가정하고, 당신 스스로 좀 더 행복해지기 위해 세워야 하는 보다 상세한 계획을 세울 수 있도록 도와주고 싶다.

내 가정이 잘못되었다고 해도 이 장에서 얻을 수 있는 것들은 여전히 있으므로 인내심을 갖고 계속 책장을 넘기기 바란다. 확실한 사실은 많은 사람들이 일상 속에서 무슨 기념일이나 주말의 바베큐 파티를 위해서는 많은 생각을 하고 시간을 투자할 뿐만 아니라, 가족이 함께 하는 휴가를 계획하고 그 휴가지에서 무슨 일을 하면서 보낼지를 생각하면서 점점 더 많은 시간을 할애하고 있지만 정작 행복을 계획하고 준비하기 위한 시간은 너무도 아끼고 있다는 점이다.

당신 자신의 삶을 위한 계획을 세우지 않는다면 기회는 다른 사람의 계획 속으로 빨려가고 말 것이다. … 자신을 위한 계획을 세우는 데 얼마나 많은 시간을 할애했는지 생각해 보라. 아마도 그리 많은 시간은 결코 아닐 것이다.

계획을 세우고 그 계획을 실천하기 위해 노력하면서 자신의 목표에 한 걸음 다가서는 실천을 하고 이 목표들을 달성하는 데 필요한 일들이 무엇인지를 고민하면서 보내다 보면 그 과정 자체가 행복과 만족감, 성공을 경험하는 당신 자신의 기회가 되고 있음을 깨달을 수 있다. 물론 이때의 성공이나 행복이 경제적인 영역이나 물질적인 부분에 한정되는 것은 아니다.

여기서 유념해야 할 또 다른 사실은 어떤 계획을 세운다고 하는 것이 곧 당신이 어떤 구체적인 계획을 세우는 것이거나 자신의 계획을 바꿀 수 없다는 사실을 의미하는 것은 아니라는 점이다. 더 나아가 당신 자신의 마음을 바꿀 수 없다는 의미도 아니다. 물론 그렇게 할 수도 있다. 그렇지만 그와 동시에 다른 생각이나 기회가 있을 때

개방적인 생각을 갖고 받아들일 수 있는 준비도 되어 있어야 한다. 당신의 계획이 여전히 적절하고 적합한지를 계속 평가해 보아야 한다. 이런 적극적인 사고과정을 거쳐서 자신의 계획을 바꾸어 가는 일은 때로 왜곡되기도 하는 삶의 구비에서 기존의 계획을 고수하는 일보다도 훨씬 더 적극적인 자세이다.

그런 이유로 효과적인 목표를 세우는 과정에서 재검토와 적절한 실천이 필요하거나, 때로 목표 달성 자체에 도움이 되지 않거나 심한 경우 오히려 방해하는 결과를 가져올 수도 있으므로 유연성을 담보하는 일이 중요하다. 예를 들어 당신이 비현실적이거나 성취할 수 없는 어떤 목표를 세웠다면 그것은 실패로 귀결될 수밖에 없을 것이다. 그 과정에서 실망감과 좌절을 경험할 수밖에 없을 텐데도 계속 그 계획을 밀고 나간다면 문제점을 키워나가는 과정이 될 것임에 틀림없다.

목표를 세우는 과정에서 유의할 점

그래도 다행인 것은 이 문제들은 분명하게 부각되는 것들이어서 당신이 정확히 인식할 수만 있으면 불행이 아닌 행복으로 이끄는 적절한 목표로 만드는 일이 어렵지 않다는 점이다. 이 문제를 해결하는 데 도움을 줄 수 있는 여러 가지 방안들이 있지만, 그 중에서도 목표 설정 과정에서 당신이 유의했으면 하는 가장 단순하면서도 의미 있는 유의사항은 다음과 같다.

S = specific 구체성

M = measurable 측정 가능성

A = achievable 성취 가능성

R = relevant 적합성

T = timed 시의 적절성

한 마디로 요약하면 당신의 목표가 스마트(SMART)하게 세워져야 한다는 것이다.

목표를 세우는 것이 세우지 않는 것보다는 낫지만, 그 계획이 스마트해야만 달성될 가능성이 획기적으로 높아질 것이라는 점은 의심의 여지가 없다. 그리고 이 유의사항들을 강조하는 일이 어리석게 느끼질 정도로 당연한 상식 같지만 나의 경험에 비추어 보면 상식이 결코 상식이 아닌 경우가 많았다. 나는 이 상식적인 과정을 제대로 해내는 사람이 거의 없다는 사실을 수시로 확인하면서 놀라곤 한다.

당신이 성취하고자 하는 것, 즉 보다 많은 행복을 얻을 수 있는 기회를 최대화하기 위해서는 가능한 한 그 목표를 구체화해야 한다. 목표를 할 수 있는 한도까지 객관적이고 측정 가능한 개념을 활용하여 명료하게 정의하라. 다시 말해 당신의 목표를 정서적인 수준이 아니라 행동적인 수준의 언어를 활용해서 기술해 보라는 것이다. 즉 당신이 얻고자 하거나 하고자 하는 일을 생각하고 느끼는 수준을 넘어서서 구체화할 수 있는 행동으로 묘사해 보라는 말이다. 그것은 목표를 자신의 내적 관점에 근거해서 느끼는 것이라기보다는 다른 사람의 입장에서는 어떻게 객관화될 수 있는지를 생각하면서 기술하는 일이기도 하다.

이런 방식으로 목표를 정의해야 하는 이유는 자신이 이르고자 하는 목표 지점이 어디인지, 또 어떻게 하면 도달할 수 있는지를 훨씬 더 쉽게 알 수 있는 방법이기 때문이다. 그것은 당신이 목표 달성의 궤도에 들어섰는가의 여부나 언제 달성할 것인지의 여부와도 관계없는 일이다. 이렇게 하면 다른 사람이 당신이 목표 달성에 얼마나 성공하고 있는지를 아는 데도 도움을 주어 그들이 당신을 돕거나 지원하는 일을 쉽게 만들 수도 있다. 이 문제에 대해서는 4장에서 타인과의 관계를 다루면서 더 자세하게 이야기할 수 있는 기회가 있을 것이다.

비슷한 유의사항으로 당신의 목표를 측정 가능한 방식으로 정의하기 위해 노력하는 문제가 있다. 예를 들어 단지 건강해지거나 날씬해지기를 원한다고 말하는 방식보다는 일 주일에 사나흘 정도 5킬로미터에서 8킬로미터 정도를 뛰거나 걸을 것이라고 말하거나, 매일 두세 번 과일과 야채를 먹겠다는 방식으로 말하는 것이 훨씬 효과적이다. 이렇게 구체성이 강화되면 목표가 그만큼 분명해지고 명료해지기 때문에 좀 더 쉽게 달성할 수 있는 가능성이 높아지게 된다.

다시 말해서 이런 유의사항에 유념할 경우 당신의 목표를 좀 더 실현 가능하고 성취 가능한 것으로 만들 수도 있다. 만약 그렇지 않은 경우에는 앞에서도 이야기한 것처럼 실망스럽고 때로 절망적인 상황에 직면할 수도 있다. 왜냐하면 더 많은 행복을 경험하기 위한 방법과도 거리를 멀게 할 뿐만 아니라, 다른 목표들을 달성할 수 있는 능력과 노력에 영향을 미치는 우선적인 목표 달성에서 멀어지게 할 것이기 때문이다. 그렇게 될 경우, 우리가 원하는 행복을 만들어낼 수 있는 힘을 얻기보다는 지속적인 좌절과 우울함이 동반하는 나쁜 순환 고리에 말려들 가능성이 높아지기도 한다.

이러한 악순환의 고리에서 벗어나기 위해 꼭 필요한 일 중 다른 하나는 그 목표가 당신에게 적합한 것인지 확인하는 일이다. 이것도 역시 상식에 속하는 일임에도 많은 사람들이 자신의 목표를 설정하는 과정에서 제대로 해내지 못하고 있다. 나의 임상경험에 따르면, 많은 사람들이 자신의 목표가 자신에게 적합한 것이라고 믿고 있는 경우에도 실제로는 그렇지 못하고 단지 그들의 부모가 원하는 일을 갖게 된 경우가 많았다. 친구들과 동료들이 중요하다고 생각하는 일을 성취하고자 노력하고 있는 경우도 있었다.

이렇게 되면 목표 달성 과정에서 삶에 필요한 에너지를 심각하게 낭비하는 결과를 초래하는 것은 물론, 목표를 달성하고 난 이후에도 오히려 심각한 좌절과 실망에 빠지는 결과를 가져오게 된다. 혹시 당신도 이런 경험을 한 적이 있는가? 혹시 열심히 일해서 어떤 성과를 거두었는데도 기대했던 것만큼의 기쁨과 행복을 느끼지 못한 적은 없는가? 만약 그런 경험을 했다면 그 목표가 당신에게는 별로 의미 없는 것이었기 때문일 것이다.

목표 설정이 가질 수 있는 힘과 효과를 최대화하기 위한 마지막 유의사항은 그 계획을 언제부터 실천에 옮기고 어떤 과정을 거쳐서 끝낼 것인지와 같은 시간 계획을 갖추는 일이다. 이 일은 생각보다 중요한 차이를 가져올 수 있다. 예를 들어 어떤 사람이 오랫동안 피워온 담배를 끊겠다고 결심했다면 오늘부터 실천하겠다는 계획을 세우는 것이 목표 달성에 훨씬 더 가깝게 갈 수 있는 길인 것과 같다. 더 나아가 언제까지 그 계획을 완료할 것인지를 생각하면 더 많은 성과를 기대할 수 있다.

마감 시간이 다가와야만 제대로 일을 해내는 경우가 얼마나 많은가? 많은 대학생들은 마감 시간이 오후 다섯 시일 때 4시 59분에야 과제물을 제출하곤 한다.

우리들은 대체로 시작해야 하는 시간과 끝내는 시간을 정확히 알고 있을 때 더 열심히 일한다. 그러므로 여러분들이 어떤 일을 할 때 이런 시간 계획을 분명히 하기를 바란다.

스마트한 전략 또는 유의사항에 덧붙여 당신이 스스로 목표를 완성할 수 있는 기회를 더 확보할 수 있는 방안을 하나 더 제안하고 싶다. 그것은 바로 다른 사람에게 자신의 목표를 말하는 방법이다. 그 목표를 왜 달성하고 싶은지, 또 언제까지 달성하고자 하는지에 대해서도 함께 말하는 것이 좋겠다. 가능하다면 당신의 계획을 긍정적으로 받아들여 주고 고무시켜 줄 수 있는 사람에게 말하는 것이 더 좋을 것이다. 그렇게 되면 그 사람을 통해서 자신의 계획 진행 상황을 계속 점검받을 수도 있고, 그것 자체가 당신이 노력해야 하는 이유가 될 수도 있을 것이다.

사적인 이야기를 나누기 어려운 사람들을 포함해서 가능하면 많은 사람들에게 자신의 계획을 알리는 일은 어떨까? 그렇게 하면 아마도 자신의 목표 달성을 위한 결단력이 더 커질 수 있을 것이다. 왜냐하면 그렇게 말해놓고 나서 제대로 실천에 옮기지 않을 경우에 감당해야 하는 부담이 커질 뿐만 아니라, 그들 모두에 의해서 지속적인 점검이 이루어질 가능성이 높아질 것이기 때문이다.

따라서 당신의 계획을 스마트하게 하는 것을 넘어서 공식화할 것을 권하고자 한다.

다행스럽게도 스마트한 전략에 유의하면 왜 행복하고자 하고 또 행복해야만 하는지에 대한 당신 자신의 이유가 분명해질 것이고, 그 행복을 얻기 위한 첫 걸음을 이미 내딛은 상황일 수도 있다. 더 이상적으로는 당장 실천에 옮길 보다 구체적인 어떤 계획을 세우게 될 가능성도 높아진다. 만약 이런 일들을 성공적으로 해내게 된다면 행복으로 갈 수 있는 길이 보다 확고해진다. 왜냐하면 목표를 세우고 그 달성 계획을 구체화하는 과정 자체가 이미 진정한 행복을 맛볼 수 있는 기회를 증진시켜 줄 것이기 때문이다.

당신이 그것을 원하는 이유는 무엇인가?

당신이 원하는 것을 얻기 위해 노력하고 있다면 이제 다음 단계는 왜 그것을 얻고자 하는지를 생각해 보는 것이다. 이 지점에서 중요한 것은 당신이 얻고자 하는 그 '무엇' 인데, 왜냐하면 그것이 명료하지 않으면 더 이상의 생각을 전개하기가 어렵기 때문이다. 또한 그 무엇이 명료해지면 앞에서 말한 목표 설정 과정도 보다 단순한 행복 전략 중의 하나로 쉽게 편입될 것이고, 더 나아가 보다 친숙한 것으로 받아들일 수도 있게 된다.

물론 그 '무엇' 과 함께 그 '이유' 도 중요하다. 이 핵심 요소는 그 방향성 뒤에 숨겨진 목적이 되고, 그 목적은 다시 당신이 성취하고자 하는 것을 얻기 위한 동기를 제공해 줄 수 있기 때문에 결정적으로 중요하다는 것이 내 생각이다. 그 이유가 분명하면 당신이 노력하는 과정에서 만날 수 있는 도전과 장애물들을 견디는 데도 큰 도움이 된다.

방향을 분명히 잡고 있다고 해도 목적이 분명하지 않다면 그것은 마치 당신이 자동차를 타고 어디로 어떻게 갈 것인지를 알 수 있는 지도는 갖고 있지만 그곳까지 갈 수 있는 연료를 채우지 않고 있는 것과 같다. 다른 비유를 들면, 고급 사양을 갖춘 자동차를 타고 출발할 준비를 했으면서도 정작 열쇠를 잃어버린 경우와도 같다. 또는 매우 건강하고 잘 달리는 경주마를 갖고 있지만 정작 제대로 먹이지 않은 경우와도 비교해 볼 수 있다.

그렇다면 이제 목표를 보다 명료하게 하기 위해서는 어떻게 해야 하는가를 생각해 볼 차례인데, 그 전에 우선 어떤 사람의 자서전적인 글을 함께 읽어보고자 한다.

몇 년 동안 공공 건강체제와 관련된 직장에서 일을 한 후에 나는 나 자신의 개인적인 삶의 영역에 생각이 미치기 시작했다. 내가 여기서 묘사하고자 하고 또 묘사될 것들은 상대적으로 완화된 형태의 것임을 먼저 밝히고 싶다. 나의 목표가 분명했을 때는 충분히 바쁘고 나 자신과 새로운 가족(아내와 첫 아이)에 대한 헌신에서도 성공적일 수 있었다.

또한 그 당시에 일과 가족은 현재도 마찬가지이지만 내 삶에서 매우 중요한 요소들이었고, 일과 사적인 생활 간의 조화도 유지하고 있다고 믿었다. 나 자신을 위한 시간을 할애하는 것이 내가 일해온 병원과 같은 큰 조직의 피고용인으로서는 쉽게 얻을 수 없는 자유와 독립성을 가져다 줄 것이라고 믿었다.

그런데 몇 개월 지나지 않아 생각했던 것보다 빠르게 내 일상이 바빠지기 시작했고, 그 정도가 편안하게 소화해낼 수 있는 수준을 넘어서곤 했다. 사실 그 일상의 부담이 증가하기 시작하면서 너무 많은 고객들을 만나야만 했고, 결과적으로 나 자신이 고갈되거나 스스로 일상의 성공을 빠르게 보장해 준다고 믿고 설정했던 높은 수준을 유지할 수 없게 되었다.

큰 결심을 해야만 할 시기가 생각보다 빨리 온 것이 분명해 보였다. 나는 일상적 삶의 영역에서 다른 동료들과 비교해 훨씬 더 많은 고객들을 상대해야 할지를 결정해야 했고, 만약 그렇게 할 경우에 나를 도와줄 직원을 채용해야 하는지도 결정해야만 했다.

그런 과정을 거쳐서 나는 매우 마음에 들 뿐만 아니라 함께 일하는 것이 자랑스러운 한 임상심리학자를 고용하기로 결정했고, 그 결과 내 일의 상당 부분을 덜 수 있게 되었을 뿐만 아니라 그렇지 않았더라면 제대로 알 수조차 없었던 일들도 처리할 수 있게 되었다. 며칠 동안 애를 써서 티모시 샤프 박사와 그 동료들이 함께 일할 수 있는 공간을 마련했고, 이제 나는 혼자서 일하는 임상심리학자에서 고용인으로 입장이 바뀌게 되었다.

늘어난 일을 감당할 수 있을 만큼 함께 많은 일들을 할 수 있게 되었지만, 동시에 그것은 단지 사람을 고용하고 사무실을 마련한 것 이상의 일들을 동반하는 과정임을 알게 되었다. 즉 정보기술이나 상업적인 재산권의 임대, 기본 세금의 문제, 현금 흐름의 통제, 고용보험과 건강보험, 고용법의 문제, 고객 서비스와 세일즈 같은 일들까지 내가 신경을 써야 하는 일이 된 것이다. 그것은 사람을 고용하면서 사업을 하는 일이 얼마나 복잡한 일인지를 깨닫게 된 것을 의미하기도 한다.

그러나 일을 시작한 초기에 두렵고 거의 아는 것이 없었음에도 어떤 방식으로든지 그 모든 것들을 제대로 감당해야만 했는데, 왜냐하면 불과 3년 만에 15명의 사람들을 고용하고 사무실 여섯 개를 운영해야 할 정도로 규모가 커졌기 때문이다. 사실 그때 나는 뭔가를 제대로 알지 못하는 무모함과 순진함이 때로 필요하다는 생각을 했는데, 만약 그렇지 않았다면 그 일을 시도하지도 못했을 것이다. 어찌 되었건 이러한 성장의 부수효과로 나의 임상 부담은 줄어든 반면에 회사를 운영하는 데 더 많은 시간과 노력을 기울이는 변화가 나타났다.

비록 내가 이 일을 즐겼고 지금도 여전히 나의 이 새로운 임상경험과 사업을 즐기고 있지만, 이 행복연구소에서 우리가 하고 있는 일에 집중하기까지는 많은 시간이 필요했음을 고백하지 않을 수 없다. 그 결과로 지금은 원래 내가 관심을 가졌던 일이 무엇이었나 할 정도로 관심의 초점이 바뀌고 말았다.

부분적으로는 내 목표와 방향을 향해 노력한 셈이지만, 어느 정도는 내 본래의 목표로부터 일탈했고 또 내가 노력하는 이유로부터도 벗어나 있었던 것이다.

좀 더 구체적으로 말하면 임상과 관련된 사업이 커졌고 내가 미처 알아차릴 틈도 없이 그 사업은 양과 질에 있어 확대되었다. 그에 따라 좀 더 많은 시간 동안 일하게 되었고, 일과 삶의 조화를 추구해 왔던 리듬도 점차 잃어버리게 되었다. 아내와 아이들과 함께 할 수 있는 사적인 공간의 확보가 어렵게 되면서 내가 왜 일하고 있는지를 잊게 된 셈인데, 바로 그때 우리는 두 번째 아이를 얻었다.

고맙게도 내 아내가 곧 이 사실을 알아차리고 나의 목적이 무엇이었는지를 일깨워 주었다. 초점을 잃고 헤맬 때나 일을 시작하기 전 어떤 문제에 봉착했을 때 놀라울 만큼 허용적으로 지원해 주는 동반자를 얻을 수 있었던 것은 내게 매우 다행스런 일이었다.

예를 들어 내 아내는 나의 목적이 항상 다른 사람이 좀 더 좋은 삶을 살도록 도와주는 것임을 일깨워 주곤 했다. 그녀는 내가 임상상담을 통해 다른 사람에게 도움을 주고 나서 퇴근했을 때에 단지 하루 일과를 마치고 집으로 돌아왔을 때와 비교하여 얼마나 행복해하고 활기에 넘쳤는가를 말해주곤 했다.

그녀는 내 목표가 변화되어 내가 할 수 있는 정도를 넘어서서 다른 임상심리학자들을 고용해 더 많은 사람들을 도와주고자 했을 때도 나의 본래 목적은 바뀌지 않았음을 일깨워 주기도 했다. 그 본래 목적은 당연히 다른 사람들의 의기소침함과 고통을 덜어주고 행복과 삶의 질을 높이는 것이다.

그녀는 비록 우리가 앞에서 들은 제인의 이야기를 알고 있지는 못했음에도 내가 제인을 도와주었던 바로 그 방법으로 나를 도왔다.

내가 본래의 목적에 다시 초점을 맞출 수 있게 됨으로써 많은 일들을 수정할 수 있었고 실제 사업도 지속적인 성공을 거둘 수 있게 되었다는 사실을 다시 한 번 강조해서 말하고 싶다. 그 차이점은 특히 내가 원하는 것을 더 많이 할 수 있게 된 점이고, 더 나아가 우리 팀의 누구나 다른 사람들의 보다 나은 삶을 위해 도와주고자 하는 본래 목적에 충실할 수 있게 되었다.

이 과정에서 우리 모두가 알게 된 것은 일이 제대로 되지 않으면 남을 도와줄 수 없기 때문에 그 사업을 잘 이끌어 나가는 것이 매우 중요하다는 사실을 부정할 수는 없지만, 그것은 부차적일 뿐 우선적인 초점은 우리의 도움을 필요로 하는 사람들에게 도움을 줄 수 있는 준비를 하고 있어야 한다는 사실이다.

이 모든 것들로부터 내가 얻은 교훈은 자신의 목적이 무엇인지를 정확히 하는 것이 핵심이고, 특히 일상 속에서 자신의 진정한 목적을 스스로에게 확인시킬 수 있는 방법을 갖는 것이 중요하다는 점인데, 독자 여러분들도 이 교훈을 함께 되새길 수 있기를 바란다. 일을 하다 보면 자신이 하고 있는 일의 본래 의미를 잃어버리기 쉬운데, 그렇게 되면 생각보다 훨씬 더 많은 위험을 감내해야만 한다.

『생각하고 풍요롭게 성장하라』(*Think and Grow Rich*, 『놓치고 싶지 않은 나의 꿈 나의 인생』으로 번역출간) 라는 자기 개발에 관한 책으로 베스트셀러 작가가 된 나폴레온 힐은 "승리하기 위해서 갖고 있어야 하는 핵심 요건은 바로 명료한 목적의식과 자신이 원하는 것에 관한 지식, 그리고 그것을 얻고자 하는 강렬한 열망이다"라고 강조하고 있다.

비록 그의 초점이 부와 성공에 맞춰져 있기는 하지만 같은 원칙이 행복의 성취에도 적용될 수 있다고 믿는다. 자신의 목적을 분명히 정의하고 자신의 열망을 지속적으로 유지시킬 수 있는 방식을 발견하라. 그렇게 할 수 있다면 좀 더 행복해질 수 있을 것이라고 나는 확신한다. 그렇다면 보다 구체적으로 어떻게 해야 할까?

매우 중요한 이 질문에 대한 당신의 답을 찾는 사고과정을 자극하기 위해서는 '나의 목적이 무엇인가?' 라는 물음을 다음의 시나리오에 따라 스스로에게 던지는 것이 도움이 된다. 우선 우리가 받아들이기 어려울 만큼 강한 스트레스로 다가오는 상황을 상정해 보자. 이런 상황이 우리가 느끼는 슬픔이나 비통함 같은 격한 감정을 경험하거나 강한 스트레스를 받는 상황이라고 하더라도 실제로는 삶의 의미나 목적과 같은 중요한 주제들을 너무 심각하게 받아들였기 때문에 빚어진 것일 수 있다.

이 사실을 기억하면서 다음 상황 하나 또는 모두를 반추해 보자.

1. 2001년 9월 11일, 또는 발리 폭파 사건
2. 당신이 가장 최근에 참석했던 장례식
3. 당신이 마지막으로 참석했거나 주인공이었던 생일잔치 또는 결

혼식

4. 종교의식이나 기념일 같은 최근의 의식

가능하면 이런 상황 속에 있었던 자신의 모습과 행동들, 느낌을 자세하게 떠올리면서 동시에 이 사건들을 중요한 것으로 받아들이며 마음 속으로 생각했던 것들도 함께 기억하려고 노력해 보자.

어떻게 하면 더 많은 돈을 벌 수 있을까 하는 생각이나 곧 새로운 스포츠카를 살 생각을 해본 적이 있는가? 지난 주에 보고 싶었던 텔레비전 쇼나 좋아하는 다이어트 프로그램을 보지 못하고 놓친 것을 아쉬워하며 떠올린 적이 있는가?

일상 속에서 충분히 가능한 일이지만 과연 그런 일들이 의미 있는 것인지는 의심스럽다. 만약 당신이 나에게 충고받기를 원한다면 생각의 방향을 당신의 삶에서 가장 중요한 쪽으로 돌리라고 말하고 싶다. 이제 비록 옳고 그른 답이 있는 것은 아니지만 어느 정도 공통된 답을 말해주고자 한다.

많은 사람들의 생각은 다음과 같은 것들에 그 초점이 맞춰져 있는 것 같다.

1. 삶의 위약성과 위험성 자각하기
2. 최대한 오래 살고 싶은 욕구
3. 가족과 친구, 다른 사랑하는 사람들
4. 일과 경력 관리, 그리고 진정으로 의미 있는 차이 만들기
5. 자신이 항상 하고 싶어하는 일 하기

그런데 이런 일들이나 이와 유사한 일을 하는 동안에 당신이 하는 생각은 모두 당신 자신의 것임을 상기할 필요가 있다. 그 생각들이 당신에게 중요하고 그것들을 그 시간 동안 올바르게 이끌어 가는 것도 당신 자신이다. 당신의 생각이 위에서 말한 것들과 유사한지의 여부는 그다지 중요하지 않다. 중요한 것은 이 사례들을 당신에게 정말로 중요한 것이 무엇인지를 결정하는 데 활용하는 일이다. 왜냐하면 당신이 '중요한 것'이라고 정의하는 것이 바로 여러 가지 방식으로 삶의 목적을 반영하는 일의 시작이 되기 때문이다. 당신 자신의 진정한 삶의 목적을 성취하는 것은 본질적으로 당신의 일상적인 활동을 진실로 중요한 문제나 가치들과 일치시키는 일이다.

당신 자신의 목적이 무엇인지를 분명하게 하는 방법으로 질문을 다음과 같이 분명한 형태로 바꿔볼 수 있다.

- 다른 사람들의 무엇이 가장 부러운가?
- 다른 사람들이 당신을 어떻게 생각해 주거나 기억해 주기를 원하는가?
- 당신이 진정으로 만족감을 느꼈던 최근의 순간을 생각해 보라. 당신이 한 일 중에서 어떤 것이 그렇게 만족스럽게 만들어 주었는가?
- 이 책을 읽고 난 후에 전략들을 선택해서 행동에 옮기면서 12개월이 지나갔다고 상상해 보라. 직장과 가정, 그 외의 장소에서 이 기간 동안 한 일에 대해서 큰 만족감을 느꼈을 것이다. 그 중에서 가장 자부심을 느끼게 하는 행동이나 성취는 어떤 것인가?

이 질문들에 대한 적절한 답을 찾고자 한다면 마음에 떠오르는 핵심 단어와 문장을 써보라. 그 생각들을 머리 속에만 담아두지 말고 계속 기억하려고 노력하면서 펜을 들고 종이 위에 써보도록 하라. 당장 정답을 찾으려고 하지는 말고 곱씹으면서 계속 생각할 수 있는 시간을 확보하는 일이 중요하다.

이 일을 끝냈다면 다음에는 당신의 아내나 남편, 남자 친구나 여자 친구, 아버지, 아들과 딸 같은 가장 신뢰하는 사람에게 보여주면서 당신의 평가에 동의하는지 물어보도록 하라. 당신의 내면을 드러내는 과정에서 어두운 생각과 느낌 같은 부정적인 반응과 마주칠 수도 있지만, 반대로 자극을 받고힘을 얻는 큰 도움을 받을 수도 있다.

모험을 하지 않으면 얻을 것도 없다는 사실을 명심하라.

동시에 궁극적으로는 그 모든 것들이 당신 자신의 몫임을 기억해야 한다. 연인이나 친구, 동료처럼 아주 가깝다고 느끼는 사람일지라도 그들이 당신의 삶의 목적을 결정해 줄 수는 없다. 그렇기 때문에 그들에게 충고와 의견을 기대할 수도 있고 그들이 당신에게서 보고 있는 것들과 이해하는 것이 무엇인지를 알고 심각하게 고려할 수는 있지만, 최종적으로는 당신 스스로 결정해야 하고, 그것도 가장 큰 행복을 얻을 수 있는 방식으로 결단을 내려서 행동해야만 한다. 물론 그 결정과 결단 과정에서 다른 사람의 의견을 참조하는 일이 중요함을 경시해서는 안 될 것이다.

결정을 내리고 난 후에는 다음 단계로 옮길 준비를 해야 한다.

'다음 단계가 또 있나요?' 라고 묻는 당신의 목소리가 들린다. 물론 있다. 삶의 방향을 분명히 하면서 삶의 목적을 결정하는 일은 단지 실천의 첫 번째 부분일 뿐이다. 실제적인 도전은 바로 일상을 그 목적을 전제로 해서 살아내는 일에서 시작된다.

행복한 마무리

첫 장의 행복한 마무리는 몇 년 전 나를 찾아왔던 어떤 여성의 이야기로 대신하고자 한다. 한 사무실에서 일하고 있으면서도 미술가가 되는 꿈을 도저히 버릴 수 없었던 크리스틴은 나와 몇 번 만나서 상담을 한 후에 비록 그녀의 꿈이 아름다운 작품을 만들면서 아이들에게 미술을 가르치는 일에 대부분의 시간을 할애하는 것이지만, 현재의 삶 속에서 실현 가능한 일이 아니라는 결론을 내릴 수 있었다.

가족들이 현재의 생활을 유지하는 데는 그녀의 수입이 꼭 필요했기 때문에 직장을 포기할 수는 없었다. 그러나 동시에 일하지 않는 시간을 잘 활용하면 자신의 삶의 목적이라고 믿는 방향과 맞는 활동을 할 수 있을 것이라는 사실도 깨달았는데, 그 일을 통해서 비록 아주 적게나마 세상을 더 아름답게 하는 데 기여할 수도 있을 것이라는 사실도 함께 알 수 있게 되었다. 일하는 엄마이자 아내로서 가족에 대한 책임을 갖고 있는 그녀는 한편으로 즐겁게 그 일을 감당하면서 동시에 원하는 작품활동을 하는 것이 생각하는 것만큼 쉽지는 않다는 사실도 알고 있었다. 따라서 도저히 포기할 수 없는 그 일을 동시에 하기 위해서는 자신의 삶과 일상 속에서 많은 보완이 필요했다.

먼저 그녀는 자신의 삶의 방향과 목표를 분명히 해야 했는데, 이 일은 가장 중요한 일이기도 하다. '내 목적과 일치하는 삶을 살기 위해 할 일이 무엇일까?', '내 궁극적인 삶의 목표와 좀 더 가깝게 다가가기 위해서 어떤 일을 먼저 시작해야 할까?' 와 같은 질문들을 자신에게 던지면서 꽤 많은 숙고의 시간을 보냈다.

숙고의 과정을 거치면서 크리스틴은 자신의 능력과 생산성은 물론 자신의 초점을 분명히 해야 함을 알게 되었다. 미술작품에 많은 시간을 투자하게 되면 당연히 다른 일을 할 수 있는 시간이 줄어들게 되고, 그것은 아무 일도 하지 않으면서 시간을 낭비하는 것과는 전혀 다른 차원의 것임도 알게 되었다.

현재 어떻게 시간을 활용하고 있는지를 검토하는 과정에서 비록 그녀가 중요하다고 생각하는 일을 하느라 늘 바쁘다고 생각하고 있지만 실제로는 그다지 중요하지 않은 일을 하는 데 일 주일의 시간 중 많은 부분을 보내고 있다는 사실을 깨닫게 되었다. 예를 들어 그녀가 쉬고 있는 중이라고 의미 부여를 하고 있지만, 꼭 그렇지만도 않은 텔레비전 시청에 일 주일에 최소 여덟 시간에서 열 시간을 할애하고 있었다. 꼭 필요한 텔레비전 시청 시간을 확보한다고 해도 일 주일에 네다섯 시간은 미술활동을 위해 투자할 수 있음을 알게 된 것이다.

계획표를 재점검하면서 그녀는 자신이 하고 싶은 일을 하는 시간을 확보하는 데 관심을 기울였다. 그리고 마지막으로 이 계획을 가족에게 말하고 지지와 후원을 부탁했다.

가족들도 그녀가 행복해지기를 원했기 때문에, 또 그 변화가 가족들에게 그렇게 많은 희생을 강요한 것도 아니었기 때문에 어떤 문제나 장애물도 있을 수 없었다. 남편과 아이들이 그 계획에 적극 찬성해 주면서 도와줄 일이 없는가에 깊은 관심을 보였기 때문에 크리스틴은 정말 좋아했다.

이 장에서 우리가 공유하고자 하는 주된 메시지는 크리스틴의 첫 번째 단계, 즉 자신의 목적과 목표를 분명하게 하는 일의 중요성에 대한 강조이다. 물론 일의 우선성을 생각하게 하고 가족들과 보다 원활한 의사소통을 할 수 있는 방법에 관한 나의 충고가 도움이 되기는 했지만, 궁극적으로 중요한 것은 자신과 가족에게 더 많은 행복을 가져다 줄 수 있는 올바른 삶의 방향이 무엇인지를 찾아내고자 한 그녀 자신의 노력이었다.

행복해지기 위해 할 수 있는 일들

여기서 중요한 것은 하루에 20-30분이라도, 또 일 주일에 단 하루라도 자신을 위한 시간을 확보하라는 것이다. 그렇게 확보한 시간은 다른 사람의 방해를 받지 않고 생각할 수 있는 공간으로 활용하라. 만약 어린 아이가 있을 경우 아이를 씻기고 우유를 먹여야 하는 저녁 6시 30분쯤으로 그 시간을 정해야 한다. 아이가 잠든 저녁 늦은 시간을 사색의 시간으로 정해놓을 경우에는 지쳐 잠들어 있을 가능성이 높기 때문이다.

이 장에서 우리가 함께 이야기해 본 질문들을 당신 자신에게 던지면서 그 답을 공책에 써보고 공통된 지점을 찾아내는 노력을 해보라. 가능한 한 구체적으로 당신에게 가장 중요한 것이 무엇이고 삶의 목적으로 생각하는 것이 무엇인지를 정의하도록 노력하라.

그런 후에는 정말로 행복할 때 당신의 삶이 어떨지 생각해 보고, 당신이 하고자 하는 일과 함께 행복을 나누고 싶은 사람들, 더 나아가 경험하고 싶은 생각들과 느낌을 가능한 한 구체적으로 상상해 보라.

또한 가능한 한 상세하게 현재와는 다르게 행동하고 싶은 것들을 써보도록 하라.

이 질문들에 답할 수 있고 그 답들을 스스로 요약할 수 있게 되었다면 당신은 이미 삶의 목표와 방향을 잡는 데 매우 가깝게 접근하고 있는 것이다. 물론 이런 일들은 몇 시간이나 며칠 안에 쉽게 결정할 수 있는 일은 아니기 때문에 좀 더 명료해질 때까지 계속할 필요가 있다. 당신에게 도움을 줄 수 있는 누군가에게 말하는 것도 좋다. 그 누군가가 좋은 친구일 수도 있고, 가깝게 접근할 수 있는 종교 지도자나 학교나 대학의 선생님일 수도 있다. 더 나아가 임상심리학자 같은 훈련된 조언자일 수도 있다.

답을 알 수 있게 되었다고 생각한다면 그 다음과 마지막 단계가 매우 중요하다. 그 답을 컴퓨터의 하드 디스크나 사적인 공책에만 담아두어서는 안 된다. 대신에 당신이 하고 싶고 또 하고자 하는 그 중요한 일을 일상적인 삶의 국면에서 구현시킬 수 있도록 노력해야 한다.

목적을 삶과 통합시키고 그것을 구체적인 일상 속에서 실현하고자 노력하는 일이 핵심이다. 물론 그렇게 하는 데는 여러 가지 방법이 있다. 내가 찾아낸 유용한 방법에 대해서는 9장에서 보게 되겠지만, 그때까지 기다릴 수 없는 사람들을 위해서 이 장을 끝내기 전에 몇 가지만 미리 소개하고 다음 장으로 넘어가려고 한다.

- 당신 삶의 목적과 방향을 결정짓는 핵심 변수들을 기록하고 수시로 확인할 수 있는 다이어리를 만들어라.
- 알람이나 누구나 사용할 수 있는 표준 다이어리 프로그램 같은 기계를 활용하여 늘 자신의 기억을 되살릴 수 있도록 하라.
- 노란 포스트 잇 같은 것을 활용해서 늘 사용하는 개인용 컴퓨터나 집 또는 차 문에 그 계획과 질문 같은 것들을 붙여놓도록 하라.

이런 일들을 하고 난 후에는 당신이 실제로 행복해질 수 있는 일들을 하는 데 어떻게 하면 더 많은 시간과 방법을 확보할 수 있을지를 생각하는 단계로 나아가는 것이 좋겠다.

요약

1. 첫 번째 단계는 당신이 스스로 원하는 것이 무엇인지, 또 행복이 당신에게는 어떤 의미인지 생각해 보는 단계이다.
2. 그 다음 단계는 자신의 삶에서 더 많은 행복을 성취하는 과정에서 성공해야 하는 동기를 부여하는 단계이다.
3. 행복은 저절로 오는 것이 아니라 당신 자신에 의해 창조되는 것이다.
4. 행복을 얻기 위해서는 측정 가능하고 성취 가능하며 시의적절한 목표를 담은 행복계획서를 만들어야 한다.
5. 규칙적으로 자신의 목적을 떠올리면서 이 원칙들을 당신의 삶 속에 통합시켜라.

어느 날 어머니는
뜨개질만이
자신의 일은
아니라는
사실을
깨달았지.
Millard

2장

자신을 행복하게 만들기

이 장에서는 당신을 진정으로 행복하게 하는 것이 무엇이고 행복해질 수 있는 구체적인 활동들을 실천에 옮기는 데 더 많은 시간을 확보할 수 있는 방법이 무엇인지를 확인하는 비교적 단순한 일을 하려고 한다. 사실 이런 일이라면 행복을 주제로 하는 모든 책에서 다루는 아주 분명한 전략에 불과한 것처럼 비치기도 하지만, 다른 한편 과도한 양의 술이나 파괴적인 활동 같이 행복해지기 위한 부정적인 방법을 포함하는 것으로 보일 수도 있다.

여기서는 자기파괴적인 그런 방법들은 제외하고 행복으로 이끌어 주거나 행복과 관련된, 건강하고 합법적이며 사회적으로 수용될 만한 방법에 대해서만 다루고자 한다. 그러나 나를 포함한 대부분의 사람들은 이런 방법들을 잘 모르기도 하고, 혹시 조금 안다고 해도 시간을 내서 실천에 옮기지 못하고 있다. 그 대신 그들은 그때그때의 감정이 시키는 대로 행동하면서 장기적인 행복이나 지속적인 편안함과는 반대되는 방향으로 살아간다.

다음 두 이야기가 그런 삶의 방향에 대한 좋은 사례를 담고 있다.

내 고객인 폴은 한 전문적인 서비스 회사의 고위직에 있는 사람이다. 당연히 그는 많은 것을 갖추고 있다. 겉으로 보기에 그의 삶은 고도의 전문성을 인정받는 높은 지위와 고소득, 건강한 가족은 물론 대부분의 시간을 즐거운 마음으로 몰두하는 직장을 갖고 있어 부러움을 살 만하다. 그러나 조금만 더 깊이 들여다 보면 첫인상과는 달리 대부분의 내 고객과 비슷한 문제를 안고 있음이 드러났기 때문에 관심을 갖고 더 관찰해야 했다.

그가 비록 많은 사람들이 삶에서 중시하는 것들을 갖추고 있기는 하지만, 정작 스스로는 자신이 진정한 즐거움을 느낄 수 있는 활동에 할애할 수 있는 시간을 갖고 있지 못하다고 믿고 있었다. 그 활동에는 좋아하는 음악을 듣는 일과 아이들과 함께 놀아주는 일이 포함된다.

직장에서 보내는 시간의 대부분은 즐겁게 보내고 있다고 생각했지만, 그 회사 분위기가 고위직 임원이 더 많은 시간 자리를 지켜주기 바라는 것이었기 때문에 실제로는 별 일이 없어도 저녁 7시까지는 자리를 뜰 수 없었다. 그러다 보니 주중에는 말할 것도 없고 주말조차도 다른 특별한 일을 하기 어려웠다.

자신의 일을 얼마나 즐기고 그 일을 통해서 얻는 만족감이 얼마나 큰지 하는 문제와는 관계없이 일 자체만을 통해서는 실질적이고 지속적인 행복을 얻기가 어렵다는 사실이 분명해 보인다. 그 일이 우리 삶에서 차지하는 비중이 크다는 사실도 부인하기 어렵지만, 그것조차도 행복해지는 데 필요한 한 요소에 불과하다는 사실도 확실하다는 것이다. 일은 행복해지기 위해 필요한 요건의 전부가 아닐 뿐만 아니라, 그것이 없으면 삶의 균형이 깨져버리는 그런 유일한 요소도 아니다.

줄리는 폴과 비슷하면서도 조금 다른 일로 고통받고 있었다. 그녀 역시 많은 부분에서 부러움을 받을 만한 삶을 살고 있고, 자신이 하고자 하는 일에 대부분의 시간을 투자하고 있다고 스스로 믿고 있기도 하다. 그녀는 흥미를 느낄 수 있고 급여도 만족스러운 직장을 갖고 있고, 매우 활동적이고 만족스러운 사회생활을 하고 있기도 하다. 사고 싶은 것이 있으면 별다른 망설임 없이 살 수 있을 정도의 현금도 갖고 있지만, 불행히도 그런 생활이 자신의 삶의 목적과 온전히 일치한다는 느낌을 받지 못하고 있다. (물론 나와 상담하기 전까지는 이런 사실을 제대로 자각하지 못하고 있었다.)

자신이 진정으로 원하는 것이 무엇인지 함께 생각해 보게 되면서 그녀는 스스로가 일에서 성공하는 것 못지않게 의미 있고 친밀한 관계와 건강한 생활방식을 갖게 되기를 열망한다는 사실도 알게 되었다. 현재의 일과 생활방식을 가지고는 이런 열망을 구체화하기는커녕 제대로 간직하기조차 어려울 정도임을 깨달았다.

물론 나이트 클럽 같은 곳에 가서 춤을 추며 젊음을 즐기기도 했지만, 그런 일에 몰두해 보아도 그런 순간적인 쾌락은 다음날 아침까지도 지속되지 못할 뿐만 아니라, 그녀가 진정으로 원하는 의미 있고 목적이 분명한 삶과는 일치하지 않는 것임을 상담 과정에서 보다 분명하게 알게 되었다.

폴과는 달리 줄리의 경우에는 비록 순간적인 것이기는 하지만 자신이 행복해질 수 있는 일을 할 수 있는 시간을 확보하고 있었다. 그럼에도 그 일들이 그녀의 진정한 이상과는 일치하지 않았고, 이 상황은 내가 그녀를 처음 만났을 때 자신이 진정으로 원하는 것이 무엇인지 알지 못한 결과 더 악화되어 있기도 했다. 비록 그녀가 모든 것이 다 잘 되고 있다는 느낌을 갖고 있기는 했지만, 그렇다고 해서 제대로 정의된 삶의 목적을 갖고 있지는 못했던 것이다.

줄리가 즐기는 일에 시간을 투자하면서도 자신을 진정으로 행복하게 하는 것이 무엇인지 알지 못하고 있었던 반면에, 폴은 자신이 진정으로 원하는 것을 알고 있었을 뿐만 아니라, 항상 그것을 열망하고 있었음에도 행복해지는 데 필수적인 활동을 할 수 있는 충분한 시간을 확보하지 못하고 있었다. 이는 정신없이 돌아가는 환경 속에서 그런 시간을 갖는 것이 시간을 낭비하는 것이라는 왜곡되고 부정확한 믿음을 갖고 있었기 때문에 빚어진 일이다.

행복을 가져다 주는 활동의 유형들

폴이나 줄리처럼 너무 많은 사람들이 참된 행복을 가져다 주는 활동을 하는 시간을 거의 갖지 못하고 있다. 그 결과 그토록 많은 사람들이 삶에서 즐거움을 느끼지 못한 채 그저 시간을 견디고 있을 뿐이다. 행복한 사람과 불행한 사람을 가르는 선이 다름 아닌 즐겁고 만족할 만한 행동과 활동들에 몰두할 수 있는 시간을 얼마나 확보하느냐 하는 것이기 때문에 안타까움을 금할 길이 없다.

그런 활동들에 몰두하다 보면 정말 좋고 행복하다는 느낌을 확실히 갖게 된다. 그뿐만 아니라 그런 활동들은 때로 관용이나 친절함 같은 덕목들을 포함하고 있어서 다른 사람까지도 행복하게 만들어

주기도 한다. 이와 같이 행복은 나뿐만 아니라 다른 사람에게까지 좋은 영향을 미치고, 최소한 다른 사람들을 나쁘게 하지는 않는다는 사실만으로도 충분히 의미가 있다. 여기서 우리는 행복이 다른 사람에게 해를 끼치지 않는 것과 다른 사람의 권리를 존중하는 것으로부터도 온다는 불교철학의 핵심 원리 중 하나를 떠올리게 된다.

행복을 증진시킬 수 있는 두 유형의 활동이 있는데, 그 하나는 우리 자신의 행복을 보다 직접적인 목표로 삼는 것인데, 그렇다고 해서 그것이 반드시 이기적인 활동이라고 말할 수는 없다. "하늘은 스스로 돕는 자를 돕는다"라든지, "스스로를 돕지 못하는 사람은 다른 사람을 도울 수도 없다"는 속담이 이런 유형의 활동을 정당화해 주는 근거들이다.

그런데 만약 그 과정에서 자신의 행복 추구가 다른 사람의 행복을 침해할 가능성이 있는 경우에는 자신의 행복을 마냥 주장할 수는 없다. 바로 이 지점에서 두 번째 유형의 활동이 권장될 수 있는 여지가 생긴다.

이 유형의 활동 속에는 다른 사람을 위한 좋은 행동과 배려가 포함된다. 이 활동은 진실을 말하고 그 진실에 따라 자신의 삶을 성실하게 이끌어가는 것을 포함한다. 이런 삶을 살아가는 사람들은 과장하지 않는 진정성을 보여주기도 하고, 자신의 심연을 있는 그대로 보여주는 순수함도 갖고 있다.

자신의 삶 속에서 행복을 느끼는 사람들 또한 다른 사람에게 매우 친절하고 관대해서 도움이 필요한 사람들에게 시간을 할애해서 봉사하는 자세를 갖고 있다. 놀랍게도 그들은 이런 유형의 일을 그냥 하는 수준을 넘어서 그 일을 즐기고 만족감을 느끼기도 하는데, 그 이유는 그들이 마음에서 우러나와 남을 돕고 다른 사람의 행복에 대해서도 순수한 관심을 갖고 있기 때문이다. 이런 유형의 삶은 높은 수준의 행복과 깊은 친화성을 지닌다.

흥미롭게도 이 사실은 많은 사람들이 행복에 대해 갖고 있는 편견, 즉 행복한 사람들이 쾌락적이고 이기적일 것이라는 편견을 반격하는 증거가 되기도 한다. 진실로부터 벗어날 수 있는 것은 없고, 오히려 거꾸로 행복한 사람들은 다른 사람들에게 더 관대하고 다른 사람들을 위해서 더 많은 시간을 할애한다. 즉 그들은 자신을 위해서 뿐만 아니라 다른 사람을 위해서도 많은 일을 할 가능성이 높은 것이다. 반대로 자신의 삶에 불만이 많은 사람이 더 방어적이고 어떤 점에서는 생각 없이 행동할 가능성이 더 높다.

내가 몇 년 전에 읽은 책에서 한 불교도가 했던 말이 이 순간 떠오른다. "다른 사람에게 뜨거운 석탄을 던지려면 먼저 자신의 손을 태울 각오가 되어 있어야 한다." 비슷한 격언으로 "유리로 만든 집에 사는 사람은 돌을 던져서는 안 된다"라는 말로 있다. 기본적으로 우리는 스스로 행복해지기 위해서 가능하면 다른 사람에 대한 나쁜 말을 해서는 안 되고, 특히 다른 사람을 해치는 행동을 해서는 안 된다. 더 나아가 가능하다면 다른 사람을 위해서 좋은 일을 하고자 노력해야 한다.

행복에 관한 인용할 만한 글들

- 행복은 키스와 같다. 따라서 행복해지기 위해서는 먼저 그것을 나누어야만 한다.(버나드 멜처)
- 어떤 사람들은 어디에 가든지 행복을 만들어내고, 어떤 사람들은 언제든지 행복을 만들어낸다.(오스카 와일드)
- 행복은 당신의 치과의사가 입으로는 아프지 않을 것이라고 말하면서 손으로는 이를 가는 드릴을 집어드는 것과 같다.(조니 카슨)
- 어떤 사람이 결혼할 때까지 행복이 무엇인지를 모른다면 그것은 너무 늦은 것이다.(프랭크 시나트라)
- 행복은 매우 작은 책상임과 동시에 매우 큰 휴지통이다.(로버트 오벤)
- 행복, 그것은 좋은 적금이기도 하고, 좋은 요리이기도 하며, 좋은 소화력이기도 하다.(장 쟈크 루소)
- 행복의 보편적인 규칙 중 하나는 그것이 매뉴얼에 쓰여진 것보다는 늘 무게가 덜 나가기 때문에 항상 조심해야 하는 어떤 것임을 명심해야 한다는 것이다.(테리 프래체트)
- 당신이 화가 나 있는 1분은 늘 행복해질 수 있는 60번의 기회를 놓치는 것이다.(랄프 왈도 에머슨)
- 이 지구상에서 행복을 성취할 수 있는 유일한 방법은 깨끗한 양심을 갖거나 전혀 갖지 않는 것이다.(오그던 네쉬)
- 행복은 좋은 건강과 나쁜 기억이다.(잉그리드 버그만)

놀이-우리를 행복하게 하는 핵심 요소

좋은 일을 하고 나쁜 일을 피하는 것과 함께 많은 사람들은 단지 놀면서 더 많은 기쁨을 누리는 것만으로도 수준 높은 행복감을 느끼는 것이 확실해 보인다. 어린 아이들과 함께 있다 보면 놀이가 모든 아이들에게 아주 자연스런 것임을 알게 된다. 아이들이 즐기는 데 텔레비전이나 컴퓨터 게임 같은 게 꼭 필요한 것은 아니다. 대부분의 아이들에게는 장난감조차 필요하지 않다. 아이들은 필요하다면 놀 수 있는 방법을 찾을 것이고, 막대기나 종이, 상자, 모래와 같은 가까이에 있는 물건들을 가지고도 충분히 재미있게 놀 수 있다. 첫돌이나 두 돌을 맞은 아이들이 정작 받은 생일선물보다는 상자나 선물 포장지에 더 많은 흥미를 보이면서 가지고 노는 일도 흔히 볼 수 있다.

나이가 들어가고 그에 따른 책임감도 커지면서 여러 가지 이유로 이런 행동들을 더 이상 하지 않게 되거나 덜 하게 된다. 분명히 어른이 되면 가정이나 직장에서 어른으로서 해야 할 일들이 있지만 그것이 곧 지루해지거나 비참해지는 것을 의미하지는 않는다. 실제로는 행복한 사람들이 더 좋은 피고용자이자 더 나은 파트너이고, 나아가 더 좋은 부모이기도 하다는 증거가 많이 있다.

좋은 파트너가 되고 좋은 부모가 되기 위해서는 반드시 심각하고 지루해해야만 한다고 도대체 어떤 책에 쓰여 있는가?

이 장의 목적은 당신이 책임을 다하고 해야 할 일을 완수하는 과정에서 더 많은 즐거움을 느낄 수 있는 방법을 알려주는 데 있다. 어떻게 하면 그렇게 될 수 있을까? 이 질문에 대한 해답 대신 지난 몇 년 동안 즐거운 삶으로 세계적으로 알려진 미국 시애틀의 한 작은 생선 가게 이야기를 들려주고자 한다.

이야기는 내가 박사학위를 받기 위해 워싱턴 대학의 심리치료 센터를 방문하는 것으로 시작된다. 그곳에서 나는 많은 심리학자들과 의사들로 구성된 놀라운 팀으로부터 많은 도움을 받았지만 가장 강하게 남아 있는 기억 중의 하나는 그곳 어시장에 관련된 것이다.

시애틀에 도착하자마자 나와 아내는 많은 사람들로부터 파이크 플레이스 어시장을 꼭 찾아가 보라고 권했고, 그런 이야기는 시애틀을 소개하는 책자에도 나와 있었다. 아름다운 도시로 알려진 시애틀의 진면목을 보고 싶어했던 우리들은 기꺼이 그렇게 했지만 실제로 그곳에 갔을 때 그런 일을 경험하게 되리라고는 전혀 생각하지 못했다.

사실 그 어시장도 어떤 점에서는 좋은 생선을 살 수 있는 괜찮은 어시장에 불과한 것처럼 보였지만, 다른 한편으로는 동시에 내가 가보았던 어떤 어시장과 다른 특별한 무엇을 갖고 있었다. 매일매일 관광객들에게 그저 수많은 생선을 보여주거나, 생선을 나르고 가공하는 어판장 일에 관한 책을 써서 홍보를 하는 어시장은 세계에 널려 있다.

파이크 플레이스 어시장은 그럼 어떤 점에서 다르단 말인가? 가장 두드러지게 다른 점은 그곳에서 일하는 사람들이 정말로 행복한 표정을 짓고 있다는 사실이다. 그들은 자신이 하는 일을 정말로 즐기는 것처럼 보이고, 누구나 가서 그런 표정들을 보게 되면 함께 즐거워진다. 이 작은 어시장은 즐거움이 넘치는 장소가 되었을 뿐만 아니라 흥겨운 일터가 되어 있기도 했다. 그곳에서 일하는 사람들의 즐거운 노동은 곧 그곳을 찾는 사람들의 믿을 수 없는 수준의 만족감으로 이어졌다.

이 어시장은 단지 성공적인 일터일 뿐만 아니라 수익이 좋은 일터이기도 했다.

아마 당신도 이쯤해서 그들이 느끼는 놀라울 정도의 즐거움에 흥미를 느껴 도대체 어떤 비결이 있는지를 찾기 시작했을 것이다. 그 비결을 찾고 싶다면 시장 이야기를 기록한 『생선』(*Fish*)이라는 제목의 책을 보라고 권하고 싶지만 여의치 않은 사람들을 위해 그 핵심 내용을 소개하고자 한다.

파이크 플레이스 어시장의 성공은 그 책의 저자가 다음과 같은 방식으로 요약한 네 가지 핵심 원칙에 의해 가능했다.

첫째는 자신의 태도를 스스로 결정하는 것이고,
둘째는 현재에 충실하는 것이며,
셋째는 다른 사람의 시간을 존중하는 것이고,
마지막 네 번째는 노는 것처럼 일하라는 것이다.

이 장의 초점은 그 중 마지막 요소에 맞춰져 있지만, 다른 요소들도 다른 장들에서 다루어지고 있으니 걱정할 필요는 없다.

그 어시장에서 일하는 사람들은 온갖 종류의 흥미로운 방식으로 놀이를 즐긴다. 그곳에서는 생선 가게뿐만 아니라 식당에서도 계산대 뒤에서 활짝 웃으며 나타나는 방식으로 손님을 맞는다. 또 손님들이 고른 생선을 위로 던져놓고 다시 잡는 서커스를 보여주기 하는데, 이런 태도는 손님들을 놀라게도 하고 즐겁고 유머러스하게 만들어 준다. 이 어시장 사람들의 놀라운 성공 비결은 사실 좀 이해하기 어려운 측면이 있기는 하지만, 확실한 것은 그들이 자신들의 일을 재미있게 하고 있다는 점이다.

이런 이야기를 하는 이유가 당신도 가정이나 직장에서 냄새나는 생선을 던져보라고 권하고자 하는 것이 아니다. 다만 자신이 일하는 곳에서 즐거움을 느낄 수 있게 되면 그곳이 어디든지 좀 더 흥미롭게 놀이를 하는 것처럼 일할 수 있다는 사실을 일깨워 주고 싶을 뿐이다.

하루 중에서 어느 정도나 스스로 즐거움을 느끼면서 주인의식을 갖고 일하고 있는지 생각해 보자. 늘 하고 있는 일에서 즐거움을 느끼는 것이 가능할까?

이 질문에 대해서 당신이 그럴 만한 필요성과 가치가 있다는 정도만 동의하면서 어떤 일을 해보고자 하는 마음을 낸다면 먼저 다음 두 가지 일을 해보기를 권한다.

첫째, 지금 당신이 하고 있는 일들을 반성하면서 그 일을 좀 더 즐겁게 하기 위해서 어떤 다른 방식으로 할 수 있는지 생각해 보라. 다시 말해서 지금 하는 방식보다는 더 즐겁게 일할 수 있는 다른 방법을 찾아보라는 것이다.

둘째, 높은 수준의 즐거움과 쾌락, 만족감과 행복을 가져다 주는 활동을 찾아보면서 동시에 이런 일들을 하는 데 당신 자신이 어느 정도의 시간을 투자하고 있는지 반성해 보라. 그러면서 특히 당신 자신이 더 즐길 수 있는 방법을 찾는 것이 중요하다.

그런데 여기서 단지 순간적인 쾌감을 가져다 줄 뿐 결과적으로는 고통을 가져다 주는 활동과 지속적이고 참된 행복으로 이끄는 좀 더 의미 있고 건강한 행동을 구별하는 것이 중요하다.

행복 프로그램의 이런 중요 요소들을 실천에 옮기는 데 도움이 될 수 있는 몇 가지 제안을 하고자 한다.

- 시간 시간마다 웃을 수 있는 방법을 찾아라.
- 느긋하게 코믹한 드라마나 영화, 코미디 프로를 즐길 수 있

는 시간을 가져라.

- 코미디 쇼나 극장 쇼를 직접 찾아가 즐겨라.
- 생음악을 즐길 수 있는 시간을 가져라.
- 이전에는 즐겼지만 한동안 하지 못했던 일을 하라.
- 전혀 새로운 일을 하고자 노력하라.
- 다른 사람과 함께 즐겁게 할 수 있는 일을 해보라.
- 춤을 추어보라, 단테에 나오는 것처럼 '마치 아무도 보지 않고 있는 것처럼.'
- 어렸을 때 즐겼던 핸드볼이나 보드 게임 같은 게임을 해보라.
- 마지막으로, 당신의 아이들을 보면서 따라서 해보도록 하라.

행복한 마무리

짐은 오랜 시간 일하고 좋은 아버지가 되고자 노력하는 일이 만족스럽고 즐겁기는 하지만 그렇다고 해서 아주 많은 기쁨을 누릴 수 있는 일은 아니라는 사실을 발견했다. 그는 자신의 일에 대해서 자부심을 느끼고 있었고, 비록 그 일 자체에 대한 만족감은 높지 않다고 해도 그 수입으로 가족을 부양할 수 있을 뿐만 아니라 좋은 아버지이자 남편이 될 수 있다는 사실 자체에도 만족할 수 있었다. 그러다 보니 결과적으로는 직장과 가족 말고 자신을 위한 시간을 거의 가질 수 없었고, 스스로 즐거움을 느낄 수 있는 시간은 더 없을 수밖에 없었다.

다행스럽게도 짐이 내 사무실로 와서 몇 번 상담을 한 후에 자신에게 남은 30-40년의 인생을 위해서 이런 방식의 삶을 지속시켜 나갈 수는 없다는 판단에 이르렀다. 자신의 삶에 변화가 필요하고, 그 변화가 크든 작든 더 많은 기쁨과 즐거움을 가져다 줄 수 있을 것이라는 생각을 할 수 있게 된 것이다.

이런 상황 속에서 짐이 스스로 행복해질 수 있는 삶의 변화를 추구해야만 하고 또 그런 변화가 정말로 필요하다고 자각하고 있었지만, 동시에 그만큼 좋은 아빠나 남편이 되는 데는 어려움이 따를 수밖에 없다는 사실도 잘 알고 있었다. 그러나 더 넓게 생각해서 자신이 행복해져야 주변의 사람들도 함께 행복해질 수 있다고 판단하고 변화를 시도했다.

짐은 이미 스스로 만족할 만한 수많은 일과 활동에 휩싸여 있었기 때문에 그에게 성취나 일에 대한 자부심 같은 것은 큰 의미가 없는 주제였다. 다만 행복이나 쾌락, 즐거움 같은 더 적극적인 감정들을 제대로 느끼지 못하고 있었을 뿐이다.

그는 자신을 행복하게 만드는 것이 무엇인지 알고 있었고, 무엇이 자신을 웃게 만들고 어떤 일을 할 때 즐거움을 느끼는지도 알고 있었다. 문제는 그가 이런 일들을 알고 있으면서도 실천에 옮기지 못한다는 단순한 것이었고, 그 이유는 두 가지였다. 첫째는 시간 확보 문제였고, 둘째는 이런 일들을 우선순위에 두지 않는다는 실제적인 문제였다.

사실 그는 즐거움과 행복에 우선순위를 두기는커녕 오히려 그런 일들이 일을 방해하는 비생산적인 것이거나 시간 낭비, 또는 자신의 이기심을 증명하는 것 정도로 생각했다.

그런 이유로 그가 행복이라는 자신의 목표를 달성하기 위해서는 좀 더 중요하고 어려운 일에 매달려야 한다는 생각을 전면 재검토해야만 했다. 우선 스스로 자신과 가족, 자신이 고용하고 있는 사람들의 행복을 포함한 모든 사람들의 진정한 행복이 무엇인지를 다시 생각해야 했다. 행복 없이 어떻게 진정한 삶을 영위할 수 있는가? 짐의 경우에는 바로 이 생각을 항상 되뇌일 필요가 있었다.

그러면서 동시에 다른 방식으로 즐거운 일들을 생각하는 법을 배워야만 했다. 이런 일들을 쓸모없는 시간 낭비라고 생각하는 대신에 자신의 온전한 건강을 위한 핵심 요소라고 생각하기 시작했다. 건강을 유지하기 위해서는 규칙적으로 칫솔질을 하고 운동을 하고 잘 먹는 일이 중요한 것만큼이나 즐거움을 느낄 수 있는 활동같이 행복해지기 위해 필요한 일을 하는 것이 중요하다는 생각을 할 수 있게 되었다.

여기서 유의해야 할 점은 짐이 스스로 즐길 수 있는 일을 하는 것이 이기적인 것도 아니고 좋은 아버지나 직업인이 되기 위해 필요한 시간을 낭비하는 것도 아니라는 사실을 알게 되었다는 점이다. 정말 전혀 그렇지 않다. 짐이 결국은 깨닫게 된 것처럼 그 즐거움을 당신 자신의 일상에 통합시킬 수 있다. 짐은 자신의 힘으로 직장과 가정에서 즐겁게 지낼 수 있는 방법을 찾을 수 있게 된 것이다.

여기서는 짐이 자신의 지루한 일상을 지속해 가면서도 그 안에서 기쁨을 발견하게 되었다는 사실이 중요하다. 그리고 파이크 플레이스 어시장에서와 마찬가지로 자신의 일을 희생시키지 않고도 더 즐겁게 현재 하고 있는 일을 더 잘할 수 있게 된 것도 중요한 점이다. 비록 처음에는 직장에서 다르게 행동해야만 하는 것이 아닌가 하는 생각도 했지만, 그렇게 하지 않고도 충분히 즐겁게 일할 수 있는 방법을 찾아낼 수 있게 되자 동료들도 점차 그 일에 동참하며 함께 기쁨을 누릴 수 있었다.

집에서도 부모로서의 해야 할 일을 게임처럼 할 수 있게 되었고, 저녁 시간에도 시간에 쫓겨 먹지 않고 최대한 천천히 즐기면서 근사하게 보낼 수 있게 되었다. 느긋한 목욕 시간이나 해변에서 가족과 함께 하는 산책 시간을 확보했고, 잠자는 시간에도 아이들에게 동화책을 읽어주는 대신에 짐이 직접 만든 이야기를 들려줄 수도 있게 되었는데, 이런 이야기야말로 정말 재미있고 흥미진진하다.

직장 동료들이 그랬던 것처럼 아이들이 원하는 재미있는 일들을 함께 해줌으로써 아이들도 좀 더 활력 있게 바뀌었을 뿐만 아니라, 좀 더 고분고분하고 정감 있는 아이들로 변해가는 것을 지켜볼 수 있었다. 누군가 말했던 것처럼 모두가 승리하는 결과를 가져올 수 있게 된 것이다.

행복해지기 위해 할 수 있는 일들

이 장과 관련지어 생각해 볼 수 있는 활동은 몇 가지 종류의 글을 써보는 일이다. 이미 해본 것처럼 종이를 앞에 놓고 아래 질문에 대한 자신의 답을 가능한 한 생각나는 대로 써보자.

- 나를 정말로 미소짓게 하는 것은 무엇인가?
- 나에게 실감나는 만족감을 가져다 주는 일은 무엇인가?
- 내가 가장 즐기는 일은 무엇인가?
- 어렸을 때 내가 가장 즐겨했던 일은 무엇인가?

그런 다음에 해야 할 아주 중요한 일은 이런 생각들을 당신 자신의 일상 속에 통합시킬 수 있는 방법을 찾는 일이다. 일 주일에 한 번만 즐거움을 느끼거나, 어떤 사람들처럼 한 달에 한 번 또는 일 년에 한 번만 즐거움을 느끼는 것으로는 정말 충분하지 않다. 진정으로 행복한 사람들은 일상 속에서 즐거움을 느끼며 놀 수 있는 방법을 찾아낸다.

이런 일들을 당신의 일상 속에서 실천에 옮기도록 해보라. 당신 스스로 재미있거나 즐길 수 있는 일이라고 생각하는 것들을 실천에 옮기는 계획을 세운 후에 자기 스스로나 가까운 다른 사람에게 말하도록 하라. 또 일상 속에서 지금 하고 있는 일에서도 재미를 찾을 수 있는 방법을 찾아보도록 하라.

내가 여러 번 강조하고 있는 것이지만 말보다 행동으로 옮기는 것이 중요하고, 어떤 유명한 광고 문구처럼 '그냥 한번 해보라.'

요약

1. 당신의 일상 속에서 즐거움과 행복을 느낄 수 있다.
2. 자신의 참살이(wellbeing)를 증진시키는 일을 할 수 있는 시간을 만드는 일이 행복에 필수적이다.
3. 행복해짐으로써 당신은 사랑하는 사람이나 오늘 만나는 사람에게 더 친절하고 관대해질 수 있다.
4. 좋은 일을 하고 다른 사람들을 보살핌으로써 높은 수준의 행복을 얻을 수 있다.

Millard

3장

자신의 장점 활용하여 행복해지기

5장에서 나는 전통적인 임상심리학과 좀 더 최근의 긍정심리학의 접근법 사이에 어떤 차이가 있는지에 대해서 말해보려고 하는데, 그 중 두드러진 것 하나를 먼저 말한다면 전통적인 임상심리학이 '문제를 규명하는 일' 에 많은 시간과 노력을 들이는 반면에, 긍정심리학은 '장점과 함께 살아가는 일' 에 초점을 맞춘다는 것이다.

이 문제가 3장에서 주로 다루고자 하는 주제이지만 그와 함께 여기서 주목하고자 하는 다른 중요한 차이가 하나 더 있다. 그것은 임상심리학이 '변화' (당신이 생각하고 느끼고 행동하고 교제하는 방식을 변화시키는 것과 같은)에 초점을 맞추는 반면에, 긍정심리학은 어떤 영역에서의 변화가 중요함을 인정하면서도 그만큼이나 자신이 지금 갖고 있는 것의 수용을 강조한다는 것이다.

이 책의 전체적인 맥락을 통해 나는 성공과 행복이 단지 부분적으로만 변화에 달려 있고, 오히려 더 많은 부분은 자신의 삶 속에 스스로의 능력과 장점도 만만치 않음을 자각하는 일에 달려 있다는 관점을 택할 것이다.

물론 이런 식의 접근법은 우리가 책방에 널려 있는 다른 자기계발서에서도 흔히 볼 수 있는 것이지만 한 가지 중요한 지점에서 다른 책들과는 차별화된다. 그 지점은 바로 다른 책들이 주로 자신을 발견하고 그 안에 포함된 결점을 확인하여 교정시키는 데 초점을 맞추고 있는 데 비해, 이 책은 자신의 장점을 발견하여 가능성과 성취를 최대화하는 방법에 초점을 맞추고 있는 점이다.

나는 이 접근법이 한 가지 중요한 장점을 갖고 있다고 생각한다. 진화론을 한번 예로 들어보자. 진화론의 여러 가지 양태에 대해서 말하지 않고도 우리는 인간이 가지고 있는 장점을 토대로 우리가 오늘날까지 발달해 왔고 진화되었다는 사실 자체는 받아들일 수 있다. 적자생존의 원리는 단지 적합하고 강한 것은 살아남고 약한 것은 그렇지 못한다는 사실을 의미한다.

이 원리가 약하거나 도움이 필요한 사람에게 도움을 줄 필요가 없다는 의미로 해석되어서는 안 된다. 사실 나 자신도 그동안 우울증이나 스트레스, 인간관계의 어려움 등을 경험하고 있는 사람들을 도와주는 일에 지난 몇 년 동안 몰두해 왔다. 그러나 이 일이 갖는 중요성과 필요성을 간과하지 않는다고 해도 그것만으로 한 개인이나 조직, 공동체가 행복을 느끼는 데 충분하다고 할 수는 없다. 만일 당신의 목표가 단지 우울함으로부터 벗어나는 것이 아니라 좀 더 행복해지는 것이라면 당신의 결점과 약점이 정말로 결점이고 약점인지를 생각해 보아야 하고, 아무리 노력해도 세계 챔피언이 될 수는 없는 어떤 영역이 있다는 사실을 받아들이는 노력을 할 필요가 있다.

그렇다면 어떻게 나의 결점이 강점이 될 수 있을까? 나의 대답은 다음 이야기 속에 감춰져 있는데, 이 놀라운 이야기는 나의 온라인 서비스를 통해서 접할 수 있게 된 것이다.

중국의 한 물장수가 두 개의 물통을 갖고 있었다. 두 개의 물통을 어깨에 메고 그 물장수는 우물에서 물을 길어 나르곤 했는데, 그 중 하나에는 구멍이 나 있었다. 그러다 보니 집에 도착해 보면 물통 하나에는 물이 가득차 있는 반면에, 구멍이 난 물통에는 반밖에 남아 있지 않았다.

이런 일을 2년 동안 하고 났을 때, 완전한 물통은 자신이 늘 물을 가득 담아 옮길 수 있는 것에 만족스러워한 반면에, 구멍이 난 물통은 가련하게도 자신이 열심히 노력해도 반통의 물밖에 옮길 수 없는 사실에 대해 부끄러워할 수밖에 없었다.

이런 불행한 상황이 그후 2년 동안 계속된 후에 구멍 난 물통은 물장수에게 조심스럽게 말을 꺼냈다. "내 구멍 때문에 물을 늘 반밖에 옮겨드릴 수 없는 것이 부끄럽습니다."

그러자 물장수가 그 물통에게 다음과 같이 대답했다. "물을 길어 돌아오는 길에 네가 있는 쪽에만 꽃이 피어 있는 것을 보았니? 그 이유는 네가 늘 물을 흘려주었기 때문이란다. 그 사실을 알고 난 네 쪽에만 씨앗을 뿌렸지. 그렇게 해서 지난 세월 동안 아름다운 꽃으로 우리 탁자를 장식할 수 있었단다. 만약 네가 그렇게 하지 않았다면 내 집에 이렇게 아름다운 꽃을 어떻게 놓을 수 있었겠니?"

우리 모두는 결점을 갖고 있지만 우리의 삶을 흥미롭고 살만한 것으로 만들어 주는 것은 바로 그 결함과 약점이다. 당신은 그 결점 안에 숨겨진 좋은 면을 볼 수 있는 곳에 그 사람들을 데려갈 수만 있으면 된다.

조금 시각을 달리 해서 매우 성공한 스포츠 스타들이 이 놀라운 이야기에 숨겨진 메시지를 어떻게 받아들였는지 알아보기로 하자. 그 스타들은 자신의 약점을 극복하는 방법 보다는 힘이나 기술과 같은 강점을 잘 활용하여 그 자리에 오른 사람들이라는 점에서 그들의 반응이 어떤 것일지에 관심이 간다.

자신의 장점을 잘 활용한 사례 1_두 하키 선수의 이야기

하키에 관심이 있는 사람은 누구나 글렌 맥그레이드가 호주 같은 하키 경기에 관심이 많은 나라에서 유명한 선수이고, 1990년대 후반 동안 최상위 선수로 평가받았다는 사실을 알고 있을 것이다. 이 순위는 객관적으로 검증받은 것이다.

나는 그를 개인적으로는 모르는데, 이렇게 내 이야기의 주인공이 된 점 용서해 주기 바란다. 맥그레이드는 몇 년 동안 최고 선수로서의 지위를 누리고 있었지만, 그렇다고 해서 모든 사람이 바라는 바대로 최상의 선수는 아니었다. 물론 그가 위험한 선수라거나 화가 날 때 공을 골대 밖으로 던져버리는 행동을 하는 선수라는 의미는 전혀 아니다.

대신에 그는 공을 땅에 놓고 굴리는 능력이 탁월했고, 그것을 오랜 시간 계속해서 할 수 있었기 때문에 어떤 좋은 수비수나 키퍼도 그를 막아내는 데 어려움을 겪을 수밖에 없었다. 그의 최대 강점은 지구력이었고, 이 부분에서 그와 대적할 만한 선수는 없었다. 그런 이유 때문에 그 많은 수비수들과 키퍼들이 그에게는 속수무책으로 당하곤 했다.

그는 자신의 이런 능력을 최대한 활용하고자 했을 뿐 다른 동료들처럼 빠른 패스를 시도하지 않았다. 실제 경기에서도 그는 지구력을 갖고 공을 굴려 스스로 골인을 시도하고자 했고, 그 성공확률은 매우 높았다. 당시의 스포츠 평론가들도 이런 그의 강점 활용에 초점을 맞춰 해설을 하곤 했다.

비슷한 시기에 유명했던 스티브 웨이그라는 또 한 사람의 선수가 있었다. 어린 시절에 웨이그는 자주 공을 놓치곤 했고, 특히 골대 앞에서 결정적인 실수를 반복하곤 했다. 골대 정면에서 골인하는 일이 자신에게는 쉽지 않다는 사실을 발견한 후에 그는 구석에서 수비수들이 방심하고 있을 때 골인을 시도하는 훈련을 계속해서 해나갔다. 그 결과 전에는 쉽게 놓치곤 했던 골을 어떻게 하면 잡을 수 있는지 알게 되었고, 결국 유명한 선수의 반열에 오를 수 있었다.

우리는 여기서 맥그레이드와 비교해서 웨이그가 매우 다른 접근을 시도했고, 이 다른 접근이 그에게 대단한 성공을 가져다 주었음을 알 수 있다. 자신의 약점에 붙들리지 않고 그냥 골인만 시도하는 일도 그만두는 대신에 골인 방식에 포함되어 있는 문제점을 제거하는 데 초점을 맞췄다. 그 결과 성공률을 획기적으로 높일 수 있게 되었고, 그것이 곧 그의 강점이 된 것이다.

비슷한 방식으로 자신의 일에서 성공을 거둔 많은 사람들이 모든 영역에서 탁월해서가 아니라 하나의 강점을 잘 활용하여 성공할 수 있었다. 예를 들어 어떤 사람은 판매에서 강점을 보인 반면, 경영이나 행정 절차와 과정에서는 그다지 탁월하지 못했음에도 판매에서의 강점을 활용하여 현재의 성공을 이룰 수 있었다. 위의 사례를 통해 확인할 수 있는 것처럼 성공한 많은 사람들이 모든 영역에서 강해지려고 하는 대신에 자신의 강점을 강화시키는 노력을 계속하고 잘할 수 없거나 흥미를 느끼기 어려운 부분에서는 잘 할 수 있는 다른 사람을 고용하여 보완해 가는 노력을 통해 그 자리에 갈 수 있었다는 사실을 아는 일이 중요하다.

자신의 장점을 잘 활용한 사례 2_ 한 성공한 경영인의 이야기

자신의 장점을 잘 활용하여 성공을 거둔 다른 좋은 사례는 딕 스미스의 이야기이다. 그의 이름은 호주 사람들에게 크게 성공한 전기제품 및 컴퓨터 판매회사인 '딕 스미스 전기' 나 지도를 만들어 판매하는 '호주 지도', 좀 더 최근에 설립된 '딕 스미스 식품' 등을 통해서 익숙해져 있다.

이미 널리 알려진 것처럼 스미스는 공짜로 나누어 주거나 아주 싼값으로 나누어 주는 출판물을 통해서 유명해졌다. 그는 또한 유능한 인수합병 전문가여서 자신의 회사들을 적절한 시기에 좋은 값을 받고 팔아넘기곤 했다. 여러 가지 점에서 그가 놀라울 정도로 일을 잘 하고 뛰어난 사업 감각을 갖고 있는 사람임에 틀림없었다. 동시에 다른 사람들과는 달리 한 사업을 무조건 지속시키는 것이 아니라, 이익이 줄어들 가능성이 높아지는 시점을 알 수 있는 능력을 갖고 있는 사람이기도 했다.

물론 스미스도 자신의 회사를 경영하고 또 사고 파는 과정에서 다른 사람의 도움을 필요로 하는 국면을 맞았던 것으로 보인다. 그런 국면에서 그는 우리가 일반적으로 말하는 문제 해결을 위한 전문 상담과 같은 도움을 받지 않고 대신에 자신의 놀라운 장점에 초점을 맞춰 그것을 최대한 활용하고자 노력했다. 그것은 바로 자신이 약하거나 흥미를 갖기 어려운 분야에 다른 전문가를 초빙하는 일이었고, 그 주변에는 늘 그런 유능한 전문가들이 포진해 있곤 했다. 그 전문가들과 스미스는 오랜 시간 원만한 관계를 유지하면서 일했고, 그 결과가 오늘의 성공을 가져온 것으로 보인다.

물론 우리가 항상 원하는 모든 사람을 고용하거나 해고할 수는 없지만 앞의 두 이야기를 통해서 한 가지 중요한 교훈을 얻을 수는 있다. 그 교훈은 바로 자신의 약점을 분명하게 알고 그 약점을 보완할 수 있는 사람을 고용하거나 도움을 청할 수 있으면 그 약점은 더 이상 약점이 아니라 오히려 장점이 된다는 사실이다. 만약 그렇게 할 수 없었다면 스미스나 맥그레이드 같은 우리의 스타들이 결코 그런 성공을 거둘 수 없었을 것이다.

중국인 물장수 이야기를 포함한 이 짧은 이야기들 속에는 우리 모두에게 아주 중요한 교훈이 담겨 있다. 그것은 바로 '**자신의 장점을 발견하고 할 수 있는 최선을 다하라**'이다. 당신이 스스로 개선할 수 있다고 믿는 모든 것은 개선될 수 있는 가능성이 있지만, 그렇다고 단지 믿기만 하고 자신의 일상 속에서 최선을 다해 실천하지 않는다면 결과는 뻔하다. 자신의 삶이 훨씬 더 좋은 상황으로 펼쳐질 수 있는 가능성과 기회는 늘 있고, 자신의 약점에 마음을 고정시켜 놓고 고민하기보다는 자신의 장점을 최대한 활용하는 데 초점을 맞춤으로써 그 가능성과 기회는 곧 예상하지 못한 큰 행복으로 이어질 수 있다.

자신의 장점 확인하고 정의하기

관심을 갖고 이 책을 읽고 있는 사람들은 아마도 지금쯤 다음과 같은 질문을 던지고 싶어질지도 모르겠다. '그래 좋다. 당신이 말하고자 하는 것이 무엇인지는 알겠는데 어떻게 해야 나 자신의 장점을 알 수 있지?' 라고 말이다.

어떤 독자들에게는 이 질문에 대한 답을 찾는 일이 어렵지 않을 것이다. 이미 스스로 잘 할 수 있는 일을 알고 있고, 이제 남은 일은 어떻게 하면 그 일에 더 많은 시간과 에너지를 투자할 것인가 하는 실천적 문제일 수 있기 때문이다. 만약 그렇다면 현재의 속도를 유지하면서 더 많은 에너지와 힘을 모아 당신의 가능성과 잠재력을 극대화하는 데 초점을 맞추면 된다. 그 방법에 대해서는 이 장의 끝부분에서 더 다루고자 한다.

그러나 많은 사람들에게는 이 질문에 여전히 어려운 것이거나 아예 생각도 제대로 해보지 않은 것일 수 있다. 이런 경우는 사실 우리 사회가 자신의 장점에 대해 많은 이야기를 하는 사회이기 때문에 조금 이상한 현상으로 비칠 수 있지만, 오히려 그 많은 이야기가 가져온 부작용인지도 모르겠다.

예를 들어 우리들 대부분은 중요하다고 생각하는 어떤 일을 성취하기 위해서는 열심히 일해야 한다는 믿음을 공유하고 있고, 이런 믿음은 적합한 것일 뿐만 아니라 특히 그 목표가 중요하고 의미 있는 것일 경우에는 열심히 일하는 것 자체에 어떤 문제도 있을 수 없다. 이런 생각에는 열심히 일하지도 않았는데 쉽게 얻는 것은 그다지 가치 없는 것이라는 믿음이 함께 담겨져 있다.

이것이 바로 많은 사람들이 자신의 장점을 활용하는 데 더 많은 시간을 보내지 못하는 이유를 실제적으로 설명해 주는 변인인데, 물론 이렇게 된 것은 아주 불행한 일이다. 그들이 젊었을 때 자신의 장점을 활용해서 어떤 일을 아주 쉽게 해낸 경험이 있을 것이고, 바로 그 이유 때문에 그 일이 그다지 가치 있는 일은 아니라는 확신을 갖게 되었을 것이다. 우리는 대체로 쉽게 성취할 수 없는 일이 가치 있다고 믿고 그 일에 많은 시간과 에너지를 투자하지만, 그 노력에 비해 결과는 그다지 만족스럽지 못할 가능성이 높다. 왜냐하면 그 일에 나 자신이 별로 강점을 갖고 있지 못하기 때문이다.

물론 내가 여기서 말하고 싶은 것이 열심히 일하면서 인내심을 갖고 목표를 성취하기 위해 노력하는 것이 나쁘다는 것은 아니다. 내가 말하고자 하는 것은 자신의 진정한 장점이 무엇인지를 찾아낼 수 있다면, 그리고 이 장점을 잘 활용하여 무언가를 성취하고자 한다면 더 많은 것을 얻을 수 있는 기회를 가질 수 있고 또 더 행복해질 수 있을 것이라는 말이다.

아직도 어떻게 시작할지 모르겠다는 사람들을 위해 마틴 셀리그먼 교수와 그 동료들이 '장점 목록'이라고 이름붙인 목록을 제시하고 싶다. 이 목록은 지난 수십 년 동안 셀리그먼 교수가 주도한 신중하고 의미 있는 연구들에 근거해서 만들어진 것이다. 셀리그먼 교수는 장점을 확인하고 활용하는 데 초점을 맞춘 연구를 포함하는 긍정심리학 분야의 대표적인 연구자 중 한 사람이다. 그는 또한 40년 전부터 낙관주의에 관한 연구를 시작한 이 분야의 선구자이기도 하다.

셀리그먼 교수는 우리가 쉽게 관련 테스트와 조사를 무료로 접할 수 있는 매력적인 웹사이트를 운영하고 있기도 하다. 웹사이트를 방문한 후에 이름과 이메일 주소를 남겨놓기만 해도 당신이 얼마나 긍정적 사고를 하고 있는지와 당신 자신의 장점이 무엇인지 확인할 수 있는 기회를 얻을 수 있다. 셀리그먼과 그 동료들이 요구하는 유일한 사항은 이 연구의 목적에 당신이 동의하는 일인데, 물론 이 경우에도 익명으로 처리된다.

관심이 있다면 <www.authentichappiness.org>를 방문해서 테스트를 받아보기 바란다. 그렇게 하고 싶지 않다면 다음 목록을 보고 당신 스스로의 장점이 무엇인지 확인해 볼 수도 있다.

24개의 장점 목록

I. 첫 번째 범주 : 지혜와 지식

1. 세계에 대한 호기심과 관심

당신은 새로운 경험에 대해 열려 있고, 거의 모든 일에 유연하게 접근하는 것을 즐긴다. 애매한 상황을 참지 못해 늘 열정적으로 참여한다. 당신의 호기심에는 세계에 대한 폭넓은 시야와 가치 있는 일에 적극적으로 참여하고자 하는 열망이 포함된다.

2. 배우는 것은 좋아함

당신은 새로운 것에 대해 배우는 일을 좋아한다. 당신의 지식이 다른 사람들에 의해 가치 있다고 평가받는 분야에서 전문가가 되거나 어떤 지위를 얻는 것을 좋아한다.

3. 판단력과 비판적 사고, 열린 마음

모든 일을 포괄적으로 생각하고 모든 측면에서 고찰하는 일이 중요하다. 쉽게 결론에 이르려 하지 말고 결정을 내리기 전에 주의깊게 그 근거를 찾는 데 주력하라. 만약 당신이 제안한 사실이 잘못된 근거에서 나온 것이라면 망설이지 말고 마음을 바꾸어야 한다.

4. 발명의 능력과 원초성(originality)

당신은 달성하고자 하는 목표나 해결하고자 하는 문제에 새로운 방식으로 접근하는 데 탁월하다. 그렇게 때문에 관행에 젖어 있는 것을 싫어하고 좀 더 나은 효과적인 방법이 없을까 늘 고심한다.

5. 사회성과 정서적 능력

당신 자신과 다른 사람을 이해하는 능력이 뛰어나다. 자신의 기분을 잘 알고 있으며, 어떻게 다른 사람을 다룰지 안다. 더 나아가 다른 사람의 기분을 잘 파악하고 그의 요구에 어떻게 하면 적절하게 응할 수 있는지도 잘 안다.

6. 자신의 고유한 관점

이 장점은 지혜의 한 형태이다. 다른 사람들은 당신이 문제를 해결하는 데 능력 발휘를 하면서 고유한 관점을 보여주기를 기대한다. 그 관점은 세계를 인식하는 당신 자신의 방식이고, 그것은 당신 스스로와 다른 사람들에게 도움이 된다.

II. 두 번째 범주 : 용기

7. 큰 용기와 용감성

당신은 도전을 받아들일 준비가 되어 있고, 익숙하지 않거나 위험한 일에 직면해도 물러서지 않을 준비가 되어 있다. 스트레스를 강하게 받는 상황에서도 물러서지 않는 도덕적 자세와 함께 두려움을 극복할 수 있는 용기도 갖고 있다.

8. 지구력과 신중함

당신은 한번 시작한 일을 끝까지 밀고나갈 수 있는 능력이 있고, 어려운 일을 신중하게 생각해서 한번 맡으면 완수해낼 수 있는 능력도 갖고 있다. 말하는 것을 실천으로 옮기고, 때로는 그것보다 더 많은 일을 해내기도 한다.

9. 진실성과 정직함

당신은 정직하고 늘 삶의 국면에 순수함과 진정성을 가지고 접근한다. 당신은 자신을 포장하지 않고 진실하게 살아가고 있는 것이다.

III. 세 번째 범주 : 인간성과 사랑

10. 친절함과 관용

당신은 다른 사람들에게 친절하고 관용적이어서 망설이지 않고 친절을 베푼다. 다른 사람을 위해 행동하면서 즐거움을 느끼고, 늘 다른 사람의 관심사가 무엇인지를 살피려고 한다. 이 장점의 핵심은 다른 사람의 가치를 제대로 인식하는 것이다.

11. 사랑하고 사랑받는 능력

당신은 다른 사람과 가깝고 친밀한 관계를 유지하는 일에 큰 가치를 부여한다. 이것은 단순히 다른 사람을 사랑하고 보살피는 차원을 넘어서서 그 사람을 자신처럼 생각하고 또 그 사람으로부터의 사랑을 기꺼이 받아들이는 것을 의미한다.

IV. 네 번째 범주 : 정의

12. 시민성과 충실함, 팀워크

당신은 한 집단의 구성원으로 일하는 데 능숙한 좋은 팀 플레이어이다. 동료들에게 충실하고 적극적이며, 항상 자신의 몫을 최선을 다해 해내고, 그 집단의 이익과 성공을 위해 열심히 일한다.

13. 공정성과 기회의 균등

당신은 다른 사람에 대한 개인적인 편견을 바탕으로 결정하는 일을 스스로 용납하지 못하고, 대신 모든 사람에게 공정한 기회를 주고자 노력한다. 이러한 노력은 결국 차원 높은 당신 자신의 도덕성 원칙에 기반한 것이다.

14. 지도력

당신은 조직을 잘 구성하고 어떤 일이든지 그 조직 안에서 해결될 수 있게 하는 데 능숙한 사람이다. 일이 잘 될 것이라는 믿음을 갖고 있지만, 동시에 그것이 집단의 다른 구성원들 사이의 좋은 관계를 유지하는 가운데 이루어진다는 사실도 잘 알고 있다.

V. 다섯 번째 범주 : 인내심

15. 자기조절 능력

당신은 자신의 욕망과 욕구, 충동을 필요에 따라 적절하게 조절할 수 있다. 어떤 방향이 옳다는 확신이 있으면 다른 요소들을 통제하면서 행동으로 옮길 수 있는 능력이 있다.

16. 결단력과 주의력

당신은 신중한 사람이다. 행동에 옮기기 전에 늘 생각을 하고, 나중에 후회할 만한 말이나 행동을 여간해서는 하지 않는다. 행동에 옮기기 전에 그 행동이 가져올 모든 결과들을 고려해 보기 때문이다. 앞을 내다보고 깊이 숙고한 후에 단기적인 목표보다는 장기적인 성공을 가져올 수 있는 일을 실천에 옮긴다.

17. 겸손함

당신은 쓸데없이 다른 사람들의 관심의 대상이 되고자 하지 않는다. 스스로 자신의 한 일에 대해 만족스러워할 뿐 다른 사람들에게 말하는 것을 좋아하지 않는다. 스스로를 특별한 사람이라고 생각하지도 않고 혹시 다른 사람이 칭찬하더라도 겸손하게 받아들인다.

VI. 여섯 번째 범주 : 초월성

18. 미의식과 탁월함

당신은 길을 걷다가 장미꽃을 발견하면 멈춰 서서 그 향기를 음미하는 사람이다. 당신은 탁월한 미의식과 아름다움을 즐길 수 있는 능력을 갖고 있다.

19. 감사하는 마음

당신은 자신에게 일어나는 좋은 일들을 당연하게 받아들이지 않고 행운이라고 생각한다. 더 나아가 그 일에 대해 감사할 줄 알고 다른 사람의 장점을 칭찬할 줄도 안다.

20. 희망과 낙관주의

당신은 스스로의 미래를 가장 좋은 방향으로 예측하면서 계획을 세우고 열심히 노력한다. 당신의 초점은 늘 미래에 맞춰져 있는데, 그 미래는 긍정적인 미래이다. 당신은 스스로 목표를 세우고 열심히 노력하면 그 목표를 달성할 수 있으리라고 믿는다.

21. 정신력과 신념

당신은 세상의 보다 고차원적인 목적과 의미에 대해 강하고 일관된 신념을 갖고 있다. 당신은 또한 이 세상에서의 자신의 위치와 사물을 바라보는 폭넓은 안목을 갖고 있고, 이러한 인식을 바탕으로 일상을 이끌어 나갈 수 있을 뿐만 아니라 그것 자체가 당신을 안정된 상태로 유지시켜 준다.

22. 용서와 자비

당신은 일이 잘못되었을 경우에 포기할 줄 안다. 실패한 다른 사람들에게도 또 다른 기회를 줄 수 있고, 모든 상황에 보복보다는 자비로움으로 대한다.

23. 장난기와 유머

당신은 잘 웃고 다른 사람들을 잘 웃기기도 한다. 당신은 놀이를 즐길 줄 알고 삶의 긍정적인 측면을 쉽게 바라볼 수 있는 능력이 있다.

24. 열정과 강렬한 흥미

당신은 모든 일을 힘 있게 추진하고 열정적이다. 아침에 일어나면서 좋은 하루를 예견하고, 자신의 몸과 마음을 던져 해야 할 일을 한다.

* 마틴 셀리그먼 교수의 허락을 얻어 〈www.authentichappiness.org〉에서 가져와 인용한 것임을 밝혀둔다.

이 장점들 중에서 특히 당신의 장점과 비슷하다고 생각되는 것들을 다음 요소들에 초점을 맞춰 생각해 보라.

- 어떤 장점도 다른 것과 비교해서 더 좋거나 나쁜 것은 아니다.
- 당신이 그 중에서 어떤 장점에 초점을 맞추었다고 해도 그 외의 다른 장점들의 중요성이 감소하는 것은 아니다.
- 마찬가지로 당신의 장점 목록에서 가장 뒤로 밀린 장점이 당신의 삶에서 중요한 역할을 할 수도 있다.

- 어떤 범주의 장점들이 현재의 당신에게는 그다지 나타나지 않는다고 해도 특별한 노력과 다양한 전략들을 활용해서 어느 순간에 자신의 장점으로 만들 수 있는 가능성은 늘 열려 있다.

어떤 장점들이 더 행복한 삶과 관련되는가를 연구한 결과들을 보면 그 중에서도 특히 다음과 같은 장점들이 중요한 것으로 밝혀지고 있다. 물론 이 말이 이 장점들이 다른 장점들과 비교해서 더 중요하다는 의미는 아니다.

1. 감사하는 마음
2. 낙관주의
3. 열정과 에너지
4. 호기심
5. 사랑하고 사랑받는 능력

덧붙여 밝혀진 사실은 각 개인의 장점들이 이러한 하나 또는 그 이상의 범주 차원으로 발전할 수 있다는 점이다. 예를 들어 '감사하는 마음'이라는 장점을 생각해 보자. 셀리그먼 교수의 동료 중 하나가 약 한 달 동안에 감사하는 정도를 측정하는 연구를 수행한 적이 있다. 연구 내용은 비교적 단순한데, 몇 주에 걸쳐 매일 밤에 하루 동안 감사의 마음을 느낀 횟수를 적어보는 연구였다.

연구에 참가한 사람들이 감사의 마음을 느낀 것들은 우리가 충분히 예측할 수 있는 그런 일들, 즉 사랑하는 사람과 건강, 육체적이고 재정적인 안정 등이었다. 그런데 몇 주가 지나자 참가자들은 감사하는 마음을 더 크게 느끼는 다른 많은 일들을 찾아내기 시작했고, 그 목록은 점점 늘어나서 심지어 따뜻한 물에 샤워할 수 있다는 사실이나 전기와 밝은 불빛, 꽃이나 새 울음소리에 포함된 아름다움, 친구나 동료의 미소와 인정 같은 일상적인 것들에까지 확장되었다.

이 목록이 늘어가는 것 자체가 흥미로운 일이지만, 더 흥미로운 사실은 연구 참가자들의 감사하는 수준이 연구에 참여하기 전에 비해 놀라울 정도로 높아진 점이다. 이 사실로부터 우리가 배울 수 있는 것은 '감사하는 마음'과 같은 장점들이 학습될 수도 있고 더 나아질 수도 있다는 점이다.

그러니 장점의 목록을 다시 한 번 읽어보고 나서 자신의 가장 큰 장점이 무엇인지를 생각해 본 후에 다음과 같은 질문들을 스스로에게 던져보자.

- 당신이 자주 만족감을 느끼는 삶의 영역에는 어떤 것들이 있는가?
- 당신의 삶에서 가장 자랑스러워하는 부분은 무엇인가?
- 기분이 좋지 않거나 매우 바쁘더라도 항상 하고자 노력하는 어떤 일이 있는가?
- 어릴 때 이후로 항상 하고 싶어하면서도 그런 기회를 제대로 갖지 못한 어떤 일이 있는가?
- 당신이 쉽게 익힌 어떤 기술이 있는가?
- 당신에게 진정한 만족감과 충족감을 주는 어떤 활동이 있는가?

- 당신의 가족과 친구, 직장 동료들이 막연히 당신이 잘 해낼 것이라고 주장하는 어떤 일이 있는가?
- 어느 때 자신이 생생히 살아 있음을 느끼는가?
- 자신을 가장 잘 느끼는 때가 언제인가?
- 당신으로 하여금 시간을 잊어버리게 만들 정도로 완전히 몰두하게 만드는 일은 어떤 종류의 것인가?

일단 당신의 장점이 무엇인지 확인한 후에는 그 장점들을 어떻게 하면 행복으로 연결시킬 수 있을까를 고민해야 한다. 이 단계는 매우 중요하다. 비록 이 복잡한 문제를 해결할 수 있는 단순한 답이 있는 것은 아니지만 그 과정에서 활용할 수 있는 몇 가지 전략들은 있다.

- 자신의 장점을 보다 행복해지는 데 활용할 수 있는 방법들을 좀 더 자주 생각하라.
- 당신이 사랑하는 사람이나 가족, 동료, 친구들과 같이 가까운 사람들에게 어떤 장점을 활용하는 게 좋을지, 또 어떤 부분에 당신의 에너지를 쏟는 것이 좋을지를 물어보라.
- 당신이 강점을 갖고 있다고 믿는 분야에서 두각을 나타내고 있는 사람을 택해서 어떻게 자신의 능력과 강점을 활용하여 그 자리에 서게 되었는지를 물어보라.
- 당신이 존경하는 사람에 관한 책이나 이야기를 가까이에 두고 그들이 어떻게 그렇게 자신의 장점과 능력을 잘 활용했는지를 파악하도록 하라.

자신의 장점에 대해 더 많이 생각할 수 있게 되면 그것 자체가 이미 더 크고 근본적인 변화의 길로 접어들게 되었음을 잊지 말라. 당신이 원한다면 그것을 실현할 수 있을 뿐만 아니라 작은 변화를 만들고 좀 더 확신할 수 있게 될 때까지 지속시킬 수도 있다.

어떤 장점을 활용하는 방법이 무수히 많다는 사실을 기억하면서 실패를 두려워하지 말고 결과를 지켜보는 자세도 필요하다. 만약 어떤 방법으로 잘 되지 않으면 자신의 장점을 활용할 수 있는 다른 방법이 있다는 사실을 항상 기억해야 한다.

행복한 마무리

나에게 오기 전까지 메리는 자신의 삶에서 큰 행복감을 느끼고 있었다. 당연히 좋은 직장을 갖고 있었고 직장에서 좋은 평가를 받고 있기도 해서 주변으로부터의 많은 존경과 함께 일상 속에서의 만족감을 충분히 누리고 있었다. 그녀는 최근에 결혼해서 남편이나 시댁과 서로를 존중하는 좋은 관계를 유지하고 있기도 했다.

그런데 메리는 지난 몇 년간 다른 한편으로 자신의 일을 즐기는 만큼이나 정체되어 있다는 느낌을 떨치기 어려웠다. 비록 상대적으로 행복했을지 몰라도 그 행복이 몇 년 안에는 어떤 형태로든지 사그러들 것이라는 느낌이 들곤 했다.

다행스럽게도 그녀는 사려 깊고 통찰력 있는 여성이었고, 회사 사장도 사려 깊고 배려심 깊은 사람이라는 사실이 더 큰 행운이었다. 그 사장은 그녀의 능력을 잘 알고 있었고, 미래에 그 조직 안에서 정체될 수 있다는 사실을 민감하게 받아들여서 그녀에게 자신을 계발할 수 있는 기회를 주는 것이 좋겠다는 판단을 했다.

메리와 사장은 메리가 자신의 장점과 능력을 계속해서 키워갈 수 있는 일을 함께 모색하기 시작했고, 어떻게 하면 미래에도 그녀의 장점과 능력을 가장 잘 활용해서 일할 수 있는지에 대해 고민했다. 몇 번의 만남과 몇 번의 공식적인 테스트를 통해서 메리의 장점이 어떤 일과 관련된 정보를 잘 조직하고 분석하는 능력과 이 정보를 조직 안에서 잘 활용할 수 있는 능력임이 분명해졌다.

이러한 능력 분석 결과가 물론 그녀가 이미 비공식적으로 조직 안에서 평가받아 왔던 내용들과 큰 차이가 있는 것은 아니었고, 그 외에도 그녀는 동료들과 열심히 일해서 미래의 최고 경영자 후보로 평가받기에 충분하기도 했다. 이런 이유로 그녀가 어떤 일을 해도 잘 할 수 있겠지만, 특히 업무를 분석하고 계획하는 일에 더 몰두하는 것이 자신과 회사를 위해 더 도움이 될 것이라는 결론에 이르게 되었다.

여기서 분명해진 사실은 메리가 늘 해온 일 중에서 사람들과 직접 관계를 맺는 일은 자신의 장점과 일정한 거리가 있는 일이었다는 점이다. 동시에 업무를 자신의 장점과 좀 더 긴밀하게 연계시킴으로써 메리는 새로운 업무에 훨씬 더 몰두할 수 있게 되었고, 그 결과 자신과 조직 모두를 만족시킬 만한 새롭고 창조적인 업무를 할 수 있게 되었다.

좀 더 사적인 영역이지만 메리는 또한 자신의 가족관계를 조금 다른 관점에서 볼 수 있게 되었다. 그녀는 누가 그렇게 해달라고 요청하지 않아도 항상 자신이 크리스마스 파티처럼 온 가족이 모이는 행사를 주관해야 한다고 생각해 왔다. 직장에서의 자신의 장점에 관한 분석이 이루어지기 전에는 자신이 가족 중에서 가장 바쁜 사람임에도 더 한가한 사람을 놓아두고 왜 꼭 자기가 그 일을 해야 하는지 이해하기 어려웠다.

그러나 자신의 장점을 명료하게 할 수 있게 된 후로는 가족들이 그녀의 장점을 인정하는 방식이었음을 알아차릴 수 있게 되었다. 그 결과 가족들의 요구를 즐겁게 받아들일 수 있었고, 더 많은 요구를 받더라도 그 일을 기꺼이 할 수 있는 스스로의 정당화 근거를 찾을 수 있게 되었다.

행복해지기 위해 할 수 있는 일들

앞에서 제시한 질문에 대한 답을 찾아보면서 세 개에서 다섯 개 정도의 장점을 선택하도록 하라. 그 장점을 종이 위에 써보면서 자신의 장점을 직장이나 가정, 인간관계 속에서 스스로의 행복을 위해 활용할 수 있는 몇 가지 방법을 함께 써보도록 하라. 그 과정에서 누군가의 도움이 필요하다면 당신을 잘 아는 사람이나 당신이 믿고 존경하는 사람에게 도움을 요청하여 함께 답을 찾도록 하라.

요약

1. 임상심리학과는 달리 긍정심리학은 상황의 수용과 함께 변화도 필요함을 인정한다.
2. 긍정심리학은 행복과 성공을 향한 당신의 능력을 최대화하기 위해 약점보다는 장점에 초점을 맞춘다.
3. 당신의 장점을 확인하고 받아들이는 과정을 통해서 당신은 자신의 행복과 관계를 증진시키는 데 그 장점을 활용할 수 있게 된다.
4. 행복을 증진시키는 데 특별히 도움이 되는 장점들이 있다.

아무래도 난 사랑에 빠진 것 같아!
저 거울 속에 있는
멋진 곰보다 사랑스런 곰을
본 적이 있니?
Millard

4장

관계와 행복

“사랑받기를 원한다면 먼저 사랑하고 또 사랑받을 만한 사람이 되라.” 이 격언은 벤자민 프랭클린의 말인데, 4장의 내용을 놀라울 정도로 함축해 보여주는 격언이기도 하다. 이 격언에 덧붙여서 우리는 이 장에서 사랑하는 것과 사랑받는 것 사이의 관계와 함께 사랑하는 것과 나 스스로의 행복 사이의 밀접한 관련성에 대해 말하고자 한다.

이런 사실을 감안하여 위의 격언을 다음과 같이 바꾸고자 한다. “만약 당신이 행복하고 싶다면 먼저 사랑받을 수 있어야 하고, 사랑받기를 원한다면 먼저 사랑하고 또 사랑스러운 사람이 되어야 한다.”

행복이 왜 좋은 관계를 위한 필수 요건일까?

나 자신의 수년간에 걸친 임상경험과 개인적 경험을 통해서 뿐만 아니라 연구결과를 통해서도 행복한 사람이 더 좋은 많은 인간관계를 맺고 있다는 가설이 상당한 정도로 검증되고 있다. 이것이 물론 혼자인 사람은 불행다는 사실을 의미하는 것은 아니지만, 대부분의 사람들에게 있어서 좋은 관계를 유지하고 그 관계를 통해 즐거움을 맛볼 수 있을 때 행복감의 정도가 현저히 증가한다는 사실은 분명하다.

여기서 우리는 행복감을 증진시키는 이 관계가 단지 친밀한 관계만을 의미하는 것이 아니라, 우리가 일상 속에서 경험하는 모든 유형의 인간관계가 포함된다는 사실에 유념할 필요가 있다. 그러한 인간관계의 유형을 살펴보면 다음과 같다.

- 남편이나 아내, 남자 친구와 여자 친구 같은 친밀한 파트너
- 부모와 조부모, 아이들과 손자들, 자매와 형제들
- 사촌과 고모 또는 이모, 삼촌들
- 친구와 사회생활을 하며 알게 된 사람들
- 직장 동료들
- 공동체와 종교 지도자들, 내 아이의 선생님들과 같이 우리 사회의 다른 중요한 사람들

여기 메트라는 사람이 있다. 그는 좋은 가족이 있고, 꽤 괜찮은 삶을 이끌어 가고 있는 안정된 사람이다. 그에게는 건강한 아내와 사랑스런 아들, 딸이 있다. 물론 가끔씩 서로 다툴 때도 있지만 오랜 시간을 함께 하면서 좋은 가족관계를 유지하고 있다.

그런데 메트가 요즘 직장에서 너무 많은 시간을 보내게 되는 바람에 가족과 함께 하는 시간을 제대로 즐기지 못한다는 생각을 하게 되었다. 자신이 집에 있는 시간도 많지 않은 데다가 그 시간마저 혼자서 쉬고 싶다는 생각을 많이 하기 때문이다. 그러다 보니 일이 끝난 후에도 텔레비전으로 스포츠 경기를 시청하거나 동네 사람들과 축구를 즐기는 시간이 많아졌다.

언제부턴가 그는 가족들과 특별히 나쁜 관계에 있는 것은 아니지만 아이들이나 아내와의 관계가 단지 표면적으로만 유지되고 있을 뿐, 자신이 만족할 만한 수준이 아니라는 느낌을 갖게 되었다.

불행하게도 이 이야기로부터 자유로울 수 있는 가정이 그리 많지는 않다. 메트의 상황에 대한 묘사에서 가장 중요한 초점은 그가 우리 상담소에 처음 왔을 때 내가 던진 질문에 대한 그의 응답에 있다. 자신이 맺고 있는 인간관계 전반에 대해서 만족스러워하지 않는다는 사실을 확인한 후에 나는 그에게 그렇다면 그 관계가 어떻게 달라졌으면 좋겠는지, 좀 더 정확하게 말해서 어떤 관계를 이상적인 관계로 생각하고 있는지 물었다.

놀랍게도 그는 이 질문에 대해 명쾌한 답변을 주지 못했다.

이것은 우리가 이미 1장에서 보았던 삶의 목적과 방향을 찾는 데서 겪는 어려움과 동일한 유형의 문제이다. 거기서 보았던 것처럼 상당수의 사람들이 어떤 삶의 목표도 없이 살고 있고 방향성도 상실한 채 그저 살고 있다. 비슷한 방식으로 상당수의 사람들이 인간관계의 목표가 무엇인지 모르고 있을 뿐만 아니라, 그 관계가 어떻게 되었으면 좋은지에 대한 방향성도 상실하고 있다.

비록 많은 사람들이 자신들이 인간관계에 어려움을 겪고 있고 그 관계가 좋아졌으면 한다는 바람을 표출하기는 하지만(그것이 사람들이 심리학자를 찾아가는 이유 중에서 다섯 손가락 안에 꼽힌다), 막상 그 관계가 어떻게 좋아졌으면 하느냐는 질문을 받으면 쉽게 답하지 못하고 망설이곤 한다.

물론 정말로 행복한 인간관계가 무엇인지 정의하는 일 자체가 결코 쉽지 않은 일이기는 하지만, 실제로 우리가 주변에서 접하는 인간관계의 대부분이 좋은 경우보다는 문제가 있거나 불완전하기 때문에 더 행복한 인간관계가 무엇인지 정의할 필요가 있다. 예를 들면, 대부분의 서구 국가들을 포함한 산업화되고 물질적으로 풍요로운 나라들의 이혼율은 놀라울 정도이고, 그나마 가까운 시간 안에 개선될 여지는 거의 없고 오히려 증가할 것이 분명해 보인다.

어떻게 해야 자신의 인간관계를 개선할 수 있을까?

인간관계의 문제가 매우 흔한 일이 된 덕분에 우리는 인간관계를 나쁘게 만드는 요인이 무엇인지에 대해서 많은 정보를 얻을 수 있게 되었다. 이 정보들을 잘 활용하면 좋은 관계를 만들 수 있는 요인이 무엇인지 알아낼 수 있다.

예를 들어 우리는 나쁜 관계를 너무 자주 다투거나 높은 긴장감을 유발하는 관계로 정의할 수 있고, 그런 관계를 통해서는 만족스런 성관계는 물론이고 즐겁고 만족스러운 시간을 함께 누리기 어렵다는 사실도 안다. 이런 유형의 모든 나쁜 인간관계 속에는 최소한 다음과 같은 세 가지 공통된 문제가 내재되어 있다.

1. 자신의 파트너와의 관계에서 갖게 되는 불유쾌한 느낌
2. 빈약한 의사소통
3. 비현실적이기까지 한 서로 다른 목표의 추구

다음에서는 이 문제들을 극복할 수 있는 방법을 찾아보자.

스스로 행복하고 사랑스런 관계 만들어 가기

나는 다른 사람으로부터 사랑받기 위해서는 먼저 자신을 사랑해야만 한다고 믿고 있다.

그런데 현실 속에서는 놀라울 정도로 개인의 행복에 관계가 미치는 영향이 과소평가되고 있다. 현실이 그렇기는 하지만 당신 스스로 행복하고 만족스럽지 못하다면 다른 사람과 행복하고 만족스런 관계를 유지하기가 어렵다는 사실도 쉽게 이해된다. 많은 것들을 쉽게 소유할 수 있을 정도의 부를 통해서는 그 사람 자신은 물론 다른 사람도 행복하게 만들 수 없다. 대신에 질 높은 인간관계는 행복의

중요한 한 요소이고, 역으로 행복한 인간관계는 궁극적으로 두 사람의 행복에 의존한다.

다른 사람이 당신을 사랑해 주기를 원한다면 먼저 자신을 사랑하는 법을 배워야 한다. 너무 많은 사람들이 이 사실을 제대로 모른 채 사랑받기만을 원한다. 도대체 당신 자신을 스스로가 사랑하지 않는데 어떻게 다른 누군가가 당신을 사랑할 수 있겠는가?

우리는 이 사실을 다른 사람으로부터 사랑받기를 원하면 먼저 당신이 스스로 다른 사람을 사랑하는 것을 허용해야 한다는 방식으로 표현해 볼 수 있다. 이렇게 하는 일이 어떤 사람들에게는 다른 사람을 사랑하거나 당신이 다른 사람을 사랑하고 있다는 사실을 인정하는 일이 상당한 정도의 상처를 가져올 수도 있기 때문에 어려울 수 있다. 예를 들어 당신의 사랑이 일방적인 짝사랑에 그치거나 거절당했을 때 상처받을 가능성이 있는 것이다.

이 지점에서 우리는 "모험을 감행하지 않는다면 어떤 것도 얻을 수 없다"는 오래된 격언을 떠올리게 된다. 만약 당신이 어떤 시도를 하지 않으면 성공의 기쁨을 맛볼 수 없고, 같은 맥락에서 사랑이나 우정에서 나오는 희열도 맛볼 수 없다. 축구나 아이스 하키 같은 운동 경기에서 많은 선수들이 슈팅을 날리지만 그 중 극히 일부만 골인에 성공하듯이 당신의 사랑도 일부만 돌아오는 것이 당연한 일인지도 모른다!

이런 이유들로 미루어 볼 때 당신의 행복 수준을 높이기 위해서는 그에 걸맞는 인간관계를 가꿔가도록 해야 한다.

의사소통 기술 익히기

의사소통의 기술과 관련된 수많은 책들이 출간되었지만 상당수의 논의들이 지나치게 복잡한 형태로 이루어지고 있다고 나는 생각한다. 물론 그렇다고 해서 의사소통의 기술이 결코 중요하지 않다는 뜻은 아니지만, 확실한 사실은 효과적인 의사소통의 핵심 내용은 아래와 같은 몇 가지 단순한 요소로 요약될 수 있다는 점이다.

- 당신 자신의 시간을 생각해서 선택하라. (피곤하거나 바쁠 때, 또는 다른 일을 하고 있을 때를 피하라.)
- 당신이 어떤 생각을 하고 있는지, 또 말하고 싶은 것을 말하고자 하는 열망을 갖고 있는지를 확인하라.
- 침묵을 지켜야 할 때는 침묵하라.
- 가능한 한 초점을 분명히 해서 당신 자신을 명료하게 설명하라. 가능한 한 오해나 논란의 소지가 있는 감정으로 표현하지 말고 행동으로 표현하라.
- 지금 현재 이야기하고 있는 주제에 초점을 맞춰라. (다른 감정이나 주제가 끼어들어 방해하지 않도록 하라.)
- 다른 사람이 당신의 생각이나 감정을 알고 있다고 생각하지 마라. 어느 누구도 당신의 마음을 온전히 읽을 수는 없다.
- 다른 사람의 주장을 이해하려고 노력하고, 가능하다면 다른 사람이 보이는 행동의 동기도 이해해 보려고 노력할 필요가 있는데, 왜냐하면 그 동기가 곧 그들의 태도를 좌우하는 핵심

요소일 가능성이 높기 때문이다.

- 항상 다른 사람을 비난하거나 과소평가하지 않도록 하라.
- 긍정적인 방식으로 당신의 의견을 표현하거나 거절하도록 하라. (예를 들어 다른 사람에게 어떤 일을 하지 말라고 요구하는 대신에 다른 어떤 일을 시작해 보라고 권하도록 하라.)

관계 맺기에서 당신의 목표 확인하기

개인적인 불행과 빈약한 의사소통 기술 외에도 인간관계의 불만족을 가져오는 세 번째 중요한 요인이 있는데, 그것이 바로 제대로 정의되지 않은 인간관계의 목표이다. 이 요인을 통해서 우리는 당신에게 적합한 이상적인 인간관계가 무엇인지를 정의할 필요를 느끼게 될 뿐만 아니라, 그 정의와 목표를 당신의 파트너나 가족, 동료나 친구들과 공유해야 하는 필요성을 인지할 수 있다.

이상적인 인간관계에 대한 스스로의 정의 내리기

이 장에서 가장 강조해서 말하고 싶은 것은 당신의 핵심적인 인간관계에서 원하는 것이 무엇인지를 분명하게 하는 일과 그 관계 속에서 당신 스스로 어떻게 생각하고 느끼고 행동하기를 원하는지와 그 사람이 어떻게 생각하고 느끼고 행동하기를 원하는지를 분명히 하는 일의 중요성이다. 이 질문은 가장 가깝고 중요한 관계에서 시작해서 확대된 가족과 친구, 직장 동료들과 같은 모든 인간관계의 차원에서 던져질 수 있는 질문임에 틀림없다.

이런 질문을 자신에게 던지면서 1장에서 우리가 함께 이야기했던 당신 자신의 삶의 목적과 방향에 관한 결론을 인간관계와 연결지으면서 다시 떠올려 보거나, 아니면 최소한 그 목적과 방향 안에 인간관계가 포함될 수 있도록 해보라. 그렇게 해서 1장에서 내린 결론과 이 장을 읽고 당신 스스로 결정한 인간관계의 목표가 일치될 수 있도록 해야 한다.

이 문제를 좀 더 상세하게 고찰해 보도록 하자. 만약 당신이 삶의 영역에서 가장 중요한 관계 중 하나가 가족이라고 한다면 당신의 남편이나 아내, 자녀들과의 관계가 분명히 가장 중요한 인간관계로 자리매김될 것이 확실하다. 반대로 당신의 목표가 직장에서 성공하는 것이라면 직장 동료들과의 의사소통과 관계가 당신에게는 가장 중요할 것이다.

이와 유사하게 정신적 영역 또는 종교나 학습 또는 경력 개발이 당신의 삶에서 가장 중요한 요소라면 당신의 인간관계 중에서 가장 중요한 것은 종교 지도자와의 관계나 교사와의 관계일 것이다. 여기서 분명히 하고 넘어가야 할 사실은 당신이 스스로 핵심적인 인간관계라고 생각하는 그 관계를 위해서 다른 관계를 반드시 배척해야 하는 것은 아니라는 점이다. 그렇게 때문에 우선은 하나 또는 두 사람과의 관계를 개선하기 위해 노력한 다음에 당신의 인간관계 능력을 계발하여 그 범위를 넓혀가는 것이 바람직하다.

거의 모든 행복에 관한 질문들이 그러하듯이 이 질문에 대한 답에도 옳고 그름이 없지만, 어떻게 하면 인간관계를 행복하게 만들어 갈 것인가 하는 문제에 관련된 당신의 결론이 전반적인 삶의 목표와 일치하지 않는 일은 쉽게 이해되기 어렵다는 사실을 명심할 필요는 있다.

당신 스스로 가장 먼저 초점을 맞추고 싶은 인간관계를 결정한 다음에 생각할 일은 어떻게 하면 그 관계를 올바른 방향으로 이끌어 갈 것인가 하는 점이다. 이 문제에 대한 해답을 찾기 위해서 아래와 같은 질문들을 당신의 삶에서 핵심적인 사람들 각각에 대해서 던져 보는 것이 도움이 된다.

- 이 사람과 얼마나 가깝다고 느끼는가?
- 이 사람을 어느 정도나 신뢰하는가?
- 그 사람이 당신을 얼마나 신뢰한다고 믿고 있는가?
- 그 사람과 얼마나 편하게 당신의 마음 속 생각과 느낌을 공유할 수 있는가?
- 그 사람은 자신의 마음 속 생각과 느낌을 어느 정도나 당신과 공유하는가?
- 얼마나 자주 그 사람과 의견이 일치하지 않아 논쟁을 벌이곤 하는가?
- 얼마나 자주 그 사람과 즐겁게 웃고 즐기는 시간을 갖는가?
- 그 사람을 당신이 어려운 상황에 처했을 때 온전히 자신을 맡길 수 있는 사람이라고 믿는가?

이 질문들은 당신의 삶에서 핵심적인 그 사람들과 맺고 있는 인간관계의 질과 친밀성을 평가할 수 있는 많은 질문들 가운데 일부일 뿐이다.

이 질문들에 스스로 답해본 다음에 할 일은 좀 더 구체적이고 긍정적인 실천계획을 세우기 위해 당신 스스로의 생각들을 모아보는 일이다. 즉 당신 자신의 답변과 생각들을 모은 후에 그 인간관계에서 개선해야 할 두세 가지 영역과 주제들을 정리하고, 어떻게 하면 그것을 실천에 옮길 수 있는지 정리해 보는 일인 것이다.

그런 대로 나쁘지는 않지만 그렇다고 해서 당신이 원하는 만큼 좋지도 않은 남편과의 관계를 개선하는 일을 가지고 구체적인 이야기를 해보자. 당신은 생각을 요약하고 실천 계획을 세우는 일을 다음과 같이 해볼 수 있다.

- 나는 내 남편과 특별히 다투지도 않고 그를 불신하지도 않지만 그렇다고 해서 내가 원하는 만큼 즐거운 시간을 함께 보내는 것도 아니다.
- 내 목표는 그와 함께 웃으며 즐길 수 있는 시간과 기회를 늘리는 것이다.
- 우선 그에게 내 생각과 느낌을 말하고 난 후에 반응이 어떤지 보고자 한다. 물론 남편이 특별히 부정적인 반응을 보일 것이라고 생각하지는 않는다.
- 그런 후에 우리가 시간을 내서 함께 즐길 수 있는 일을 찾아보자고 권유해 볼 생각인데, 아마 남편도 무척 바쁘고 지쳐 있기도 한 상태이기 때문에 흔쾌히 동의해 줄 것으로 믿는다.

- 마지막으로 남편과 함께 다음 몇 주 안에 이 계획들을 실천에 옮겨보면서 우리도 할 수 있다는 확신을 공유하고자 한다. 그렇게 하고 나면 이 계획들이 얼마나 효과가 있는지 확인할 수 있을 것이다.

다른 예로 직장 동료와의 관계를 생각해 볼 수 있다. 그와 함께 일하는 시간은 많지만 늘 편안한 관계만은 아닌 그 관계를 개선하기 위해 할 수 있는 일을 다음과 같이 정리해 볼 수 있겠다.

- 나는 그 직장 동료와 좀 더 많은 신뢰를 나누고 싶고 더 편안하게 마음을 주고받을 수 있기를 바란다.
- 나의 첫 번째 목표는 그와 함께 이런 이야기를 해보는 것이고, 그런 후에는 그도 이 주제에 관심을 가져주었으면 하는 것이다. 물론 우리는 이런 주제에 관심을 보이는가의 여부에 관계없이 늘 가까운 곳에서 함께 일해야만 하는 관계이다.
- 우선 그에게 나의 관심사와 목표가 무엇인지 말할 필요가 있겠다.
- 그가 동의해 준다면 커피를 마시거나 점심 식사를 함께 하면서 그런 이야기를 편안하게 나눌 수 있는 시간을 갖고자 노력할 것이다.
- 그러면서 각각 다른 우리의 역할들을 이야기하고, 어떻게 하면 각자가 갖고 있는 장점들과 기술들을 공유할 수 있을지 말해보는 일이 관계개선에 도움이 될 것이라고 생각한다.
- 마지막으로 그에게 한 달에 한 번 정도 우리들의 관계가 얼마

나 좋아졌는지 점검하면서 노력을 계속해 가자고 요청할 것이다.

여러분들 중에는 이런 계획과 실천이 지나치게 인위적인 것 아니냐고 생각할 사람도 있을 텐데, 나도 이런 방식으로 기록해 가다 보면 어느 정도 어색한 부분이 포함될 수밖에 없다는 사실은 인정한다. 그러나 당신이 자신의 결론에 근거한 계획을 세운 후에 일상 속에서 실천하고자 노력한다면, 그렇게 하지 않는 경우와 비교하여 몇 주나 몇 달 후에는 현재 상태에 비해 관계의 본질에 맞게 확실히 좋아진 인간관계를 경험할 수 있게 되리라는 사실에 대해서는 장담할 수 있다.

행복한 사람들은 어떻게 행복한 관계를 유지할 수 있을까?

인간관계를 강화하기 위한 계획을 세워 실천에 옮기는 과정에서 이 분야의 전문가들이 연구를 통해 확인한 행복한 인간관계의 핵심 요소들을 고려하면 도움이 될 것이다. 다음에 기술할 이 요소들을 알면 당신의 계획을 실천에 옮기는 데 분명히 도움이 될 것이라 믿는다.

- 행복한 사람은 함께 하면 편안함을 느끼는 사람들과 관계를 맺는 데 대부분의 시간을 할애하는데, 그것은 그들이 자신의

삶에 긍정적인 영향을 미치고 있다고 믿기 때문이다.

- 행복한 사람은 신뢰와 정직성에 기반해서 인간관계를 이끌어 가는 경향을 보인다.
- 행복한 사람은 의사소통의 기술을 잘 활용하고 특히 자신의 생각을 명료하고 핵심적으로 제시할 수 있는 능력을 갖고 있다.
- 행복한 사람은 자신의 삶에서 의미 있는 다른 사람과 잘 놀 뿐만 아니라, 좀 더 즐거운 시간을 보낸다.
- 행복한 사람은 중요한 사람들과 맺는 인간관계의 폭이 넓고, 일상적인 지루함을 뛰어넘을 수 있는 다양하고 흥미로운 방식으로 그 관계를 이끌어 간다.
- 행복한 사람은 중요한 사람들 각각이 갖고 있는 차이를 잘 알고 있을 뿐만 아니라, 그 차이를 좀 더 적극적으로 수용한다.
- 나아가 행복한 사람은 다른 사람의 약점과 결점이 아닌 장점을 잘 인정하고 받아들이는 경향을 보인다.
- 행복한 사람은 인내심과 관용의 측면에서도 탁월함을 보여준다.

우리가 이 장의 처음 부분에서 함께 살펴보았던 것처럼 행복한 인간관계는 상당 부분 스스로 행복한 개인과 다른 사람을 행복하게 해줄 준비가 되어 있는 사람들에 의해서 가능하다. 이것은 결국 이 두 방향의 접근이 서로 협력적이고 상호 보완적이기 때문에 서로에게 이익이 된다는 사실을 의미한다. 만약 당신이 행복하다면 당신의 파트너도 행복할 것이 확실하다. 만약 그가 당신을 사랑한다면 당신이 행복해지기를 원할 것이 당연하기 때문이다. 마찬가지로 당신의 파트너를 행복하게 하고자 하는 노력은 그 노력 자체가 행복을 위한 필수 요건이 되기 때문에 당신 자신의 행복을 증진시키는 결과를 가져올 것이다. 그리고 이 사실은 계속해서 당신의 파트너가 행복하다면 그에 따라 당신도 행복해질 것이라는 논리적 귀결로 이어진다.

이제 다른 사람을 행복하게 할 수 있는 다음의 효과적인 전략들을 생각해 보고 가능하다면 당신 자신의 전략들도 덧붙여 생각해 보도록 하자.

- 당신이 관계를 맺고 있는 사람을 위해 좋은 일을 해보라. (그 사람이 당신과 어떤 관계에 있는 사람인지와 관계없이 원칙은 동일하다.)
- 그들이 즐기는 일에 동참해 보라. (이렇게 하면 그들이 즐거워할 것이고, 그에 따라 당신도 행복해질 것이며, 나아가 좀 더 나은 관계는 물론 당신 또한 좀 더 즐겁게 더 많은 활동을 할 수 있게 될 것이다.)
- 그들에게 당신이 사랑한다고 말해보라. 아무리 자주 말해도 지나치지 않은 것이 이 사랑한다는 말이다.
- 그들에게 당신이 생각할 수 있는 다양한 방법을 사용해서 반복해 말해보도록 하라.
- 당신이 알고 있는 그 사람이 놀란 만한 방법, 즉 꽃이나 초콜릿을 선물하는 것과 같은 방법으로 그들을 놀라게 해보라.
- 비록 당신은 별로 중요하다고 생각하지 않더라도 그들이 중요하다고 생각하는 일을 하도록 하라. 이것은 이 목록의 첫

번째 항목과도 연결된다.

- 텔레비전 같은 방해물을 없애고 그들과 온전히 대화할 수 있는 시간을 가져보라. 물론 항상 해야 할 일이 있어서 그런 시간을 확보하기가 어렵다고 생각하겠지만 당신에게 그 인간관계보다 더 중요한 것이 무엇이겠는가? 당신이 좋아하는 텔레비전 쇼를 보는 것과 같은 사소한 시간을 희생해야겠지만, 관심을 갖고 있는 사람과 진정으로 함께 할 수 있는 시간을 갖는 것이 행복에 핵심적인 요인이라는 사실은 의심할 여지가 없다.
- 그들이 자신만의 시간을 갖도록 허용하라. 이렇게 하는 것이 어떤 사람들에게는 더 중요한 변수가 될 수 있고, 만약 그렇다면 꼭 그렇게 해야 한다.
- 마지막으로 그 관계를 위해 헌신할 준비를 하도록 하라. 시간과 인내심, 노력과 같은 요소들이 관계를 위해 꼭 필요하고, 물론 어떤 관계는 쉽게 좋아지고 또 유지되기도 하지만 어떤 관계는 지속적인 관심과 평가, 보완을 위한 노력이 필요하다.

그런데 여기서 한 가지 명심할 사항은 어떤 문제가 생겼을 때 그 문제를 해결하고자 하는 적극적인 자세를 갖는 일이라는 점이다. 행복하고 만족스러운 관계를 유지하고 있는 커플도 그렇지 못한 커플들과 마찬가지로 의견이 일치하지 않는 상황에 직면하지만, 차이는 그 상황에 대한 대응 자세와 해결 노력에서 드러난다. 행복한 커플은 문제가 무엇인지를 상의하면서 적절한 해결방안을 함께 모색해 가는 반면에, 불행한 커플은 그렇지 못하기 때문에 문제가 해결되지 않고 반복되면서 상황을 더 악화시킨다.

당신이 지금 내가 말하고자 하는 것을 제대로 인식하고 있다는 것을 전제로 하여 나 자신의 인간관계를 행복한 것으로 만들기 위해 필요한 일이 무엇인지를 알아내는 데 도움을 줄 수 있는 전략들 중 하나를 소개해 주고 싶다. 그것은 바로 좋은 인간관계는 궁극적으로 상호 간의 지지에 의존한다고 하는 이 장의 핵심 주장과 맞닿아 있다. 나는 늘 좋은 인간관계를 유지하기 위해서는 서로의 관심과 지지가 필수적이라는 사실을 기억하고자 노력하고 있다.

더 나아가 나는 이 '상호 지지'(support)라는 놀라운 단어를 내가 사랑하는 사람들과의 관계를 심화하는 데 필요한 요소를 기억하기 위한 표지로 활용하는 다음과 같은 방법을 생각해내기도 했다.

S = strengths 장점

U = unconditional love 조건 없는 사랑

P = praise 칭찬

P = positivity 긍정성

O = openness 개방성

R = respect 존중

T = trust 신뢰

이 단어들을 기억하면서 노력해 간다면 당신도 지난 몇 년간 내가 경험할 수 있었던 좋은 결과를 얻을 수 있을 것이라고 확신한다.

행복한 마무리

내가 안젤라를 처음 만났을 때 그녀는 약간 위기에 처해 있었다. 그녀는 내게 심리치료를 위해 온 것이 아니라, 자신의 삶에 대해 특별한 문제는 없으면서도 뭔가 불편함을 느끼고 있었기 때문에 그 불편함을 해소할 수 있는 안내를 받기 위해 왔던 사람이다. 특히 그녀가 관심을 가진 문제는 인간관계의 변화였다.

안젤라는 젊고 건강했으며, 좋은 직업도 갖고 있었다. 비록 이전에 가족관계에서 어려움을 겪기는 했지만, 최근에는 많이 개선되어 자신이 가족의 구성원이라는 사실에 어느 정도 만족하고 있기도 했다.

대신에 그녀는 남자 친구나 그의 친구들과의 관계에서 심각한 어려움을 겪고 있었다.

이야기의 핵심만 말하면, 안젤라는 뉴 사우스 웨일즈 지방의 도시에서 자라나서 스무살 무렵에 시드니로 이사왔다. 이러한 변화가 한편으로 흥미롭기는 했지만 다른 한편으로는 외로움과 고독을 가져왔고, 그러한 외로움을 극복하기 위해서 서둘러 남자 친구를 사귀고자 했다.

그렇게 사귀게 된 남자 친구가 자신의 이상형은 아니었지만 그녀는 최선을 다해서 만남을 유지했다. 그러는 중에 그 남자 친구의 행동이나 그의 친구관계에 문제가 있음을 알게 되었다. 그 문제가 심각해서 관계를 끝내고도 싶었지만 다시 찾아올 외로움이 두려워서 그렇게 할 수도 없었다.

이런 문제들과 도시로 이사한 이후에 느끼게 된 두려움과 불안감이 결합되면서 그녀는 자신이 남자 친구와 관련되어 보내는 대부분의 시간들이 자신이 본래 원하는 것과는 많이 다르다고 생각했고, 당연히 그 생각은 행복에 도움이 되지 않는 요인일 수밖에 없었다.

물론 '행복한 마무리'라는 우리의 제목이 이미 암시하고 있는 것과 같이 안젤라는 몇 가지 도움을 받아서 점차 나아졌고, 특히 자신의 직장과 사적인 영역에서의 인간관계를 개선할 수 있게 되었다.

어떻게 해서 그렇게 나아질 수 있었을까? 그 방법들을 아래에 제시해 보고자 한다.

우리가 해주었던 첫 번째 일은 주로 그녀의 사적인 인간관계에 초점을 맞춰서 그녀가 자신의 친밀한 인간관계를 통해 얻고자 하는 것이 무엇인지를 보다 분명하게 하는 일이었다.

그 결과 현재 자신이 맺고 있는 관계가 스스로 이상적으로 생각해 온 관계와 일치하지 않는 데서 오는 불만임을 알게 되었고, 다음 질문들을 가지고 이 문제에 신중하게 접근해 보고자 했다.

- 지금 사귀고 있는 남자 친구와의 관계를 그녀가 원하고 필요로 하는 방향으로 개선하거나 변화시킬 수 있는 요인은 무엇일까?
- 만약 그 변화가 가능하다면, 그 변화가 실제로 가능하기 위해 필요한 것은 무엇일까?
- 만약 그 변화가 가능하지 않다면, 그녀가 생각해야 하는 다른 대안은 무엇일까?
- 어떤 대안이 가장 좋은 선택이고, 그 대안을 구체화하기 위해 필요한 것은 무엇일까?

안젤라는 자신이 여러 번 남자 친구를 변화시키려고 노력했는데도 그가 거의 관심을 갖지도 않고 함께 노력할 자세도 보이지 않았기 때문에 결국 남자 친구와 헤어지기로 결심했다. 동시에 그 남자 친구로 인해 맺어진 친구들과도 정리하고 대신 다른 친구들을 사귀려는 노력을 하겠다고 결심했다.

이러한 결심을 실천에 옮기는 과정에서 안젤라가 느낀 가장 큰 어려움은 다시 혼자가 되었다는 외로움을 견뎌내는 일과 새로운 친구를 만드는 일이었다. 이 어려움을 극복하기 위해 그녀는 비록 잠시 동안은 어렵고 힘들겠지만 결국은 곧 이겨낼 수 있으리라고 자신에게 지속적으로 말하면서 자신감을 지켜 나가고자 했다. 그 외에도 그 남자 친구와 함께 한다고 해도 그의 신뢰성 부족과 거짓말 때문에 별로 좋을 것도 없다는 사실도 떠올리고자 했다.

그녀는 또한 예전에 자신이 그렇게 좋아하고 즐길 수 있는 일인데도 남자 친구가 좋아하지 않아서 포기했던 취미활동을 다시 시작해서 더 열심히 하고자 했다. 그 일은 노래 부르는 일과 요가, 영화 보기와 같은 폭넓은 의미에서의 사회활동이었다.

처음에는 결코 쉽지 않았지만 그런 활동들을 다시 시작하면서 안젤라의 기분은 점차 좋아졌다. 기분이 좋아지면서 자신이 올바른 방향으로 가고 있고 또 새 남자 친구도 사귈 수 있다는 자신감도 생겼다. 그녀는 점차 자신의 힘으로 행복해질 수 있음을 알게 되었고, 그 행복감은 새로운 파트너를 찾을 수 있는 기회로 이어질 수 있다는 사실도 알 수 있게 되었다.

내가 그녀를 마지막으로 만났을 때까지 아직 새로운 남자 친구를 사귀지는 못하고 있었지만, 모든 일들을 즐겁고 만족스럽게 해내면서 훨씬 더 행복하고 낙관적인 모습을 보여주었다. 그녀는 아마도 자신이 있는 곳에서 중심이 될 것이고, 자신의 인간관계를 통해서 스스로 얻고자 하는 많은 것들을 얻을 수 있게 될 것이라고 나는 확신한다.

행복해지기 위해 할 수 있는 일들

우선 안젤라의 이야기가 우리에게도 흔히 있을 수 있는 일임을 기억할 필요가 있다. 자신의 목표를 쉽게 이룰 수는 없겠지만 방향을 잘 잡아서 새로운 시도를 할 수는 있다. 이 과정에서 첫 번째로 할 수 있는 일은 이 순간 자신의 삶에서 가장 중요한 관계를 맺고 있는 사람이 누구인지를 확인하는 일이다.

그런 후에 점차 그 관계의 범위를 넓혀갈 수 있다. 이 관계 속에서 당신이 즐기고 좋게 생각하면서 믿기도 하는 것들을 포함한 일들의 목록을 작성하면 큰 도움을 받을 수 있다.

자신이 개선했으면 하는 관계와 관련된 이런 목록을 만들면 당신과 그 '중요한 사람' 모두 좀 더 행복해지고 만족스럽게 되는 데 도움이 된다. 그런 후에 그 관계의 폭을 넓혀가면서 구체적인 목록을 만들어 가다 보면 실제로 그 관계의 개선에 도움이 될 것이다.

마지막으로는 실질적인 도움이 될 것이라고 당신 스스로 확인한 전략들을 실천할 수 있는 시간을 확보하도록 하라.

망설이지 말고 지금 바로 시작하라. 행운을 빈다.

요약

1. 행복한 사람은 행복한 인간관계를 맺고 있다.
2. 행복한 사람은 사랑할 수 있는 능력뿐만 아니라 사랑받을 수 있는 능력도 갖고 있다.
3. 자신의 이상적인 인간관계가 무엇인지를 알아야만 그 관계를 제대로 맺어갈 수 있다.
4. 행복한 인간관계에는 세 가지 요건이 있다. 우선 관계를 맺는 각각의 사람이 행복해야 하고, 서로 의사소통이 잘 되어야 하며, 관계 유지를 위해 필요한 것이 무엇인지를 서로 알고 있어야 한다.
5. 당신이 사랑하는 사람을 행복하게 하는 일을 하면 당신 자신도 행복해진다.

와! 저기서
근사한 경치를 볼 수 있겠군!
OPTIMISTS CLUB
Millard

5장

낙관적으로 생각하기

이 장은 최근에 내가 만난 상담자의 이야기로 시작하고자 한다. 그 상담자는 노인요양원에 입주할 준비를 하고 있는 할머니였다.

노인요양원에 입주할 준비가 된 92세의 아름답고 당당한 이 숙녀는 아침 8시가 되자 정장으로 차려입고 정성껏 화장을 한 후에 요양원 간호사를 만날 준비를 했다.

남편이 70살 되던 해에 세상을 떠난 후에 혼자 살다가 거의 시력을 잃었기 때문에 요양원에 오게 되었다. 로비에서 오랜 시간 인내심을 갖고 기다린 후에야 비로소 미소를 지으며 자신을 방으로 안내하는 간호사를 만날 수 있었다. 간호사의 도움을 받아 엘리베이터를 타고 자신이 살아야 할 방으로 안내되었고, 창문 쪽에 걸린 옷걸이를 포함해서 작은 방의 구조에 대한 설명도 받았다.

"참 좋아"라고 말하면서 그녀는 마치 여덟 살짜리 소녀가 인형을 선물받은 것처럼 좋아했다. 그 모습을 보고 내가 다음과 같이 질문했다.

"그렇지만 존슨 부인, 당신은 방을 제대로 볼 수조차 없지 않나요?"

그러자 존슨 부인은 다음과 같이 답변했다. "그건 그다지 문제가 되지 않아요. 행복은 당신 스스로 지금 이 순간에 결심하는 어떤 것이랍니다. 내가 이 방을 좋아하는지의 여부는 어떤 가구가 갖추어져 있는지에 달려 있는 것이 아니라 내 마음에 달려 있는 것일 뿐이지요. 나는 이미 그것을 사랑하겠다고 결심했고, 그것은 늘 내가 아침에 눈을 뜰 때마다 결심하는 것이기도 합니다.

나에게는 잘 보이지 않는 눈으로 방을 바라보면서 불평을 늘어놓을 수도 있고, 그저 이 상황 자체로 만족할 수도 있는 두 개의 선택지가 주어져 있지요. 하루하루는 내게 선물이고, 따라서 내가 살아 있는 동안에는 늘 그 새로운 날에 초점을 맞추고 살아갈 겁니다."

당신이 요양원에 갈 것인지 여부와 관계없이 이 놀라운 작은 이야기는 우리 모두에게 분명한 메시지를 보여주고 있다. 그 메시지는 우리가 스스로 생각하고 세상을 바라보는 방식을 선택할 수 있고, 더 나아가 그 생각하는 방식 자체가 행복과 삶에 대한 만족감을 결정짓는 중요한 요소라는 사실이다.

이 원리는 지난 몇 십 년간 현대 심리학의 핵심을 관통하고 있는 것이지만, 불행히도 낡고 비효율적인 상담기법을 여전히 사용하고 있는 상당수의 심리학자와 상담가를 포함한 많은 사람들이 현대 심리학이 무엇이고 잘 훈련된 현대 심리학자들이 실제로 할 수 있는 일이 무엇인지를 알지 못하고 있다.

내가 '불행히도' 라는 말을 사용하는 이유는 심리학자들 사이에 통용되고 있는 미신과 잘못된 개념들 때문에 문제가 있어 찾아오는 사람들의 이야기를 그저 응응 하면서 들어주거나 절절하지 못한 방식으로 개입하는 데 많은 시간을 낭비하고 있다고 판단하기 때문이다. 만약 내 사무실을 찾아오는 사람들에게 마음껏 쓸 수 있을 정도로 돈이 많다면, 나는 검정색 코트를 입고 오는 사람들에게 돈을 줄 테니 밝은 색 코트를 하나 사라고 권하는 방식으로 상담할 것이다. 또한 상당수의 심리학자들은 주로 아동기의 굴절된 경험이 성인이 된 이후의 삶에 미치는 영향을 과대평가하는 경향을 보이고 있기도 하다. 그들은 현재의 문제가 어렸을 때 화장실 가는 훈련을 제대로 받지 못했거나 부모와의 왜곡된 관계를 형성했기 때문에 생긴 것이라고 보고, 상담을 원하는 사람들에게 현재의 상황을 개선하기 위해서는 그 이야기를 주로 해야 한다고 말하기도 한다.

그러나 자동차와 같은 대부분의 20세기 발명품들처럼 심리이론과 심리치료 역시 최근 몇 십 년 동안 많은 진전을 이뤘고, 그 결과 획기적인 치료방법을 활용할 수 있을 정도의 풍부한 연구결과를 축적하고 있기도 하다. 그런 치료방법들이 100년 전이나 50년 전의 치료법과 확연히 다른 것임은 말할 것도 없고, 심지어 10년 전의 방법과도 많이 다르다.

자동차가 처음 나온 이후의 발달과정을 생각해 보고 현재 시판되고 있는 자동차의 놀라운 성능을 고려해 봤을 때 어느 누구도 역사적인 이유 말고 그 옛날 자동차를 타고자 하는 사람은 없을 것이다. 어떤 일을 할 때 단지 그 방식이 오래되었다는 이유만으로 가장 좋은 것이라고 생각할 수는 없다.

내가 위에서 지적한 것처럼 많은 사람들이 현재의 심리학이 어떠하고 특히나 최근의 상담기법 등을 통해 얻을 수 있는 것들에 대해서 제대로 알지 못하다는 것이 심리학과 심리치료 분야의 현실이다. 이것은 많은 사람들이 덜 염려하면서 사용할 수 있는 비교적 간단한 전략을 어떻게 활용할지를 알지 못한다는 의미이고, 동시에 그것은 이 책에서 제안하고 있는 전략과 같이 자신의 삶을 훨씬 더 쉽게 조절할 수 있고 궁극적으로 훨씬 더 행복해질 수 있는 비교적 간단한 방법들을 제대로 알지 못한다는 의미이기도 하다.

그렇다면 현재의 심리학에서 이 접근법이 갖는 보다 구체적인 의미는 무엇이고, 어떻게 해서 이 접근법이 당신의 행복감을 증진시키는 데 도움을 줄 수 있는 것일까?

현재의 심리학이 낙관론에 관해 우리에게 가르쳐 주는 것은 무엇일까?

여기서 내가 언급하고 있는 '현재의 심리학'은 본질적으로 인지론과 인지행동 및 치료를 중심으로 하는 이론과 치료법을 의미한다. 인지행동적 접근은 주로 사고와 신념, 태도와 기대를 포함하는 인지적이고 행동적인 요소에 초점을 맞춘다. 또한 그 명칭에서는 드러나지 않지만 기분이나 감정을 포함하는 정서의 중요성과 현재와 과거 모두의 인간관계의 중요성에 대해서도 인정하고 이해하려는 목적도 갖고 있다.

인지적 접근은 본질적으로 인간은 주로 자신이 생각하는 방식에 따라 정의된다는 전제에 기초하고 있는데, 이 전제는 전 세계의 사람들이 직면한 모든 종류의 문제들을 대상으로 하는 다양하고 폭넓은 연구조사에 의해 확인된 것이다.

심리학자들이 이 이론을 공식화하기 수백 년 전에 이미 셰익스피어는 자신의 유명한 등장인물을 통해 명쾌하고 분명하게 이 개념을 묘사한 바 있다. 그는 "세상에는 좋은 것도 나쁜 것도 없다. 단지 생각이 그렇게 만들 뿐이다"라고 햄릿의 입을 통해 말하고자 했다. 헨리 포드를 비롯한 많은 유명한 사람들도 비슷한 말을 했는데, 즉 "당신이 스스로 할 수 있다고 생각하느냐, 아니면 할 수 없다고 생각하느냐에 달려 있다. 태도가 지위와 상태를 결정하는 것이다."

『생각하고 풍요롭게 성장하라』(*Think and Grow Rich*, 『놓치고 싶지 않은 나의 꿈 나의 인생』으로 번역출간)라는 제목으로 가장 유명한 자기 개발서 중의 하나를 쓴 저자인 나폴레온 힐은 단지 생각이 지니는 힘을 강조하는 데서 그치지 않고 도움이 되지 않는 생각에 도전해서 바꾸어 가는 좀 더 적극적인 자세를 강조하고 있다. 그는 자신만의 고유한 비유 능력을 활용해서 다음과 같이 말하고 있다. "마음은 좀 더 좋은 씨앗을 뿌리지 않으면 잡초가 무성하게 자라나는 좋은 정원과 같다."

현대 심리학의 핵심 초점은 사고의 중요성을 강조하는 것이다. 사고의 중요성에 대한 강조와 그 중에서 특히 도움이 되지 않는 부정적인 사고를 좀 더 긍정적인 것으로 바꾸는 특별한 기법의 개발에 대한 강조를 통해 현대 심리학자들은 비교적 단기적인 치료에 매우 효과적인 치유법을 개발할 수 있게 되었을 뿐만 아니라, 우울증이나 불안, 스트레스와 같은 문제들을 완화시킬 수 있는 효과적인 방법도 개발할 수 있게 되었다.

이러한 현대 심리학의 경향은 이 책의 맥락에서도 중요할 뿐만 아니라 적절한 것이기도 한데, 보다 구체적으로는 인지행동적 접근이 긍정심리학의 영역으로까지 확장될 수 있었기 때문이다. 긍정심리학은 응용심리학 분야에서 가장 첨단의 영역일 뿐만 아니라 가장 흥미진진한 것이기도 하다. 그것은 우울증과 같은 문제들을 이해하고 치료하는 심리요법에 초점을 맞추기보다 사람들의 일상적인 생활 속에서의 행복이나 건강하고 참된 삶의 요소가 되는 긍정적인 기분을 이해하고 증진시키는 데 초점을 맞춘다.

임상심리학이 문제를 갖고 있는 사람들을 정상적인 상태로 되돌리는 것을 주된 목표로 삼는 반면에, 긍정심리학은 정상적인 상황을 보다 더 좋은 상황으로 이끄는 것을 목표로 삼는다. 이 차이를 좀 더 명확하게 드러낼 수 있는 표현을 찾아보면, 임상심리학이 절벽의 바닥에서 기다리고 있는 구급차라면 긍정심리학은 절벽의 끝에 세워진 차단막이다. 다르게 표현해 본다면, 임상심리학은 당신의 빚을 탕감해 주거나 줄여주는 사람이라면 긍정심리학은 당신의 재산을 늘려주는 재무상담자이다.

우리의 책과 관련지어 가장 중요한 사실은 긍정심리학이 우울증을 경감시키는 데 초점을 맞추는 임상심리학의 영역을 확장해서 행복을 증진시킬 수 있는 방법을 생각해 보게 하는 데 초점을 맞춘다는 점이다. 그런 과정을 통해서 알게 된 특별한 사실이 바로 긍정적인 생각이 행복을 만들어내고 또 증진시킨다는 점이다.

여러 연구들을 통해 입증되었기 때문에 더 이상 의심할 여지가 없는 사실은 긍정적으로 생각하는 사람들이 다른 긍정적인 감정뿐만 아니라 더 많은 행복을 경험한다는 것이다. 더 나아가 행복한 사람들이 긍정적인 사고의 결과로 좀 더 창조적이고 성공적인 삶을 살고 있다는 증거도 속속 제시되고 있다.

이것은 낙관론이 단지 행복에 기여하는 것을 넘어서서 더 넓은 긍정적인 성과를 가져온다는 좋은 소식이다. 이 사실을 거위에게 좋은 것은 수컷 거위에게도 좋다는 말로 표현해 볼 수도 있고, 좀 더 직접적으로 당신을 행복하게 하는 것이 당신이 사랑하는 사람이나 직장 동료, 친구들, 심지어 좀 더 넓은 범위의 공동체 속에서 만나는 사람들까지도 행복하게 해줄 수 있다는 말로 표현될 수도 있다.

나아가 낙관적으로 생각하는 개인들이 많아지면 많아질수록 우리의 공동체나 사회도 그만큼 더 낙관적인 공간이 될 것이라는 예측도 가능하다. 왜냐하면 낙관적인 생각이 넘쳐 개인을 넘어 직장과 사회, 세계로 스며들 것이기 때문이다. 우리 주변에 폭넓게 확산된 낙관론과 행복은 우리 사회의 범죄율을 낮추고 약물남용이나 알코올 중독을 완화시키는 것과 같은 근본적이고 획기적인 변화를 가져올 수도 있다.

그러니 우선 우리가 할 수 있는 일부터 해보자.

어떻게 하면 좀 더 낙관적인 사람이 될 수 있을까?

우리가 낙관적 사고가 행복의 기회를 늘려준다는 생각을 받아들이고 난 다음에 던질 수 있는 질문은 '그렇다면 당신은 낙관주의자인가?' 이다.

만약 당신이 이 질문에 긍정적으로 답할 수 있다면 더욱 더 이 책을 계속해서 읽으라고 권하고 싶다. 정말로 당신이 낙관주의자라면 이 장을 계속 읽어가면서 긍정적이고 새로운 어떤 것을 배울 수 있는 의외의 성과를 거둘 수 있을 것이다.

반대로 당신이 낙관주의자가 아니라면 먼저 자신이 낙관주의자가 될 수 있다고 생각하는지 자신에게 물어야 한다.

어떤 사람들은 스스로 변화될 수 있다는 사실을 믿지 않고 본래 태어날 때부터 비관주의자였다고 믿거나, 늘 그렇게 살아왔고 앞으로도 그럴 것이라고 믿는다. 이 사람들은 희망이 없고 누구의 도움도 받을 수 없는 고립된 상황에 처해 있다고 생각하기 때문에 당연히 행복하지도 못하다.

그러나 어떤 요소를 고려해 보아도 이들은 확실히 틀렸다.

당연히 우리는 변화할 수 있고, 우리 모두는 좋아하든 싫어하든 누구나 변한다. 나이를 먹어가면서 변하고, 새로운 사람을 만나거나 다른 경험을 통해서 변한다. 삶의 각각 다른 단계들과 다른 일을 경험하면서 변하기도 한다. 우리는 거의 매일 새로운 것들을 읽고 듣고 배우면서 변화하고 있다.

물론 우리 자신을 구성하는 어떤 부분들은 고정적이고, 그것이 바로 심리학자들이 성격(personanlty)이라고 부른 것이다. 그 개념을 깊이 있게 분석하거나 정의내리지 않고도 성격은 부분적으로는 유전적 요인에 의해 결정되고, 부분적으로는 성인이 될 때까지의 경험과 학습의 결과물이라고 생각한다. 그러나 우리가 행동하고 생각하는 것의 많은 부분은 유전적 소인과 양육에 의해 결정된 것을 뛰어넘는 변화의 가능성을 갖고 있다.

만약 당신이 믿지 못하겠거든 다른 땅에 뿌려진 유전적으로 동일한 씨앗을 상상해 보라. 하나는 적절한 물과 햇빛, 영양분을 공급받으면서 자란 반면에, 다른 하나는 좋지 않은 자연환경에 방치된 채 자랐다고 생각해 보자.

이 두 씨앗이 자라난 상태가 똑같을 것이라고 상상할 수 있을까?

분명히 그렇지 않다. 유전적 소인이 동일하다고 해도 자란 이후의 결과는 많이 달라질 수밖에 없다. 그 차이는 바로 물과 영양분, 햇빛 같은 환경적 요인에서 비롯된다.

여기서 한 가지 좋은 소식은 우리가 자신이 먹는 것을 조절할 수 있는 인간들이라는 사실이다. 그것은 특히 이 책에서 소개하고 있는 긍정적이고 도움이 되는 생각과 같은 행복을 위한 영양분을 스스로 조절할 수 있다는 점에서 좋은 소식이다.

우리가 여기서 초점을 맞춰야 할 부분이 바로 이 부분이다.

당신의 생물학적 특성에도 불구하고 자신의 행동을 포함하는 여러 가지 요인 중에서 당신이 어떤 선택을 하느냐에 따라 스스로의 행복을 결정할 수 있다. 앞에서 나폴레온 힐의 말을 인용하면서 강조했던 것처럼 낙관적 사고는 두 단계의 과정을 거치면서 좋은 생각을 유도해낸다. 첫 번째 단계는 스스로를 파괴적으로 몰고 가는 나쁜 생각을 제거하는 단계이고, 두 번째 단계는 좀 더 적극적인 사고를 유도함으로써 행복으로 이끄는 단계이다.

여기서 한 가지 유념해야 할 사실은 모든 부정적인 사고를 완전히 제거하려고 시도하는 일은 그다지 현명한 일이 아니라는 점이다.

오히려 그 대신에 도움이 되지 않는 생각을 최소화하면서 적극적이고 낙관적인 사고의 비중을 획기적으로 높여가는 방식이 더 낫다.

부정적인 생각을 긍정적인 생각으로 바꾸기

이제 당신에게 도움이 되지 않는 부정적인 생각의 빈도와 정도를 줄이기 위한 구체적인 방법에 대해 생각해 보자. 리차드와 제인의 경험을 들어보는 것으로 시작해 보자.

리차드는 직장 상사로부터 부정적인 평가를 받았다. 그후 몇 달 동안 그는 자신감을 잃었고, 앞으로 다가올 미래에 대한 두려움 때문에 다른 일을 제대로 할 수조차 없었다. 이런 자신의 상황을 직장 상사나 동료에게 털어놓는 것도 쉬운 일이 아니었다.

제인 또한 직장 상사로부터 부정적인 평가를 받았지만 절망감에 빠지는 대신에 그런 실수를 다시는 반복하지 않겠다고 다짐했다. 자신이 하고 있는 일에서 개선해야 할 부분이 있음을 인정하고 여러 가지 시도를 해보고자 했다. 이 과정에서 자신의 친구는 물론 직장 동료들에게도 기꺼이 도움을 청했다.

리차드는 갈수록 더 기분이 가라앉았고, 상당한 시간을 좌절감을 맛보며 지내야만 했다. 그가 자신의 상황에 대해 얼마나 자신이 무능한지, 또 자신이 하고 있는 일이 얼마나 희망이 없는지에 대해서만 생각할 뿐이었다.

이와는 대조적으로 제인은 자신의 상황을 결점을 보완하고 긍정적인 변화를 이끌어낼 수 있는 기회로 받아들일 수 있게 되었다. 스스로를 통제할 수 있게 되면서 점차 긍정적이고 낙관적인 상황으로 자신을 이끌 수 있었고, 그 결과 상관이 충분히 인정할 수 있을 정도로 문제 해결을 위한 구체적이면서도 효과적인 계획을 세우는 일도 가능하게 되었다.

여기서 우리가 주목할 점은 매우 유사한 상황이 전혀 다르게 해석될 수 있다는 사실이다. 리차드는 기본적으로 자신의 상황을 완전히 부정적이어서 개선이 불가능하다고 해석한 반면에, 제인은 결점을 보완하고 새로운 어떤 대안을 찾아볼 수 있는 상황으로 해석했다. 이들의 다른 해석은 두 사람에게 각각 다른 감정을 경험하게 했다. 다시 말해서 리차드는 우울하고 비참한 기분이 들어 아무 것도 할 수 없을 것 같은 생각을 한 반면에, 제인은 좀 더 낙관적인 경험을 하면서 상황을 개선시킬 수 있다는 자신감을 가질 수 있었다.

이 두 사람이 보여준 행동방식의 차이에도 유념할 필요가 있다. 리차드의 우울함과 좌절감은 아무 것도 할 수 없다는 무기력으로 이어진 데 비해 제인의 적극성과 낙관주의는 계획과 실천으로 이어질 수 있었다. 이 사실은 이 책의 서론 부분에서 선보였던 아주 단순한 모형이 옳다는 것을 입증해 주는데, 그 모형은 바로 신념이나 사고가 행동을 이끌어내고 행동이 행복을 유도해낸다는 것이다.

이 사례가 보여주는 핵심이자 이 책의 주요 메시지 중의 하나는 당신이 자신과 주변 상황에 대해 생각하는 방식과 상황을 해석하는 방식에 따라 감정과 행동을 포괄하는 당신 스스로의 반응도 달라진다는 것이다. 일단 자신이 상황을 해석하는 방식이 그 상황에 대해 느끼고 대처하는 자신의 방식을 결정하는 중요한 요인이라는 사실을 받아들이고 나면, 자신의 생각을 조절하는 방법을 배움으로써 효과적으로 자신의 감정을 조절할 수 있을 뿐만 아니라 자신의 행동까지도 통제할 수 있다는 사실을 받아들이기는 어렵지 않다.

어떻게 하면 좋은 방향으로 생각할 수 있는지 고민하면서 자신의 생각은 물론 삶까지 스스로의 통제 아래 두도록 하라.

자동적으로 일어나는 자신의 부정적인 생각 알아차리기

이런 생각들에 대해 고개를 끄덕이고 참 좋은 생각이라고 받아들인다고 해도 실제 삶에서 쉽게 실천할 수 있다고 생각하면 오산이다. 자신의 생각을 조절한다는 아이디어가 말로는 쉽게 표현될 수 있지만, 어떤 사람들의 경우에는 자신도 모르는 사이에 부정적인 생각을 하기도 하고, 어떤 사람들은 의식적으로 그렇게 하지 않으려고 해도 늘 부정적인 생각이 먼저 떠오를 수 있다. 다시 말해서 우리들은 스스로의 생각을 온전히 통제하지 못할 수 있다는 것이다. 만약 그럴 경우에 자신의 생각을 변화시키는 일이 불가능하지는 않지만 결코 쉽지는 않다.

더 나아가 어떤 생각은 자신도 모르는 사이에 의식 속에서 반복되는 경우도 있다. 어떤 특별한 행동을 계속해서 하다보면 습관적으로 다시 반복할 수 있는 것처럼 생각도 마찬가지이다. 그것은 나쁜 행동 습관과 사고 습관이라고 부를 수 있다.

이런 생각들이 일어나는 속도가 매우 빠르고 그것이 우리의 감정과 생활에 미치는 영향도 크기 때문에 이런 생각들을 '자동적으로 일어나는 부정적 사고' 라는 이름으로 부르면서 주시할 필요가 있다.

어떻게 해서 생각이 '자동적으로 일어나는 부정적 사고' 로 전환되는지는 다음 예를 통해 생각해 보도록 하자.

당신이 처음 차를 몰던 때가 생각나는가? 차를 안전하게 몰 수 있기 위해서는 핸들과 브레이크, 클러치와 기아변속 같은 무수히 많은 일들을 능숙하게 해내야 할 뿐만 아니라, 자신의 차로 달려들 것 같은 다른 차들을 계속 주시하면서 옆에 앉아 껄끄러운 충고를 계속 해대는 아버지나 운전교습자 같은 사람의 잔소리를 감내하며 신호등을 볼 수 있어야 한다. 그런데 몇 달이 지나고 나면 그런 일들에 익숙해지기 시작해서 몇 년의 운전경력이 쌓이면 이 모든 일들이 상대적으로 아주 쉽게 느껴진다. 몇 백 번 또는 몇 천 번의 운전경험이 축적되면서 복잡한 운전과정이 아주 단순한 과정으로 변하는 것처럼 보이는 것이다. 초보자일 때 운전에 쏟았던 노력은 어찌 보면 당신이 거의 의식하지 않고 했던 것이라고 볼 수 있다.

지속적인 반복과 연습을 통해 우리는 매우 복잡한 일을 단순하고 자동적인 것으로 만들 수 있다.

운전이 연습에 따라 점차 자동적인 일이 되는 것처럼 생각의 유형 역시 그렇게 될 수 있다. 물론 때로는 당신의 자동적인 사고 유형이 만약 긍정적이고 건설적인 것이라면 유용하고 도움이 될 수도 있지만 부정적이거나 비관적일 경우에는 전혀 그렇지 못할 수 있다.

운전할 때 팔을 창 밖으로 내놓는 것 같은 나쁜 운전 습관이 자신도 모르는 사이에 몸에 밴 것처럼 자신도 모르는 사이에 '자동적으로 일어나는 나쁜 사고의 습관' 이 몸에 배었을 가능성도 있다.

그렇기 때문에 자신에게 배어 있는 그 '자동적인 나쁜 사고 습관' 이 있는지 생각해 보고 그것을 재빨리 알아차리는 일이 중요하다. 그렇게 하고 나면 어떻게 해야 이 습관을 바꿀 수 있을지 생각할 수 있다. 당신 스스로를 어떻게 생각하고 어떤 상황에서 일어나는 일을 스스로 어떻게 해석하는지 알아보려고 노력할 필요가 있는 것이다.

흥미롭게도 도움이 되지 않는 생각들은 아주 비슷한 유형으로 반복되고, 자동적으로 일어나는 부정적 사고도 비슷한 방식으로 확인되곤 한다. 이 공통점들에 대해서는 이 장의 뒷부분에서 말하기로 하고, 여기서는 단지 이런 생각들이 당신에게 많은 문제를 가져올 수 있다는 점만 강조하고 넘어가려고 한다. 자동적으로 일어나는 부정적인 생각들을 다스릴 수 있는 방법을 스스로 활용할 수 있게 되면, 이제 우리는 당신의 미래 행복을 위해 뿌려야 하는 씨앗을 심는 긍정적이고 적극적인 사고 쪽으로 관심을 돌릴 수 있다.

아는 것만으로는 부족할 때가 있다

아마 어떤 사람들에게는 단지 자신의 부정적인 사고가 무엇인지를 아는 것만으로도 많은 문제들을 해결하는 데 도움을 받을 수 있을 것이다. 자신의 생각들이 잘못되고 왜곡된 것들임을 알아차리는 순간 많은 문제가 자동적으로 해소되기도 하기 때문이다.

그러나 단지 문제를 아는 것만으로는 부족하다. 도움이 되지 않는 행동에 대해 질문하고 도전하고 극복하면서 결국 그런 행동을 제거해 가는 효과적인 전략들이 아래에 있다. 다음 내용들을 읽어가면서 명심해야 할 점이 있다.

당신의 사고를 변화시킴으로써 더 행복해질 수 있고, 자신이 직면하는 문제들도 더 효과적으로 해결할 수 있으며, 더 창조적이 되어 많은 것을 성취할 수 있다. 또한 생각을 바꿈으로써 삶을 주도할 수 있는 능력과 힘을 더 많이 갖게 될 것이다.

우리가 이미 확인한 것처럼 어떤 것을 변화시킬 수 있으려면 변하고 싶어하는 요소가 무엇인지 정확하게 알아야 한다. 그 상황에 대해 정확하고 분명한 생각을 갖고 있어야 하는데, 당신의 차가 서버린 경우를 예로 들어 생각해 보자. 어느 날 갑자기 차가 서버리기 전까지는 아무런 문제가 없는 줄 알았는데, 아무리 해도 자신의 능력으로는 어디가 고장 났는지 알 수 없다면 어떻게 해야 할까?

흔히 쉽게 선택하는 방법은 시동을 계속해서 걸어보는 방법이다. 가끔씩은 시동이 걸리기도 하지만 어떤 경우에는 상황만 더 악화시킬 수도 있다. 만일 배터리가 나간 경우라면 계속적으로 시동을 거는 일은 오히려 남아 있는 배터리액까지 소모시켜서 엔진의 다른 부분에까지 손상을 줄 수 있다. 이 방법은 분명히 좋은 방법은 아니다. 그렇다면 어떻게 해야 하는가?

서둘러 잘 알지도 못하는 어떤 방법을 시도하기 전에 한 발짝 물러서서 상황을 직시하고 문제가 무엇인지를 먼저 확인하는 것이 좋다. 차가 고장 났을 경우에 가장 최선의 선택은 가능한 한 빠르게 정비 전문가에게 연락하는 방법임을 우리는 경험을 통해서 알고 있다.

그와 마찬가지로 만약 당신의 생각이 그다지 도움이 되지 않는 방식으로 전개되고 있다면 먼저 마음의 전문가나 심리학자와 상담하거나 당신 스스로 심리학책을 읽어서 전문적 지식을 갖춘 후에 문제에 접근하는 것이 좋다.

당신 스스로 하고자 한다면 좀 더 구체적으로는 어떻게 해야 하는 걸까?

자신의 생각을 글로 써보라

먼저 심리학자들이 사용하는 방법을 생각해 보자. 그들은 피상담자들이 하고 있는 말들을 객관적이고 공평한 자세로 들으면서 바로 바로 반응을 보여준다. 이 일을 통해서 그들은 진정한 의미의 통찰과 의미 있는 진전을 이루어낸다.

같은 방식으로 당신 자신이 스스로의 심리학자가 되고자 한다면 당신 자신을 효과적으로 관찰하고 모니터할 수 있는 방법을 배울 필요가 있다. 이 방법은 당신 삶의 모든 영역에 적용될 수 있지만 특히 그 중에서도 당신 자신의 사고 영역에서 잘 활용될 수 있다.

그렇다면 어떻게 당신 자신의 사고를 관찰하고 측정할 수 있을까?

이런 일 자체가 처음에는 무척 어렵게 느껴질 수는 있다. 한 번이라도 이런 시도를 해본 사람은 얼마나 쉽게 생각과 느낌들이 서로 얽히고 제멋대로 움직이는지 잘 알고 있을 것이다. 한 가지 효과적인 방법은 당신의 생각을 써보는 것이다. 이 방법은 마치 심리학자들이 하는 것과 같은 방식으로 당신 스스로 관찰자가 되어 편견 없이 자신을 바라보고 이해하는 데 도움이 된다.

자신의 생각이 무엇인지를 알아가는 과정에서 맨 먼저 할 수 있는 일은 바로 이와 같이 자신의 생각을 글로 써보는 것이다.

그렇다면 얼마나 자주 이 일을 해야 할까? 많으면 많을수록 좋다. 이 방법도 하나의 기능이기 때문에 계속해서 하면 할수록 나아져서 어느 순간에는 전문가 수준에 이를 수도 있다. 더 나아가 써가는 기능이 좋아질수록 어려운 상황에서 사용할 수 있는 가능성도 높아진다.

다른 때보다도 당신이 스트레스를 받고 있다고 느낄 때 자신의 생각을 글로 써보는 것이 좋다. 여기서 스트레스를 받고 있는 상황이란 좌절감과 분노, 죄책감 같은 감정들이 자신의 기분을 지배하고 있는 상황을 의미한다. 그리고 가능하면 자신의 그 느낌들과 가까운 거리를 유지하면서 써보는 것이 좋다. 자신의 그런 감정들이 수그러들기 전에 기록해야만 나중에 그것들을 극복하는 데 더 많은 도움을 받을 수 있기 때문이다. 시간이 지나고 나서 기록하려고 하면 정확하게 묘사하기 어렵게 된다.

한 쪽 정도의 '생각기록 일지'를 만들어서 기분이 달라질 때마다 간단하게 기록하면 된다. 이런 기록들이 모아지면 아주 귀중한 정보가 될 수 있다.

일지는 세 칸 정도로 나누는 것이 좋은데, 첫 번째 칸에는 스트레스를 받은 상황을 묘사하고, 두 번째 칸에는 그 상황에서 당신이 느낀 감정과 생각들을 기록하는 방식으로 하면 된다. 이렇게 하다 보면 당신 스스로 어떤 상황에서 어떤 생각을 하고 어떤 기분이 들었는지 알 수 있게 되어 자신이 직면하고 있는 문제가 무엇인지 알 수 있게 된다.

상황을 기록할 때는 당신이 하고 있던 일과 만나고 있던 사람까지 기록할 필요가 있다. 그렇게 해놓으면 당신이 스트레스를 받는 상황의 맥락을 파악할 수 있게 되어 문제 해결의 실마리를 마련해 줄 수 있다.

그런 다음에는 당신에게 그 순간 어떤 감정이 솟아올랐는지 써 보도록 하라. 즉 자신이 그 순간 어떤 기분이었고 어떤 형태의 감정을 경험했는지를 기록하는 것이다. 그 기분을 정확하게 묘사하는 일이 어려우면 흔히 사용하는 슬픔이나 분노, 스트레스, 좌절 같은 단어들을 활용하여 기록하면 된다. 물론 그 상황은 늘 복잡하기 마련이어서 한 순간에 한 가지 이상의 감정을 느끼는 경우도 많다. 다시 말해서 어느 한 순간 슬픔과 좌절을 동시에 느낄 수 있고 분노와 좌절감을 동시에 느낄 수도 있다. 다시 말하지만 이런 상황에서 중요한 것은 가능하면 정확하게 당신의 느낌을 기록하는 일이다.

다음으로 해야 할 일은 그 순간에 어떤 생각이 당신의 마음 속에 떠오르는지를 기록하는 일로 가장 중요한 단계라고 말할 수 있다. 이런 일을 해본 적이 없거나 그 순간 어떤 것이 떠올랐는지 알기 어렵다면 다음 질문들을 스스로에게 던져보면 도움을 받을 수 있다.

- 내가 무엇을 생각했는가?
- 자신에게 한 말이 무엇이었는가?
- 그런 느낌이 내게 다가왔을 때 내 마음에 어떤 것이 스쳐갔는가?

• 그 상황에서 나를 불편하게 만든 것이 무엇이었는가?
• 그 순간 그 사람이 한 일이 내게는 어떤 의미로 다가왔는가?

이런 질문들을 통해서 얻고자 하는 핵심 내용은 당신이 스트레스를 느꼈던 그 순간에 당신 마음 속을 스쳐간 생각이 무엇이었는지를 정확하고 이해하기 쉽게 기록하는 일임을 명심하기 바란다.

스스로의 생각 평가하기

자신이 생각한 것이 무엇인지 확인했거나 그 상황을 어떻게 해석할지 알게 되었다면 이제 다음은 자신의 고유한 생각 또는 해석이 도움이 되었는지 평가해 보는 단계이다. 물론 꼭 그 생각의 옳고 그름을 평가하는 것은 아니지만, 어떤 상황에서 쓸모없고 생산적이지도 않아서 도움이 되지 않는 생각들이 있음을 확인할 수는 있다. 만약 기분이 좋지 않아서 그 상황을 기록했다면 비록 가끔 어느 정도 받아들일 만한 적절한 스트레스가 있기는 하지만 단지 그 생각들을 정리하는 것만으로는 도움이 되지 않을 가능성이 높다.

진도를 더 나가기 전에 간단하게 요점을 다시 정리해 보자. 생각은 감정과 행복을 결정하는 핵심 요소이고, 때로 특히 자동적으로 일어나는 생각은 도움이 되지 않아 불필요하게 과도한 정도의 불행으로 이어질 수도 있다. 그래서 행복의 수준을 높이기 위해서는 자신의 생각을 좀 더 정확하게 알 필요가 있고, 그 중에서 부정적이고 도움이 되지 않는 생각을 좀 더 적극적이고 낙관적인 방식의 사고로 바꾸고자 노력할 필요가 있다.

또한 이 접근법의 목적이 올바른 사고방식을 발견하는 데 있기보다 가능하면 도움이 되지 않고 덜 정확한 생각들을 많이 제거하는 대신에 유용하고 도움이 되는 생각들을 강화하는 데 있다는 사실도 강조할 필요가 있겠다. 이 과정에서 우리가 서로 달라서 어떤 사람에게는 적합한 것이 나에게는 적합하지 않을 수도 있다는 점도 기억할 필요가 있다. 당신의 목표는 당신이 자기 스스로를 발견하는 특수한 상황 속에서 도움을 받을 수 있는 생각의 방법을 찾는 것임을 명심하라.

다만 여기서 매우 적극적인 사고방법이나 절대적으로 '옳은' 사고방법을 찾아야만 한다는 생각을 하기 전에 먼저 해야 할 일은 항상 어떤 일을 바라보는 다른 관점이 있을 수 있음을 기억하라는 것이다. 옳고 그름의 문제를 떠나서 그 각각의 관점 모두 중요성과 가치를 지닌다는 사실을 기억할 필요가 있는 것이다. 또한 특정한 상황에서 특정 관점이 행복이나 긍정적인 감정으로 이끌어 주는 더 많은 기회를 제공해 주는 데 더 적절할 수 있다는 점도 함께 생각할 필요가 있다.

예를 들어 당신의 직장에서 어떤 아는 사람이 당신을 보고도 모른 체하고 지나갔다고 가정해 보자. 분명히 그는 비정상적으로 행동했다고 평가받을 것이다.

이 상황을 해석하는 방법 중 하나는 '내가 뭔가 잘못해서 그를 화나게 한 것일까? 그가 나를 좋아하지 않는 것은 확실하고, 곰곰이 생각해 보니까 예전부터 날 좋아하지 않았던 게 분명해' 라고 정리하는 방식이다. 이런 상황 해석의 옳고 그름을 떠나서 이런 해석 때문에 이미 당신 스스로 기분이 좋지 않게 되었을 뿐만 아니라, 다음에 그 사람을 다시 만나게 되면 기분이 더 나빠질 것이 확실하다.

그러나 상황을 그렇게만 해석할 필요는 없다.

지금까지 우리가 함께 공유해 온 생각의 맥락을 따라가면서 '그가 다른 생각에 몰두해 있어서 나를 제대로 알아보지 못했을 거야. 아마 그는 다른 어떤 일 때문에 화가 나서 기분이 몹시 좋지 않았는지도 몰라' 라고 해석할 수도 있다. 첫 번째 해석에서는 그 상황의 모든 책임을 자신에게 돌리고 있는 반면에, 두 번째 해석은 객관성을 담보하고 있어서 덜 스트레스를 받을 뿐만 아니라 긍정적인 기분을 그대로 유지할 수 있는 가능성도 있다.

이 문제를 다른 관점에서 접근해 보아도 마찬가지 결론에 이른다. 대기업에서 생산과 판매 등에 관한 프레젠테이션을 하는 상황을 가정해 보자. 참가한 사람들의 관심은 어떻게 하면 이익을 늘릴 수 있을까에 집중되어 있고, 먼저 생산을 담당하는 임원이 상품의 질을 제고할 수 있는 방안에 대해 말한 다음 판매 담당 임원이 효과적인 광고를 통한 상품의 인지도 제고 방안에 대해 말할 것이다. 마지막으로 최고 경영자가 생산비용을 낮추고 판매량을 증가시켜야 한다고 말하면서 회의를 정리할 것이다.

여기서는 각 팀의 책임자들이 얼마나 다른 일에 초점을 맞추고 있는지에 주목해 볼 필요가 있다. 그 초점들은 각각 생산품의 질을 높일 수 있는 기술력과 상품의 인지도, 매출의 증가 등이다. 이 세 가지 초점은 각각의 유용성과 유효성을 지니고 있고, 그 어떤 관점도 완전히 옳거나 그르지 않다는 사실에도 주목해야 한다. 각 팀은 그 고유의 목표를 갖고 있고, 이 목표들이 충돌할 수 있는 가능성도 있다.

물론 어떤 상황에서는 하나의 목표가 다른 목표에 의존할 수도 있다.

우리는 대기업의 전략 회의에서 벌어질 수 있는 상황을 가지고 이야기하고 있는 중인데, 이 상황은 우리가 이번 장에서 계속 논의해 온 주제들을 일관성 있게 보여주는 하나의 사례일 뿐이다. 다시 말해서 어떤 상황을 해석하는 데는 항상 다른 방법이 있다는 사실을 보여주는 사례일 뿐인 것이다.

> 몇 년 전에 내가 만났던 피상담자의 이야기가 지금 우리가 관심을 갖는 주제와 관련이 깊을 것 같다. 그녀는 여러 개의 정보를 담고 있는 색인 카드를 예로 들면서 그 정보들을 사용자가 선택할 수 있다는 말로 내게 자신의 상황을 설명하고자 했다.
>
> 그녀는 계속해서 어떤 생각이 떠올랐을 때 그 생각이 색인 카드의 어떤 것과 비슷한지 생각해 보면서 그것을 많은 가능성 중의 하나로 해석하고 싶다고 말했다.
>
> 그 카드 중에서 어떤 것이 마음에 들지 않았을 때는 즉시 다른 카드를 선택할 수 있는 것처럼, 늘 선택 가능성이 열려 있는 카드와 같은 생각을 하고자 한다고 말하면서, 각각 다른 상황과 시간에서 가장 적절하고 도움이 되는 생각이 무엇인가를 고민하려고 노력한다고 내게 말했다.

바로 이 방법이 내가 상담을 받으러 오는 고객들에게 늘 강조하는 것이고, 나 자신에게도 이 원칙이 매우 효과적이고 유용한 전략임을 인지시켜려고 노력하고 있다.

이 이야기가 쉽게 다가오지 않는 사람들을 위해 비슷하면서도 조금 더 나은 버전을 보여주고 싶다. 그것은 바로 현대인의 생활 곳곳에 출몰하면서 중요한 역할을 하고 있는 텔레비전의 비유이다.

당신의 텔레비전은 항상 다양한 신호를 받아들여 수많은 채널을 동시에 보여줄 수 있지만 우리들은 어떤 순간에 단지 그 중 하나의 채널에만 눈을 맞추고 있어야 한다. 이것이 뜻하는 것은 다양한 선택지가 있지만 우리는 그 중 하나를 선택한다는 사실이다. 이 선택은 시간이나 기분, 함께 시청하고 있는 사람과 같은 다양한 변인에 의해 이루어진다.

앞에서 말한 색인 카드와 마찬가지로 텔레비전도 사고를 위한 메타포가 될 수 있다. 우리는 선택할 수 있는 다양한 사고를 갖고 있지만 그 선택과정에서 당신에게 행복을 가져다 줄 수 있는 기술은 올바른 상황에 맞는 올바른 사고를 선택할 수 있는 기술이다. 이 기술을 개발하고 나면 행복으로 이끌어 주는 사고방법을 선택하는 일은 마치 리모콘으로 하나의 채널을 선택하는 것처럼 쉬운 일이 된다.

스스로의 생각에 도전하라

심리학자들은 어떤 일을 생각하는 방법이 여러 가지라는 사실을 인식하기 위한 첫 번째 단계의 노력으로 '사고에 도전하기'를 꼽는다. 자신의 사고방식에 도전하는 일은 몇 가지 점에서 중요한데, 그 중 하나로 만일 당신의 생각이 그다지 도움이 되지 않을 경우에 그것에 매달리지 않아야 한다는 당위성을 들 수 있다. 어떻게 하면 도움이 되지 않는 생각들을 극복할 수 있는지 살펴보기 전에 먼저 도움이 되지 않는 생각들에는 어떤 것들이 있는지 보도록 하자.

최근에 임상심리학자들은 수많은 사람들이 쉽게 범하곤 하는 '사고의 실수'를 확인하는 데 성공했다. 구체적인 목록은 다음에 제시될 것인데, 가장 일반적인 사고 유형으로는 열 가지가 꼽힌다. 이 실수의 유형들을 각각 이름을 붙여 부를 수 있다면 우리가 그 실수를 범할 때 쉽게 알아차릴 수 있을 것이다. 알아차릴 수만 있다면 극복할 수 있는 방법을 찾기는 쉬운 일이다.

이 목록들을 읽어보고 그 중에서 어떤 것이 친숙한지 생각해 보라. 그것이 혼란스러움인가, 아니면 이분법적 사고인가? 아니면 부정적인 미래를 피할 수 없는 것으로 받아들이는 경우는 없는가? 모든 일을 자신의 책임으로만 돌려 과도하게 자책하지는 않는가? 이 질문들 중에서 그렇다고 답해야 하는 것들이 있다면 분명히 많은 도움을 받을 수 있을 것이다.

도움이 되지 않는 생각의 전형적인 유형들

1. 과도한 일반화

단순한 사건 또는 한 가지 증거만으로 일반적인 결론에 이르는 것이고 좋지 않은 일이 생겼을 때 그것이 반복될 것이라고 믿는 것인데, 이런 유형의 생각에는 대체로 '항상'이나 '결코', '절대'와 같은 단어들이 포함되어 있다.

과제를 제때에 마치지 못했어. 나는 모든 일을 제대로 처리할 수 있는 능력이 없어.

그가 나와 함께 외출하고 싶어하지 않았어. 나는 항상 외로워.

지난 주에 그렇게 노력했는데도 일자리를 구하지 못했어. 난 결코 일자리를 찾지 못할거야.

2. 걸러 듣기

긍정적인 정보는 무시하고 부정적인 정보들에만 집중하는 태도인데, 상황을 해석하는 자신의 견해를 결정할 수 있는 중요한 정보를 무시하는 것이다.

직장 상사가 비록 내 앞에서는 일을 잘 하는 사람이라고 칭찬하지만 다른 데서는 실수투성이라고 말할거야. 내가 희망이 없는 형편없는 사람이라고 생각하고 있음이 분명해.

직장에서 쫓겨났어 … . 내 삶은 이제 가망이 없어.(사실은 아주 건강할 뿐만 아니라 나를 걱정해 주는 사랑하는 가족이 있는데 …)

3. 이분법적 사고

전부 아니면 전무와 같이 극단적으로 나누어서 생각하는 것으로 다른 타협의 여지를 남겨두지 않는 극단적인 사고를 의미한다.

많은 실수를 해왔기 때문에 만일 이 일까지 완벽하게 해내지 못하면 나는 결국 방해꾼밖에 될 수 없을거야.

아마 이 일들을 모두 해내는 것은 불가능할거야. 그러니 아예 시작하지 않는 게 낫겠어.

이 직업은 정말 좋지 않아. 좋은 점이라고는 하나도 없어.

4. 자책하기

어떤 일에 대한 책임이 당신에게만 있는 것은 아님에도 다른 사람들이 어떤 특별한 반응을 보이거나 당신과 직접적으로 관련되어 있다고 말하는 것으로 받아들이는 태도를 말한다.

존이 무척 기분이 좋지 않은데, 그건 내가 그에게 한 일 때문임에 틀림없어.

그녀가 나를 좋아하지 않는 것은 확실해. 그렇지 않으면 나에게 인사를 했을거야.

내 외모 때문에 직장을 구할 수 없었어.

5. 과도하게 걱정하는 태도

불행의 가능성을 과도하게 생각해서 '만약 … 한다면'과 같은 가정법을 사용해 그 결과를 이겨낼 수 없을 것이라는 걱정을 미리 하는 태도를 말한다.

내가 웃음거리가 되고 다른 사람이 나를 비웃으면 어떻게 견디지?
집을 지을 때 철골을 잘못 사용해서 이 집이 내려앉으면 어떻게 하지?
내가 잘못해서 결국 팀에 큰 부담을 주게 될거야.

6. 감정적으로 결론내리기

어떤 일에 대해 잘못된 감정을 미리 갖는 것으로, 자신에 대한 부정적인 감정은 결국 그 감정 때문에 현실화되기도 한다.

나는 실패했다고 느끼고 있고, 따라서 실패자인 것이지.
나는 기분이 몹시 좋지 않고, 앞으로도 계속 좋지 않을거야.
나는 희망이 없다는 느낌을 받고 있고, 그렇기 때문에 내 상황은 절망적임에 틀림없어.

7. 다른 사람의 마음을 지레짐작하는 태도

다른 사람의 생각과 느낌, 행동을 그에게 직접 물어보는 것과 같은 검증 과정을 거치지 않고 지레 짐작하는 태도를 말한다.

존이 몰리에게 말하는 걸 보니 나보다 그녀를 더 좋아하는 것이 확실해.
그가 내 셔츠를 싫어하는 것 같아.
인터뷰할 때 그녀가 나를 형편없는 사람으로 생각하는 것 같았어.

8. 운을 지나치게 기대하는 자세

예상되는 결과를 과도하게 예측할 뿐만 아니라 이미 자신의 것으로 받아들이는 자세, 즉 김칫국부터 마시는 자세를 말하며, 이런 부정적인 기대는 그 결과를 얻기 위해 자신에게 필요한 변화를 가로막는 요인으로 작용하기도 한다.

나는 지금까지 늘 이렇게 살아왔고, 바뀔 가능성도 필요도 없어.
잘 될 것 같지도 않고 그렇다고 해서 특별히 노력한 일도 별로 없어.
이 관계는 분명히 실패할거야.

9. 지나치게 도덕적인 태도

항상 '해야 한다, 의무이다' 같은 말들을 사용하는 자세는 자신과 타인에게 비현실적인 기대를 할 뿐만 아니라. 유연성을 갖지 못하게 하고 엄격한 규칙에 따라서만 행동하게 하는 결과를 빚기도 한다.

화를 내서는 안 돼. 나는 항상 행복해야 하니까.
주변 사람들로부터 항상 좋은 말만 들어야 해.
나는 좋은 집과 직장을 가져야 하고, 좋은 사람과 결혼해야 해 … .

10. 최대 혹은 최소로 과장하는 자세

뒷동산을 큰 산으로 과장하는 것과 같이 부정적인 정보나 경험을 과장하거나, 반대로 긍정적인 정보나 경험을 과소평가하여 사소한 것으로 받아들이는 자세를 말한다.

그녀가 내 헤어스타일이 이상하다고 지적했다. 그 말은 이제 더 이상 나와 특별한 관계를 유지하지 않겠다는 의미이고, 더 이상 연락도 하지 않을거야.

친구 어머니가 돌아가셨을 때 내가 함께 해주었지만, 그렇다고 해서 내가 그녀에게 화가 난 것이 다 풀어진 것은 아니야.

그녀가 내게 일을 잘했다고 말하기는 했지만, 그 말은 어쩌면 내가 일을 잘 해야 한다는 말을 거꾸로 한 것인지 몰라.

이런 사고방식 중에서 당신이 스스로 친숙한 것이라고 느끼거나 자신의 사고방식이 이런 유형과 가깝다고 생각되더라도 절망할 필요는 없다. 인간이라면 누구나 이런 잘못을 저지를 수 있다. 물론 그 중 어떤 사람들은 다른 사람에 비해 더 많은 실수를 하지만, 우리 모두가 그런 실수를 가끔씩 하다가 특별히 스트레스를 더 받을 때가 있을 뿐이다.

여기서 가장 중요한 일은 실수를 하느냐의 여부가 아니라, 그 실수가 당신의 삶에 어떤 영향을 주느냐와 그 실수를 더 이상 하지 않으려는 노력을 스스로 하느냐의 여부이다. 왜냐하면 학습과 몇 가지 실질적인 기능을 익히는 노력을 통해서 이런 실수들을 어렵지 않게 극복할 수 있기 때문이다.

도움이 되지 않는 생각들을 바꾸는 일은 다른 결점을 바꾸는 일과 큰 차이가 없다. 먼저 당신이 완전하지 않아서 실수할 수밖에 없는 인간임을 인정하는 것이 중요하고, 그런 다음에는 할 수 있는 범위 안에서 그 실수를 고치려고 노력할 준비가 되어 있다는 사실을 받아들이면 된다. 잘못된 사고방식을 고치는 과정은 우리의 사고가 구체적인 틀 안에 묶여 있거나 그 자체로 이미 사실인 것은 아니라는 점을 받아들이는 일도 포함한다.

당신이 전에도 자신의 마음을 바꾼 적이 있다면 이번에도 쉽게 도움이 되지 않는 생각을 도움이 되는 생각으로 바꿀 수 있을 것이다. **당신이 어떤 일에 대해 생각한다고 해서 곧 그것이 사실이라고 생각해서는 안 된다는 점을 명심하라.** 이 사실을 다시 한 번 강조하고 싶다. 또 어떤 생각이 당신 머리 속에 떠올랐다고 해서 그것을 스스로 받아들이고 있는 것은 아니라는 점도 강조하고 싶다.

예를 들어서 당신이 얼마 전 읽은 논문의 내용이나 텔레비전 또는 라디오에서 들은 내용을 모두 믿는가? 그렇지 않으리라 생각한다. 우리는 그 많은 정보들이 왜곡되어 있거나 부정확하다는 사실을 알고 있다. 같은 맥락에서 당신이 생각하고 있는 모든 것을 믿을 필요는 없다. 생각은 생각일 뿐 항상 사실과 부합하는 것은 아니다. 논문이나 텔레비전을 통해 접한 정보들처럼 우리들의 생각도 항상 그렇지는 않겠지만 왜곡되어 있거나 부정확할 수 있다.

이 사실과 함께 이 책에서 강조하고자 하는 가장 중요한 메시지는 바로 당신의 사고가 도움이 되지 않는 것이거나 비현실적인 것일 때, 특히 그 생각으로 인해 불필요한 스트레스를 받고 있거나 인간관계 등에 영향을 받고 있을 때 그 상황을 적극적이고 긍정적으로 받아들이는 자세가 행복해지는 데 결정적인 중요성을 갖는다는 사실이다. 다른 말로 '태도가 모든 것을 결정짓는 요소이다' 라고 표현해 볼 수 있다.

'그래 좋아, 그렇지만 어떻게 해야 적극적이고 긍정적인 생각을 할 수 있다는 거야?' 라고 묻는 당신의 모습이 보이는 듯하다.

그 방법들을 아래에 제시하고자 하는데, 이 방법들 자체가 도움이 되지 않는 생각들에 도전해서 변화시키고 교정하는 데 도움을 줄 수 있는 적절한 질문들을 던질 수 있는가의 여부에 달려 있다. 서양의 역사에서 가장 영향력 있고 훌륭한 철학자 중 하나로 평가받는 소크라테스는 이미 오래 전에 태도를 바꿀 수 있는 가장 효과적인 방법은 그 사람에게 교육을 통해 정보를 제공하거나 말해주는 것이 아니라 질문을 던지는 것임을 깨달았다. 이 접근법은 흔히 '소크라테스적 질문법' 이라고 알려져 있는데, 구체적인 내용은 질문을 던지는 것만으로도 우리가 알고자 하는 모든 것을 알 수 있다는 사실이다.

만약 당신의 생각이 항상 도움이 되지 않거나 비현실적이라고 느낀다면 그 생각에 대해서 질문을 던져보는 것이 문제 해결의 출발점이다. 그 생각들을 단순하게 받아들이는 대신에 논쟁을 붙여보는 방법인데, 이 방법은 더 행복해지고 좀 더 많은 성공을 거두는 데 많은 도움이 된다.

이처럼 도움이 되지 않는 생각들을 통제하는 방법은 여러 가지 측면에서 다른 문제들을 해결하는 데도 도움이 된다. 그 과정에서 반드시 명심해야 할 사항을 정리해 보면 다음과 같다.

1. 우선 변화되어야 하는 점이 무엇인지를 아는 것이 필요하다.
2. 그런 후에는 변화할 수 있다는 사실을 믿어야만 한다.
3. 마지막으로 그 변화를 가져오기 위해 당신이 해야 할 일을 실천에 옮겨야만 한다.

우리는 이 세 단계 중에서 앞의 두 단계에 대한 이야기를 마무리했고, 이제 실천이라는 마지막 단계에 초점을 맞출 차례이다.

당신 자신의 생각에 도전하기 위해서는 스스로에게 자신의 생각이 유용한 것인지를 검증할 수 있는 다음 질문들을 던져봄으로써 도움을 받을 수 있다.

이 생각이 정말 도움이 될까?
현실적인 생각일까?
혹시 이 생각이 도움이 되지 않는 전형적인 생각 아냐?

만약 자신의 생각이 비현실적임을 깨달았다면 그 생각에 도전하는 가장 효과적인 방법은 기본적인 관련 사실들을 모으고 그 생각의 정확성을 명료하게 할 수 있는 증거들을 찾아보는 방법이다. 이 방법을 실천에 옮기는 과정에서 다음 질문들을 던져보면 도움을 받을 수 있다.

내 생각을 뒷받침할 수 있는 근거가 있을까?
만약 근거가 있다면 그 근거의 구체적인 내용은 무엇일까?
만약 근거가 없다면 어떻게 해야 적절한 정보를 얻을 수 있을까?(다른 사람에게 묻거나 조사연구를 통해 자료를 수집하거나 인터넷과 도서관을 뒤지는 것과 같은 방법이 있을 것이다.)
부정적인 생각에 얽매어서 다른 정보를 무시하고 있는 것은 아닐까?
여러 가지 변수들을 무시하고 결론으로 바로 건너뛴 것은 아닐까?
그 생각을 구성하고 있는 모든 요소들을 고려하고 있는걸까?

현재의 사고방식이 마음에 들지 않을 경우에 자신의 환경과 상황을 고려한 다른 사고방식을 찾아보는 일을 통해 부분적인 도움을 받을 수 있다. 이 과정에서 다음과 같은 질문들을 스스로에 던져보면 도움이 된다.

이미 일어난 일에 대한 다른 설명방식이 있을까?
이 사실을 바라볼 수 있는 다른 관점이 있을까?
다른 사람은 이 상황을 어떻게 받아들일까?(이 질문을 던지면서 당신이 알고 있는 사람을 떠올리면서 그가 이 상황을 더 좋게 받아들이지 아니면 더 나쁘게 받아들이지를 생각해 보면 좋다.)
나 자신의 생각에 너무 사로잡혀 있어 필요한 유연성을 결여하고 있는 것은 아닐까?

우리가 흥분했을 때 범하는 가장 일반적인 실수 가운데 하나는 앞에서 함께 보았던 사고의 실수 중에서도 뒷동산을 큰 산으로 생각하는 것과 같은 과장해서 받아들이는 자세이다. 쉽게 범할 수 있는 실수이고 그런 이유로 누구나 이해할 수도 있는 실수임에도 문제를 과장하는 이런 경향은 분명히 도움이 되지 않는다. 역으로 상황 자체를 있는 그대로 받아들이는 태도는 생각보다 훨씬 도움이 되는데, 이 과정에서 다음 질문들을 자신에게 던져보면 좋다.

정말 내가 생각하고 있는 것처럼 상황이 나쁜걸까?
이 나쁜 상황이 1년, 2년 또는 5년 동안 계속될 수 있을까?
생길 수 있는 가장 나쁜 상황은 무엇일까?
만약 가장 나쁜 상황이 생긴다면 그 구체적인 모습은 어떨까?
그런 상황이 생겼다고 해서 꼭 그것이 나쁘기만 할까?
이 상황에 대처하기 위해 내가 할 일은 무엇일까?

자신에게 던질 수 있는 다른 유용한 질문들도 있다.

내가 너무 경직되어 있는 것은 아닐까? 만약 그렇다면 내가 유연성 있게 행동함으로써 얻을 수 있는 것은 무엇일까?
내가 너무 이분법적으로 생각하는 것일까? 만약 그렇다면 그 중간 지대는 어디일까?
어려운 상황을 잘 극복하는 사람들은 이런 상황에서 어떤 말 또는 행동을 할까?

이 외에도 그런 상황에서 던질 수 있는 질문들은 많고, 옳고 그른 답변이 없는 것처럼 옳고 그른 질문도 없다는 사실을 명심할 필요가 있다. 다만 더 도움이 되거나 덜 도움이 되는 그런 질문과 생각이 있을 뿐이다. 자신의 생각에 도전하는 일은 좀 더 도움이 되는 사고방식을 찾아가는 것을 목표로 삼는 현재진행형의 과정이다.

좀 더 도움 되는 생각하기

지금까지 우리가 함께 생각해 온 것들을 잘 따라왔다면 이제는 도움이 되지 않는 생각들을 확인하고 도전하는 방법을 익힐 단계이다.

이 단계에서 가장 중요한 것이 바로 좀 더 도움이 되고 낙관적인 생각들을 개발하는 일이다.

부정적인 생각들에 도전하다 보면 우울함과 함께 또 다른 스트레스를 받게 될 수 있지만, 살아 있는 행복감과 긍정적 사고에 바탕한 생각들은 당신의 삶을 그 자체로 좀 더 생산적이고 성공적인 것으로 이끌 수 있다.

나를 찾아오는 의뢰인들과 이야기하다 보면 가끔씩 운동선수들에게 코치를 하는 일과 내 일을 비교해 보게 된다. 우리가 스포츠와 스포츠맨들로부터 배울 수 있는 것이 많고, 그 팀들도 경기에서 최선을 다해 이기는 것을 목표로 삼고 있기 때문이다. 물론 삶은 그저 이겨야 하는 게임은 아니지만, 그럼에도 최선을 다해서 가능한 성공을 거두려고 노력해야 하는 많은 이유들이 있다. 삶에서 가장 중요한 것은 내가 아는 한 행복이다.

어떤 스포츠에서든 코치들은 광범위한 전략들을 동원해 이기려고 한다. 아주 작은 팀의 경우에도 기본적으로는 두 개의 목표를 가지고 있다. 그것은 바로 다른 팀이 더 잘 하지 못하게 하는 동시에 자신의 팀은 더 잘 해서 많은 점수를 얻는 것이다. 이 원칙은 스포츠에서 뿐만 아니라 체스나 카드 게임 같은 것에도 적용된다. 가장 성공적인 전략은 공격과 방어를 잘 결합하는 것이다.

지금까지 이 책의 초점은 주로 방어, 즉 부정적인 생각에 도전하는 것에 맞춰져 있었다. 이 방어가 중요하다는 사실, 즉 부정적이고 자기파괴적이어서 전혀 도움이 되지 않는 생각에 도전하는 일이 중요함은 더 말할 나위가 없지만, 당신의 관심이 이 방어에만 초점이 맞춰져 있을 경우 기껏해야 완전한 패배를 면할 수 있을 뿐이다. 상대방에게 점수를 잃지 않는 것도 중요한 경기방식이기는 하지만, 그것만 가지고는 승리나 당신이 진정으로 얻고자 하는 적극적인 성과를 기대할 수는 없다.

좀 더 낙관적이고 건설적이어서 도움이 되는 생각들을 할 수 있는 방법이 부정적이고 비관적인 생각에 대응하는 것보다 더 중요하다는 점에 초점을 맞추고 이 장의 나머지 부분에서는 주로 이 문제를 생각해 보려고 한다. 목표는 당연히 상대방이 점수를 따려고 다가올 때 적극적으로 방어하는 수준을 넘어서서 스스로의 힘으로 점수를 따 승리를 쟁취하는 것이다.

따라서 내가 여기서 말하고 싶은 사고 유형은 단지 부정적인 생각들을 극복할 수 있는 것이 아니라 쾌감과 성취감, 행복과 즐거움을 경험하는 데 도움이 될 수 있는 그런 생각들이다. 이 목표를 달성하는 방법이 부정적인 사고에 대응하는 방법과 크게 다른 것은 아니고, 단지 초점을 부정적인 측면에서 긍정적인 측면으로 돌리는 것일 뿐이다.

지금까지 우리가 해온 것과 마찬가지로 여기서도 핵심은 단 하나의 적극적인 사고를 발견하는 데 있는 것이 아니다. 그것은 각각 다른 상황 속에서도 유연성 있게 적용할 수 있는 긍정적인 태도를 개발하는 데 도움이 되는 질문들을 자신에게 던져보는 것이다. 다시 말해서 다음과 같은 핵심적인 질문들을 자신에게 던져보는 일이 중요하다.

이 상황에서 최선은 무엇일까?

이 상황에서 얻을 수 있는 긍정적인 요소는 무엇일까?

이것으로부터 내가 배울 수 있는 것은 무엇일까?

어떻게 해야 결과적으로 내가 더 나아질 수 있을까?

좀 더 나아가면 자신과 자신의 능력에 대해 생각할 때는 이 책의 다른 장에서 다루어지는 행복의 요소들, 즉 자신의 장점이나 인간관계, 삶의 목표 발견과 같은 요소들과 관련지어 재구성한 보다 구체화된 질문들을 던져볼 수 있다.

나의 가장 큰 장점은 무엇인가?

내 삶에서 최고의 사람은 누구이고 최고의 일은 어떤 것인가?

오늘 내가 성취한 일은 무엇인가?

내일 내가 성취하려고 하는 것은 무엇인가?

내 삶에서 나아진 부분은 무엇이고, 좀 더 나아져야 한다고 생각하는 것은 무엇인가?

내가 좀 더 나아지고 개인 생활의 목표나 직장에서의 목표를 달성하면 얼마나 좋을까?

만약 이런 질문들 자체에도 익숙하지 않을 뿐만 아니라 자신에게 이런 질문들을 던져본 적도 없다면 쉽게 실천에 옮기기가 어려울 것이다. 만약 그렇다고 해도 걱정할 필요는 없다. 여기서 설명하고 있는 과정은 이 책의 다른 부분에서 설명하고 있는 과정과 마찬가지로 하나의 기능이고, 더 나아가 실천을 요구하는 하나의 기능이다. 하나씩 실천에 옮기다 보면 어느 새 자신도 모르게 그 기능을 익힐 수 있게 되고, 그 결과는 행복과 놀라운 삶 자체이다.

남은 몇 가지 제안들

이 장의 결론을 내리기 전에 몇 가지 더 정리하고 넘어가야 할 사항이 있다. 자신의 삶 어떤 부분에서든 변화를 꾀하는 일이 모두 쉽지 않지만 특히 자신의 사고방식을 바꾸기는 더 어렵다. 사고방식을 바꾸는 일은 지난 몇 년 또는 수십 년 동안 늘 그렇게 해왔던 습관을 바꾸려는 노력과 비슷하다.

먼저 자신의 사고방식을 바꿀 수 있다는 확신을 가지고 시한을 정해놓고 바꾸려고 노력할 필요가 있다. 그런 후에는 그 구체적인 방법들이 무엇인지 생각해 보고 실천에 옮기는 시간을 갖도록 해야 한다. 그 시간은 요리나 운전이 사람에 따라 한 주나 한 달, 일 년이 걸리는 것과 마찬가지로 각각 다를 수 있다. 그러면서 서서히 도움이 되지 않는 부정적인 생각들을 극복하고 좀 더 긍정적인 생각을 할 수 있는 효과적인 사고방식을 몸에 익혀가야 한다.

이와 같은 방식으로 전략들을 활용하고 내가 추천한 접근법들을 하나씩 실천에 옮기다 보면 당신의 사고방식은 변할 것이고, 그 결과물로 좀 더 생산적이고 긍정적인 보상을 얻게 될 것이다. 대부분의 상황에서 인내심을 갖고 실천하는 일이 성공의 핵심 요건이지만 사고방식을 바꾸는 과정에서는 특히 그러하다.

이 과정에서 누군가에게 도움을 청할 수 있다면 망설일 필요는 없다. 다시 스포츠와 비교해서 말해본다면, 세계 최고의 선수들은 모두 최고의 코치를 갖고 있는데 당신이라고 해서 심리학자와 같은 훈련된 '마음의 코치'를 마다할 이유가 있겠는가?

행복한 마무리

이 마무리를 내가 몇 년 전에 들은 재미있는 이야기로 시작하고자 한다.

세계에는 두 유형의 사람들이 있다. 하나는 세상에 두 유형의 사람들이 있다고 생각하는 사람들이고, 다른 하나는 그렇지 않다고 생각하는 사람들이다.

우리들은 대부분 낙관적이거나 비관적이라는 두 유형의 큰 범주에 속한다는 연구결과가 있고, 동시에 사람들은 생각보다 쉽게 자신의 사고방식 유형을 바꿀 수 있으며, 그 결과 좀 더 많은 행복감을 느낄 수 있게 된다는 연구결과도 나와 있다.

거의 15년 전에 나는 처음 이 책에서 제시하고 있는 접근법들을 배울 수 있는 기회를 가졌는데, 그때까지는 스스로가 비관론자에 가까웠다는 사실을 고백해야 할 것 같다. 그랬기 때문에 사실은 처음 만나야 했던 매우 비관적인 사람들이 자신의 사고방식을 바꿔 행복해질 수 있을 것이라는 믿음을 갖기 어려웠다. 다른 많은 사람들처럼 나도 대부분의 성격은 타고나는 것이어서 사고방식과 행동방식을 바꾸는 일은 불가능하다고 생각하고 있었다.

이제 나는 내 생각이 잘못된 것이었다고 정직하게 말할 수 있다. 나 자신을 포함해서 어떤 사람도 변화될 수 있다. 그런 사례를 수없이 보아왔고, 또 내가 낙관론자가 됨으로써 얻은 이익이 크다는 사실도 충분히 체험하고 있다. 특히 낙관론적인 사고는 사람들이 자신의 능력을 최대한으로 발휘하는 데 큰 도움이 되었다.

가끔씩 나는 본래 타고나기는 비관론자였지만 자신의 선택으로 낙관론자가 되었다고 말하곤 한다.

바로 이 사실, 즉 많은 사람들이 행복감을 포함한 훨씬 더 많은 것을 성취할 수 있도록 이끄는 낙관적인 신념이 나 자신에게도 이 일에 더 많은 시간과 에너지를 쏟아부을 수 있게 했다는 사실을 행복한 마무리의 중심 주제로 삼고자 한 것이다. 좀 더 분명하게 말해보면, 많은 사람들을 행복하게 만들어서 세상을 좀 더 좋은 곳으로 만들고자 하는 목표를 가지고 세운 나의 행복연구소나 이 책이 모두 나 자신의 사고방식의 전환으로부터 시작되었다. 이미 우리는 그 과정에서 내가 어떤 것들을 이룩했는지 함께 얘기했고, 앞으로 성취하고자 하는 목표들에 대해서도 이야기했다.

행복해지기 위해 할 수 있는 일들

이 활동들은 이 장에서 우리가 함께 논의한 방법들을 일상적인 삶의 국면에서 실현할 수 있도록 바꿔본 것이다. 당신의 하루 시간 중에서 적절한 시간을 골라 종이와 펜을 준비해 그날 또는 24시간 안에 자신에게 일어난 일을 생각해서 써보도록 하라. 그렇게 하면서 아래 사항을 염두에 두면 더 도움이 된다.

- 그 순간에 자신이 했던 생각을 확인하라.
- 그 순간 당신의 생각이 어떤 도움이 되었는지 평가하라.
- 도움이 되는 적극적인 사고를 한 자신을 칭찬하라.
- 도움이 되지 않은 부정적인 사고에는 도전하라.
- 그 순간에 더 적극적이고 낙관적인 생각을 할 수 있는 여지는 없었는지 생각하라.

요약

1. 자신의 삶을 좀 더 낙관적인 것으로 만드는 첫 번째 단계는 자신의 부정적인 사고를 아는 것이다.
2. 다음 단계는 부정적인 생각과 느낌이 일어날 때 바로 그것을 기록해 보는 것이다.
3. 세 번째 단계는 도움이 되지 않는 자신의 부정적인 생각에 도전하는 일인데, 그렇게 함으로써 걱정과 스트레스, 그 외의 부정적인 느낌을 줄이는 데 도움을 받을 수 있다.
4. 그러나 이 부정적인 생각을 당신의 삶에 행복과 기쁨을 가져다 줄 수 있는 적극적이고 낙관적인 사고로 바꾸는 노력을 계속 해야 한다.

오늘의 할 일
명상
좋은 음식 챙겨먹기
깊은 잠자기
Willard

6장
자신이 갖고 있는 능력과 자원 관리하기

얼마 전에 『완전한 참여의 힘』(*The Power of Full Engagement*)이라는 제목의 동료 학자들이 쓴 책을 읽고 고무된 적이 있는데, 이 책은 미국의 스포츠 심리학자들이 자신들의 연구결과를 담아 쓴 것이었다. 그들은 미국의 스포츠 심리학을 대표할 만한 심리학자들이었다.

이 역동적인 전문가들은 세계 최고의 테니스 선수들을 대상으로 연구를 진행했다. 자신들의 연구가 과학적으로 유효한 것임을 확신하면서 코치와 운동 성과에 초점을 맞춘 여러 종류의 연구와 관련 연구를 실시했다.

그 연구들 중에서 흥미로운 것 중 하나가 세계 최고 순위에 드는 선수들과 100위권 안에 드는 선수들의 차이에 관한 연구이다. 흥미롭게도 육체와 운동 능력에 있어서는 그들 사이에 거의 차이가 없는 반면에 한 가지 변수에서는 큰 차이를 보여주었다. 그 변수는 집중하는 능력의 차이인데, 테니스 경기를 잘 모르는 사람을 위해 쉽게 설명해 보면 공격해서 점수를 얻고 나서 다음 공격 시점을 기다리는 시간 사이의 집중 능력에서 차이를 보인다는 말이다.

연구자들은 성공적인 선수들은 그 짧은 시간 동안 놀라운 집중력을 보이고 있음을 밝혀냈다. 이를 통해 우리는 활동성과 건강이 곧 정확한 선택과 실행에 의존함을 알 수 있다. 물론 이 연구결과를 가지고 집중력이 최고의 선수들과 그 외 선수들을 차별화하는 가장 중요한 변수라고 하기에는 조심스러운 면이 있지만, 최고의 선수들은 모두 뛰어난 집중력을 갖고 있다고 말할 수는 있다.

그런데 흥미로운 점은 이 두 심리학자가 모두 점수들 사이의 다양한 변수에 초점을 맞췄지만 동일한 결론에 도달한 사실이다. 중요한 차이는 아마도 선수들이 공격을 하는 방식이 아니라, 공격 사이에 취하는 마음의 휴식 방법에서 나오기 때문에 생긴 현상 같다.

점수를 따는 공격 방식 자체도 중요하지만 더 중요한 것이 공격을 하고 난 후에 그 선수가 취하는 휴식의 방식일 수 있다는 사실이 무엇을 의미하는지 생각해 보도록 하자. 이 사실은 가장 성공적인 선수들이 그 외의 선수들과 비교해서 신체적인 조건이나 운동 역량에서는 큰 차이를 보이지 않았지만, 점수를 얻는 과정에서의 집중도와 각 공격들 사이에 취하는 휴식과 이완의 정도에서는 큰 차이를 보이고 있는 것으로 해석되는 것이 마땅하다. 집중과 이완을 균형 있게 가져갈 수 있는 능력이 핵심인 것이다. 다시 말해 일할 때는 미친 듯이 일하고 쉴 때는 푹 쉴 수 있는 능력이 성공의 열쇠이다.

당신은 지금쯤 내가 무엇을 말하고자 하는지 짐작했을 것이다. 운동선수들을 대상으로 한 이 연구결과는 우리 모두에게 적용될 수 있고, 당장 우리가 실생활에서 활용할 수도 있다. 그 심리학자들도 이미 자신들의 연구결과가 운동선수들 이외의 사람들에게도 적용될 수 있다고 생각해서 일상적인 삶의 국면, 특히 직장에 고용된 사람들에게 적용할 수 있는 방법들을 찾아내고자 했다.

그들이 내린 결론은 당신이 최고 선수인지 아닌지, 스포츠를 즐기는지 아닌지의 여부와 관계없이 일에 집중하고 온전히 쉬는 원리에 관한 중요한 교훈을 얻을 수 있다는 것이다. 예를 들어 이 원리는 운동과 건강관리를 위해서 활용될 수 있음이 이미 광범위하게 입증되었을 뿐만 아니라, 어떤 일에 대한 집중이 최소한 부분적으로라도 적절한 휴식에 달려 있다는 이 연구의 핵심 주제를 통해서도 검증된 것이다. 이 장에서는 이와 관련된 모든 요소들을 '능력과 자원의 관리' 라는 이름으로 다루어 보고자 한다.

건강한 삶은 곧 행복한 삶을 의미한다

이 책의 핵심을 이루는 가장 기본적인 원리 중 하나는 건강한 삶이 행복한 삶을 위한 중요한 기반 중 하나라는 사실이다. 물론 '건강한 삶' 이 무엇인지에 대해서는 사람들에 따라 각각 다르게 정의될 수 있다. 예를 들어 직업 운동선수와 주말에만 운동을 즐기는 중산층 사람을 비교해 볼 수 있는데, 그들에게 건강한 삶의 의미가 다를 수밖에 없지만, 그럼에도 잘 먹고 적절한 운동을 하고 잘 자는 것과 같은 요소들은 모두의 건강한 삶의 요소로 받아들여질 수 있다.

건강의 이런 측면들에 대해서는 이 분야의 다른 전문가들이 좀 더 구체적으로 다룰 것이기 때문에 나는 단지 여기서 '자신의 능력과 자원의 관리' 라는 중요하면서도 그다지 중시되지 않은 영역에만 초점을 맞춰 보려고 한다.

'능력과 자원의 관리' 가 의미하는 것이 무엇일까? 내가 이 개념을 통해서 말하고자 하는 것은 우리 모두가 이 책에서 제안하고 있는 전략들을 실천에 옮길 만한 정도의 충분한 능력을 갖고 있다는 사실과 그것을 활용하면 분명한 성과를 거둘 수 있다는 사실이다. 이 자원과 능력에서 가장 공통적인 요소를 뽑아내면 그것은 바로 힘, 즉 에너지이다. 에너지 없이는 건강한 삶을 유지하지 못할 뿐만 아니라 행복하게 활동할 수도 없고, 낙관적으로 생각할 수도 없으며, 인간관계를 위해 필요한 시간과 정력을 투자할 수도 없다.

이 책을 읽고 있는 여러분들 중에서 얼마나 많은 사람들이 매일 아침 침대에서 일어나 놀라운 아침 햇살을 노래하며 하루를 온전히 즐길 수 있는 준비를 할까? 얼마나 많은 사람이 자신의 삶이 최선의 것이라는 믿음을 가지고 살고 있는 것일까? 얼마나 많은 사람이 하루 동안 자신에게 다가올 즐거움의 경험에 대한 충분한 준비를 하고서 아침을 시작하고 있을까?

만약 당신 스스로 이런 질문들에 대해 '나는 확실히 아냐' 라는 답을 내놓는다면 이 장이 당신에게 도움이 될 수 있기를 바란다. 여기서 추천하고자 하는 전략들을 실천에 옮긴다면 행복한 삶을 살아내기 위해 당신에게 필요한 것들을 할 수 있는 힘을 얻을 수 있을 것이다.

높은 수준의 에너지와 그 에너지를 활용할 수 있는 효과적인 전략들을 알면 자신의 삶에서 스스로 행복을 느끼고 더 위대한 삶으로 만들어 가는 데 필요한 일을 할 수 있는 기회를 더 많이 갖게 될 것이다.

우선 영양과 운동, 수면 같은 에너지와 관련된 고전적인 전략과 원칙들을 확인해 보는 일부터 시작해 보자. 이 과정에서 우리는 당신의 전반적인 행복을 위한 핵심적인 전략 몇 가지를 좀 더 자세하게 살펴볼 것이다. 기본 원리들은 다음과 같다.

- 휴식
- 긴장 이완과 명상
- 기분 조절
- 일상과 일 속에서의 행복한 환경 만들기

잘 먹기

지난 몇 십 년 동안 다이어트나 영양과 관련된 수많은 논의와 논란이 있었고, 그 정보의 수준도 상상을 초월한다. 이러한 정보들을 통해서 우리가 얻을 수 있는 것이 분명 있기는 한데, 많은 사람들이 그 정보들을 활용해서 자신들의 다이어트 계획과 섭생 계획을 세우고 있기도 하지만 무시할 수 없는 부작용도 동시에 나타나고 있다. 또 어떤 사람들에게는 그 정보들이 상황을 어렵게 만드는 요인이 되기도 한다. 더 중요한 사실은 그로 인해 많은 사람들이 혼란을 느끼게 되면서 절망감과 어디에서도 도움을 받을 수 없을 것 같은 좌절감을 느끼는 경우도 많다는 점이다. 수많은 정보로 인해 많은 사람이 도움을 받을 수 있게 된 현상 이면에는 이와 같이 그 정보로 인한 좌절과 절망도 자리하게 된 것이다.

이런 사실들을 고려하여 여기서 나는 좀 더 중요하다고 생각되는 개념들에 관한 매우 실천적이고 기본적인 안내를 하는 데 그치고, 좀 더 자세한 정보를 얻을 수 있는 자료나 책들을 이 책의 끝부분에서 소개하는 것으로 대신하려고 한다.

아주 단순한 의미로 '잘 먹기'는 특별히 어려운 개념이 아니다. 균형 잡힌 다이어트는 각각의 적절한 음식군에서 골고루 선택된 충분한 음식물을 섭취하는 것 이상이 아니다. 내가 여기서 말하고자 하는 것은 다이어트나 체중 감량에 관한 것이 아니라, 단지 건강한 음식물 섭취에 관한 것일 뿐이다.

먹어야 할 음식물과 먹지 말아야 할 음식물을 어떻게 정의하고 분류할 것인가와 관련된 많은 범주의 지식체계들이 존재함에도 그 중에서 나는 동료이자 친구이면서 이 분야 전문가이기도 한 앤드류 메이(An-drew May)가 작성한 가장 단순하면서도 실제적인 체계표를 소개하려고 한다. 그녀는 다음과 같은 세 가지 유형의 음식물을 생각하기만 하면 된다고 충고한다.

- 단백질
- 식물(야채)
- 녹말이 많은 음식물(또는 탄수화물)

단백질의 가장 일반적인 공급원은 고기와 생선, 콩 또는 우유나 요구르트, 치즈 같은 것들이고, 식물성의 가장 일반적인 공급원은 과일과 채소이다. 마지막으로 탄수화물의 가장 일반적인 공급원은 파스

타와 쌀, 감자, 빵이다.

식사를 하면서 당신이 목표로 삼아야 하는 기준은 50%의 식물성 음식과 25%의 단백질, 점심에는 빵, 저녁에는 샌드위치나 파스타 같은 25%의 탄수화물이다.

물론 이러한 원칙을 실제 생활 속에서 그대로 실현하는 것은 매우 어려운 일임에 틀림없다. 그것은 모든 사람들에게 적용되는 현실일 수 있고, 그런 순간에 중요한 것은 지나치게 각각의 음식물 양이나 그램 같은 것에 신경 쓰지 않는 일이다. 그보다는 당신이 할 수 있는 범위 안에서 그 원칙을 실천에 옮기려고 노력하고 식사의 과정 자체를 즐겁게 이끌어 가는 일이 더 중요하다.

이 공식과 가장 근사한 방식으로 식사하고 매일 이 세 영양분이 골고루 담긴 적절한 양의 식사를 해보도록 하자. 그리고 아침을 건너뛰지 않도록 하자. 아침 식사를 하지 않는 것은 기름 탱크를 비운 상태에서 차를 출발시키려는 운전자와 같다. 덧붙여 많은 사람들이 즐기는 세 끼 식사 사이의 간식에 대해서도 말하고 싶다. 간식도 적절하기만 하다면 큰 문제가 없지만 한 가지 유의할 점은 배고픈 것과 목마른 것을 구분해야 한다는 것이다. 당신의 다이어트가 성공적인 건강 상태로 이어질 수 있으려면 하루에 필요한 충분한 양의 물을 마셔야만 한다.

물과는 별도로 건강한 간식에는 과일 쥬스나 쉐이크처럼 액체가 포함된 것이 있을 수 있다. 적은 양의 요구르트 같은 좋은 간식들도 좋고 쉽게 구할 수 있는 사과와 배, 바나나 같은 과일과 당근이나 셀러리 같은 채소, 땅콩 같은 건과류도 적당한 양이라면 모두 좋다.

또 한 가지 당신의 식사에서 중시해야 할 점은 먹고 마시지 말아야 할 것이 무엇인지 생각해 보는 일이다. 그 목록을 작성해 보기 위해 우리는 세 영역, 즉 먹을 것과 마실 것, 기타 등으로 분류해 볼 수 있다.

첫 번째로 금지해야 할 음식은 지방과 소금 함량이 높은 음식군이다. 이것과 관련하여 가장 확실하게 알려진 사실은 튀긴 '패스트푸드'가 그런 전형적인 먹을거리라는 점이다. 우리의 일상 깊숙이 들어와 있는 햄버거나 피자가 몸에 좋지 않다는 것은 확실하다. 비슷한 맥락에서 테이크아웃(take-out)하여 편리하게 먹을 수 있는 음식들도 모두 위험하다고 할 수 있다.

너무 많은 양의 술을 마시는 일도 당연히 당신의 건강에 위협을 줄 수 있다. 무엇보다도 술과 안주가 고칼로리이기 때문에 체중을 늘리는 주범이 될 수 있고, 결국은 당신의 수면과 기분에 좋지 않은 영향을 미치게 될 것이다. 많은 양의 술은 기본적으로 스트레스와 직결되어 있다. 오랜 시간 동안 많은 양의 술을 마시다 보면 뇌에 치명적인 결함을 입기도 한다.

그렇다면 어느 정도의 술이 몸에 좋다는 것일까? 일반적으로는 남자를 기준으로 일 주일에 너더댓 번을 넘지 않는다는 전제에서 한 번에 맥주 두 잔에서 네 잔 정도까지가 안전한 수준으로 알려져 있다. 여자들에게는 같은 빈도라면 한두 잔 정도가 적당하다. 많은 사람들이 이런 기준을 알고 있음에도 적절한 수준으로 술을 마시는 사람의 숫자가 현저하게 적다는 사실은 놀라운 일이다.

맥주를 기준으로 할 때 양은 큰 잔(425ml)이 아닌 중간 잔(285ml)이 기준이고, 와인 잔은 보통 사람들이 생각하는 것의 중간 정도의 크기가 기준이다. 알코올 도수가 높은 위스키나 진, 보드카 같은 술은 당연히 그 기준양이 줄어든다.

현대인들이 마시는 것과 관련지어 두 가지 더 중요한 문제가 있는데, 그것은 카페인을 함유하고 있는 커피와 탄산을 포함한 콜라 같은 음료이다. 하루에 얼마 정도의 커피가 적당할까? 전문가들은 하루에 두 잔에서 세 잔 정도의 커피가 적당하다고 말하는데, 그 양에는 블랙 커피와 라떼, 카푸치노 같은 다양한 종류의 커피가 모두 포함된다. 커피는 숙면의 문제와도 직결되는데, 일반적인 기준으로 오후 4시 또는 5시 이후에 마시는 커피는 숙면에 도움이 되지 않는 것으로 알려져 있다.

탄산음료의 경우는 패스트푸드와 같은 위험요소를 지니고 있기 때문에 매일 마시거나 매주 마셔서는 안 되고 아주 특별할 때에만 마시는 것으로 제한해야 한다. 그런 음료에는 예상보다 훨씬 많은 양의 설탕과 색소, 감미료 같은 것들이 포함되어 있어서 건강에는 전혀 도움이 되지 않는다.

마지막으로 담배나 법적으로 금지된 마약과 같은 것들에 대해 말하려고 한다. 그런 것들이 건강에 도움이 되지 않는다는 사실은 더 말할 필요가 없기 때문에 당신의 건강을 위해 꼭 필요한 것이 아니라면 금연과 마약 복용 금지를 권하고 싶다. 만약 이미 오랜 시간 당신이 그것들에 익숙해져서 일종의 중독 상태에 있다면, 늘 해온 것처럼 습관적으로 탐닉하거나 일상적인 노력을 하는 대신에 좀 더 적극적으로 대응할 수 있는 전문적인 치료를 받으라고 말하고 싶다.

운동과 적극적인 생활

하나의 사과가 의사를 멀리할 수 있도록 해준다는 말을 당신도 들은 적이 있을 것이다. 마찬가지로 걷기와 달리기, 자전거 타기와 같은 유산소 운동들이 의사를 멀리할 수 있게 한다.

이 책에서 일관되게 말하고 있는 것이지만, 꼭 헬스 클럽에 가라는 말이 아니라 단지 건강에 대한 이야기를 하고 있을 뿐이다. 당신의 목표가 건강증진이라면 내가 말하는 것이 크게 도움이 되지 않겠지만, 행복한 삶을 살 수 있는 건강이라면 내 말에 귀 기울일만 하다.

운동과 활동은 건강에 필수적인 요소이다. 적당한 운동과 활동을 통해 자신의 체중을 적정한 수준으로 유지할 수 있고, 심장질환이나 호흡기 질환을 예방하는 데는 물론이고, 불면이나 이유 없는 기분저하 같은 노인성 질환을 늦추는 데도 도움을 받을 수 있다. 또 좀 더 적극적인 생활을 하는 노인들이 자신의 나이를 극복하고 더 건강하고 행복한 삶을 누리기 쉽다는 사실도 당연하다.

흥미로운 점은 적극적인 자세로 운동을 규칙적으로 하는 사람은 잠을 잘 자고 기분이 쉽게 가라앉지도 않는다는 사실이다. 운동이 우울증을 막아주는 좋은 치료제인 셈이고, 더 나아가 긍정적인 기분을 증진시켜 주는 자극제 역할도 한다. 이 사실들은 심리학적 근거에 의해 뒷받침되는데, 문제는 대부분의 사람들이 거의 관심을 갖지 않는 데서 비롯된다. 여기서 가장 중요한 것은 실제 생활 속에서의 실천이다. 활력을 유지하면서 이 책에서 제안하고 있는 다른 전략들을 함께 활용하면 지금보다 확실히 더 행복해질 수 있을 것이라 의심하지 않는다.

영양의 문제를 생각해 보면, 최근 빠르게 과도한 영양 섭취가 늘어나면서 우리의 몸은 불필요할 정도로 과도하게 커진 반면에, 운동량은 그에 미치지 못하고 있다. 그런 이유로 좀 더 균형잡힌 식사와 적절한 운동이 더 필요한 상황이고, 만약 이 기본 원칙만 지켜질 수 있다면 더 행복하고 나은 삶을 살 수 있게 될 것이다.

우선 지금보다 조금만 더 해보자. 당신 스스로 이미 적극적이고 활동적으로 살고 있다고 느낀다 해도 실제로는 특히 미국이나 호주 같은 이른바 선진국에 사는 사람들일수록 건강한 삶에 필요한 수준에 도달할 수 있을 정도의 사람들은 극히 드물다. 예를 들어 우리들 중 대부분은 몇십 년 전에 비해서 훨씬 덜 걷고 그로 인해 몸무게도 더 많이 나간다. 대부분 텔레비전을 보거나 컴퓨터 앞에서 일하는 것과 같은 앉아서 보내는 시간이 이전에 비해 훨씬 많아지기도 했다. 또 어디든 주로 차를 타고 다니는 데 익숙해져 있기도 하다.

건강한 삶을 누릴 수 있는 특별한 비결이 결코 따로 있지 않다. 단지 지금 당신이 하고 있는 것보다 조금 더 하면 된다. 더 많이 걸으려고 노력하고 가끔씩 자전거를 타거나 수영을 하고 있다면 시간을 조금만 더 늘리면 된다. 이와 같은 방식으로 일 주일에 너더댓 번만 한 번에 20분에서 30분 정도 가벼운 운동을 해보라. 엘리베이터나 에스컬레이터를 타는 대신에 계단을 오르는 것도 권할 만한 운동에 포함된다. 가까운 가게에 갈 때도 가능하면 차 대신에 걸어서 가도록 해보자. 주말에 텔레비전을 보거나 컴퓨터 게임을 하는 대신에 아이들과 함께 공원에서 놀아보도록 하자.

내 말을 들으면서 너무 싱거운 해결책이라는 생각이 든다면 그것은 본래 그렇게 쉽게 할 수 있는 일이지만 우리가 실천하지 못하기 때문이다. 건강한 삶은 우리의 몸을 본래 설계된 대로 움직이는 일 자체이기도 하다. 우리 몸은 기본적으로 건강하게 움직일 수 있도록 설계되어 있고, 모든 살아 있는 것들에 적용되는 용불용설(用不用說), 즉 사용하면 더 좋아지고 사용하지 않으면 그 기능이 나빠진다는 원리가 어김없이 우리 몸에도 적용된다. 이제 머리 속으로만 생각하는 데 그치지 말고 떨치고 일어나 실천에 옮겨보도록 하자.

잠 충분히 자기

지금까지 먹는 것과 운동에 관해서 우리가 함께 살펴본 내용들은 대부분의 사람들이 잘 알고 있는 것이어서 특별할 것은 없다. 최근에 건강한 먹거리와 활동적인 생활방식에 대한 정보들이 쏟아져 나오고 있기 때문이다.

그런데 여기 건강을 위해 필요한 핵심 요소가 한 가지 더 있는데, 그것이 바로 잠이다. 잠은 휴식과 회복의 시간이기도 하고, 방전된 당신의 에너지를 충전시키는 시간이기도 하다. 잠이 부족하거나 깊은 잠을 자지 못하면 우리의 시간을 소모시켜서 결과적으로 많은 고통을 유발하는 원인이 된다.

국민소득이 높은 대부분의 나라에서 필요한 시간보다 한두 시간 부족한 수면을 취하고 있는 것으로 보고되고 있다. 그 결과 많은 사람들이 늘 피곤함을 느끼고 자신의 능력을 발휘할 수 있는 컨디션을 갖지 못한 채 지내고 있다는 것이다. 수면 부족이 가져오는 두 가지 부정적인 결과는 집중력 부족과 결정을 내리는 과정에서의 망설임인데, 그 외에도 의사소통에도 영향을 미쳐서 인간관계의 문제를 불러일으키기도 한다.

한 가지 좋은 소식은 노력하면 잠 문제를 해결할 수 있다는 사실이다. 이미 출간된 『숙면을 위한 안내』(*The Good Sleep Guide*)에서 나는 수면 부족으로 고통받고 있는 사람들 뿐만 아니라 나쁜 생각 때문에 잠을 망치곤 하는 사람들을 위한 포괄적인 수면 프로그램을 제안하고자 했다.

여기서는 그 '숙면 프로그램'의 핵심 내용을 여러분 스스로의 잠 문제를 개선하기 위해 할 수 있는 일에 초점을 맞춰서 간단하게만 요약해 보고자 한다.

우선 잠을 중요시하는 자세가 요구된다. 너무 많은 사람들이 침대에 머무는 시간이 충분하지 못해 잠을 제대로 자지 못하는데, 그 이유는 잠을 별로 중요시하지 않기 때문이다. 그들은 자신들이 그렇게 많은 시간 동안 열심히 일하는데 왜 원하는 것을 얻지 못하는지 불만을 갖는데, 그 이유도 간단하다. 즉 그들이 많은 시간을 일하기는 하지만 늘 지친 상태로 일하기 때문이다.

깊은 잠을 충분히 자려면 먼저 그런 잠이 자신의 삶에서 꼭 필요하다는 사실을 인정하고 좋은 잠을 자는 데 실질적으로 도움이 되는 방식을 찾아보아야 한다. 다시 말해서 잠이 당신의 건강을 위해 정말로 중요한 요소이고, 만약 잠을 제대로 자지 못하면 자신이 원하는 행복을 얻는 데 큰 어려움을 겪을 수 있다는 사실을 받아들여야 한다.

다음으로는 관점을 바꿔서 건강한 삶이 건강한 수면을 가져온다는 사실을 강조하고 싶다. 잘 먹고 정기적으로 운동하면서 활기차게 생활하면 당연히 밤에 깊은 잠을 잘 수 있다. 한 가지 강조하고 싶은 점은 밤에 잘 자려면 저녁 식사를 가볍게 해야 한다는 사실이다. 대신 아침과 점심에 제대로 챙겨먹으면 된다. 커피와 차, 탄산음료처럼 카페인이 함유된 음료도 저녁에는 가능하면 피하는 것이 좋다. 카페인의 각성효과가 최소한 여섯 시간 정도는 지속되기 때문에 만약 당신이 10시쯤 잠자리에 들려면 오후 4시 이후에는 피하는 것이 좋다.

술을 많이 마시는 것도 수면에 도움이 되지 않는다. 물론 한두 잔 정도의 가벼운 술은 문제가 없다고 이 분야의 전문가들이 이구동성으로 말하고 있지만 술자리에서는 그 한계를 지키기가 쉽지 않다. 술을 많이 마시면 자다가 자꾸 일어나게 되기 때문에 깊은 잠을 자기 어렵다. 또 우리 몸이 다른 음식물에 비해 술은 비교적 빠른 속도로 받아들이기 때문에 간과 같은 기관들이 활동하게 되어 깊은 잠을 자기 어렵게 만든다.

저녁에 채소가 먹고 싶어질 때도 가능하면 꿀이 첨가된 허브 차나 따뜻한 우유 같은 카페인 없는 음료와 함께 먹는 것이 좋다. 따뜻한 우유에는 숙면을 촉진하는 영양소가 포함되어 있다고 알려져 있기 때문이다.

활동과 운동 또한 숙면을 위해 매우 중요함은 더 말할 필요가 없다. 저녁 늦은 시간에 하는 운동을 제외하면 활동적이고 규칙적으로 운동하는 사람들이 더 쉽게 잠이 들 뿐만 아니라 깊은 잠을 잔다는 사실은 상식에 속한다. 좋은 잠이라는 측면에서만 본다면 아침 운동이나 오전 운동이 더 좋은 셈이다.

다음으로 강조하고 싶은 것은 하루의 긴장을 이완시킬 수 있는 방법을 개발하는 일이다. 수면 문제의 가장 전형적 유형인 불면증을 앓고 있는 사람들이 보이는 공통적인 증상은 걱정이고, 따라서 가장 효과적인 해결책도 걱정거리인 생각들을 줄여나가는 방법이다. 이미 5장에서 도움이 되지 않는 부정적인 생각들을 어떻게 다스릴 것인지에 대해 이야기했지만, 마음을 다스릴 수 있는 방법으로 덧붙여 강조하고 싶은 것이 바로 긴장 풀기와 명상 같은 전략들이다.

마지막으로 잠을 다스릴 수 있는 가장 유용하고 효과적인 방법 중 하나인 '자극 통제' 라고 불리는 방법을 제안하고자 한다. 이 방법이 개발된 것은 꽤 오래 전이지만 최근에 와서 잠을 다스릴 수 있는 방법으로서도 유용함이 밝혀졌다.

이 방법의 핵심 내용을 간략하게 제시해 보면 아래와 같다.

- 지쳤을 때나 잠이 올 때만 침대로 가라.
- 침대나 침실을 잠자는 용도 이외의 것으로 사용하지 말라(예를 들어 침대에서 텔레비전을 보거나 일을 하거나 음식을 먹지 말라는 것이다).
- 침대에 누웠는데도 잠이 잘 오지 않으면 망설이지 말고 일어나 침대를 떠나라.
- 필요할 때마다 앞의 단계를 반복하라.
- 잘 잤다고 느끼거나 그렇지 못하다고 느끼는 것에 관계없이 아침에는 같은 시간에 일어나도록 노력하라.
- 낮에는 가능하면 졸거나 자지 않도록 하라.

이상이 건강한 삶을 위한 기초로 잘 알려진 것들이다. 이제 조금 낯선 개념인 자원 관리에 대해 이야기해 보도록 하자.

쉴 수 있는 시간을 확보하라

충분한 잠이 건강하고 행복한 삶을 위한 중요한 요소라는 생각에 덧붙여 강조하고 싶은 것이 있다. 그것은 바로 하루나 한 주, 한 해 단위로 충분히 쉴 수 있는 시간을 확보하는 일이다. 앞에서 말했던 테니스 선수의 예를 다시 떠올려 보기 바란다. 자신의 힘을 증진하고 생산성과 행복을 증진하는 일이 당신이 지금 하고 있는 일 자체에만 의존하는 것은 아니다. 오히려 일에만 집중하다 보면 부정적인 결과로 나타나기도 한다.

무엇이 성공인가에 대해 우리 매스컴이 조장하는 이미지 때문에 적지 않은 사람들이 자신을 육체적으로나 심리적으로 과도하게 몰아붙이고 있다. 적절한 휴식을 취하지 못하고 계속적으로 일하다 보면 그 일의 질도 떨어지고, 실제로는 효율성이나 생산성도 떨어뜨리는 결과를 가져올 수밖에 없다. 과도한 일의 양이 그 일의 질을 위협할 것은 의심의 여지가 없다.

따라서 휴식은 일의 필수 요소이다. 대부분의 사람들이 이 사실을 알기는 하지만, 우리 사회에는 휴식이나 여가를 낭비나 게으름으로 바라보는 시각이 여전히 남아 있기 때문에 실천에 옮기기가 쉽지 않다. 이런 현실이 도움이 되지 않는 것임에는 틀림없다. 우리는 누구나 자동차의 연료를 계속해서 채워주어야 한다는 사실을 알고 있고, 휴대전화 배터리도 계속해서 충전시켜 주어야 한다는 사실도 잘 알고 있다. 또한 운동선수들도 경기가 없는 꽤 긴 시간 동안 자신을 충전한다는 사실까지도 알고 있다. 이처럼 우리 모두에게는 휴식과 충전의 시간이 필요하다. 그렇게 함으로써 시간을 낭비하기는커녕 셀 수 없이 많은 이득을 얻을 수 있고, 따라서 휴식은 삶의 본질적이고 필수적인 요소로 받아들여져야 마땅하다.

그것은 건강하고 행복한 삶을 위한 핵심 요소인 것이다. 어둠이 없으면 빛도 없는 것과 마찬가지로 적절한 휴식 없이는 충분한 에너지도 있을 수 없다.

하루 일과 시간 중에서 단 5분이나 10분만이라도 규칙적인 휴식을 취할 수 있으면 확실한 차이를 몸으로 느끼게 될 것이다. 그리고 휴식과 재충전을 위한 가장 효과적이고 흥미로운 방법 중의 하나인 명상을 배워서 실천에 옮기는 것도 한 번 생각해 보도록 하자.

명상과 아무 일도 하지 않기

다음은 도가의 창시자로 불리는 노자의 저서인 동양 고전 『노자』에서 인용한 것이다. 이 내용은 '명상과 아무 일도 하지 않기'라는 우리의 주제와 놀라우리만큼 관련성이 깊다.

우리는 바퀴에 많은 장식을 하고자 노력하지만
정작 수레를 움직이게 하는 것은 바퀴의 구멍이다.

우리가 주전자에 이런저런 장식을 하지만
원하는 물을 담게 하는 것은 그 빈 공간이다.

우리가 집을 짓기 위해 몇 시간 동안 나무에 망치질을 하지만
우리를 살 수 있게 하는 것은 그 내부의 빈 공간이다.

우리가 있음과 함께 일하지만
우리가 실제로 사용하는 것은 그 있지 않음이다.

나 자신을 포함한 많은 사람들이 왜 아무 것도 하지 않는 것을 견디지 못하거나 긴장을 풀고 명상하지 못하는 것일까?* 왜 그렇게 많은 사람들이 열심히 일하면서도 항상 부족하거나 불완전하다고 느끼는 것일까? 왜 그렇게 몰두하거나 심지어 지루해하는 일을 해내는 것보다도 아무 것도 하지 않고 쉬는 것이 더 어렵다고 느끼는 것일까?

이런 질문들에 답하기 위해서는 먼저 각각의 사람들에게 물어

* 본격적인 이야기를 시작하기 전에 먼저 명상(meditation)과 긴장 풀기(relaxation)라는 개념을 간단히 정리해 보자. 앞으로 내가 이 두 개념을 서로 섞어가면서 사용할 생각이지만 그렇다고 해서 두 개념이 똑같은 의미라는 뜻은 아니다. 긴장 풀기는 주로 몸과 마음의 긴장을 풀어주고자 하는 목적을 갖는 개념이고, 명상은 그보다는 좀 더 적극적으로 '어떤 상태에 머물러 있음'(being)을 목적으로 한다. 긴장 풀기가 반드시 명상의 궁극적 목표일 필요는 없다. 오히려 명상은 자신의 존재성을 보다 완전하게 의식하면서 그 순간에 충만한 느낌을 갖는 상태로 이끄는 것을 목표로 삼는다.

보아야 할 것이고, 아마 그럴 경우 매우 다양한 답을 들을 수 있을 것이다. 어쩌면 그 많은 사람들에게 이런 질문을 던지고 답을 듣는 일이 가능하지 않을 수도 있고, 또 현실적으로 다양한 답들이 나와서 큰 도움을 받을 수도 없을 것이기 때문에 대신 자신에게 '아무 것도 하지 않음' 이 나에게는 어떤 의미일까라고 자문해 보는 것도 좋은 방법이다.

아무 것도 하지 않고 시간을 보내면서 당신의 마음에 어떤 생각이 스쳐가는가? 누군가 그럴 때 명상이나 긴장 풀기를 해보라고 권한다면 어떻게 할 것인가? 평화로운 호숫가를 걷고 있을 때 마음이 편안해지고 명료해짐을 느끼는가, 아니면 눈이 많이 쌓인 작고 아담한 마을에 갔을 때 어떤 친숙함을 느낀 적이 있는가?

명상이나 긴장 풀기를 생각하면 먼저 다음과 같은 생각들을 떠올린 적이 있는지 생각해 보자.

- 그런 일은 시간 낭비이다.
- 그런 일이 아닌 다른 일을 하기에도 바쁘다.
- 10분 정도의 시간을 할애하기에는 그 일이 쓸모없을 뿐만 아니라 지루하지조차 하다.
- 해야만 하는 다른 중요한 일들이 많아서 도저히 시간을 낼 수 없다.
- 이런 새롭고 낯선 형태의 명상을 통해서 뭔가 얻을 것이라는 기대를 할 수 없다.

정말 이런 생각들이 떠오른다면 당신이 매우 정상적인 상태에 있다고 믿어도 좋다. 명상을 시작하려고 하는 많은 사람들이 바로 이런 생각들을 하기 때문이다. 물론 그렇다고 해서 이런 생각들이 결코 도움이 되지는 않는다.

그런 생각들이 왜 도움이 되지 않을까? 그것은 그런 생각들을 하다 보면 정작 명상을 시작하기 어렵게 되거나 실천에 옮기기도 전에 미리 포기하게 되기 때문이다. 더 나아가 이런 부정적이고 유쾌하지 않은 느낌과 생각들에 머물러 있다 보면 명상뿐만 아니라 긴장 풀기나 푹 쉬는 일까지도 불가능하게 된다.

확실한 사실은 명상과 긴장 풀기가 당신의 건강에 큰 도움이 된다는 것이다. 이런 사실이 오래 전부터 강조되어 왔지만 그것이 영양 섭취와 활동, 수면 같은 건강을 위해 매우 중요하다는 사실이 과학적 연구결과로 입증된 것은 비교적 최근의 일이다.

따라서 우리가 해야 할 일은 광범위하게 도움을 받을 수 있는 명상과 긴장 풀기의 구체적인 방법들을 알아 실천에 옮기는 일이고, 의외로 이 방법들은 실천하기 어렵지 않을 뿐만 아니라 흥미를 느껴 몰두할 수 있는 일이기도 해서 결국 우리 삶 자체의 변화로 이어질 것이라는 기대가 가능하다.

먼저 명상과 긴장 풀기를 실천에 옮기는 데 도움이 되지 않는 생각들에 도전해 보기로 하자.

- 긴장 풀기가 정말로 시간 낭비일까? 만약 그렇다면 당신의 자동차에 연료를 채우는 시간도 낭비하는 시간이고 잠자는 시간도 낭비하는 것일까?
- 그 일 말고 당신이 해야 한다고 생각하는 다른 일을 생각하

는 것이 정말 도움이 될까? 늘 해야 할 일이 있다는 사실을 인정한다고 해도 그 일들이 모두 당신의 건강과 행복에 도움이 되는 것일까? 만약 도움이 된다면 짧은 시간 동안 명상하는 것과 비교해서 도대체 얼마나 도움이 될까?

- 긴장 풀기와 명상이 정말로 쓸모없을까? 그것이 건강과 행복에 기여할 수 있는 여지가 정말로 없는 걸까?
- 명상이 실제로도 지루할까? 실제로 해보지도 않고 어떻게 알 수 있을까?
- 명상이 새롭고 낯선 것이라는 사실만으로 당신에게 고요함과 행복을 가져다 주는 이 명상을 포기할 필요가 있을까? 개인용 컴퓨터가 시중에 처음 나왔을 때도 많은 사람들이 이 기계를 낯설고 기괴한 것으로 생각했던 사실을 상기하자.
- 명상으로 얻는 것이 실제로는 거의 없다는 말이 사실일까? 당신은 도대체 어떤 연구결과를 참고한 것인가?

당신 자신이 이런 질문들에 대해서 하나씩 답해가다 보면 명상과 긴장 풀기에 관련된 다음과 같은 사실들을 생각하는 데 도움을 받을 수 있다.

- 명상과 긴장 풀기를 위해 보내는 시간은 곧 행복에 좀 더 가까이 다가가는 시간이다.
- 명상과 긴장 풀기를 위해 보내는 시간은 두려움과 걱정, 화냄, 좌절, 스트레스 등으로부터 좀 더 자유로워지는 시간이다.
- 명상과 긴장 풀기를 위해 보내는 시간은 명상이 심장병 예방

과 다른 질병을 예방하는 데 도움이 된다는 사실이 밝혀진 것처럼 당신의 건강을 위해 투자하는 시간이다.

- 당신의 목표가 진정 행복이라면 명상과 긴장 풀기를 위해 투자하는 시간은 다른 어떤 활동을 위해 보내는 것보다 가치 있는 시간이다.
- 일정한 시간을 할애해서 긴장 풀기와 명상을 해본 사람들은 거의 모두가 그 시간에 즐거웠고, 충만했을 뿐만 아니라 놀라운 어떤 느낌을 공유할 수 있었다고 말한다. 적절한 방법으로만 한다면 결코 지루할 리가 없다는 것이다.
- 당신이 원하는 것이 어떤 일을 성취하고 성공하는 것이라면, 단기간에 명상과 긴장 풀기를 통해서 이런 목표를 달성할 수는 없겠지만, 좀 더 긴 안목으로 관찰해 보면 그것도 가능하다는 사실을 알게 된다. 짧은 시간 안에 명상과 긴장 풀기의 성과를 측정하거나 느끼기는 어렵지만 그 초점을 기분이나 생각의 명료함 등에 맞추면 확실한 성과를 느낄 수 있다.

이런 생각들을 받아들이면서 긴장 풀기와 명상을 실천에 옮긴다면 당신의 행복을 증진시키는 데 분명히 도움을 받을 수 있을 것으로 확신한다. 더 나아가 이런 활동들을 규칙적으로 해낼 수 있다면 좀 더 많은 도움을 받을 수 있을 것이다.

어떤 부류의 사람들을 위해서는 앞의 이야기들을 모두 무시하고 스스로 명상과 긴장 풀기를 시작할 수 있는 계기와 시간을 마련하게 하는 일이 더 나은 선택일 수 있다. 스스로 명상을 하고자 할 때 어느 정도의 시간 동안 노력해야 명상기술을 익힐 수 있을까? 그 시간은 자신이 얼마나 집중할 수 있는 능력이 있는지를 고려하여 각각 다르게 설정될 필요가 있지만 평균적으로 다음과 같은 시간이 필요하다.

- 하루에 여러 번 실천에 옮긴다.
- 이러한 일상의 실천을 최소 4주 동안 지속한다. 물론 그 이후에도 지속되는 것이 바람직하지만, 계속할 수 있을 정도의 동기를 얻는 데는 그 정도의 시간이면 충분하다.

이런 이야기를 들으면서 여러분들 중의 상당수는 '도대체 하루에 몇 시간을 어떻게 할애할 수 있단 말이야' 라고 생각할 것이다. 내 대답은 '명상을 하는 데 하루에 몇 시간이 필요한 것은 아니다' 이다. 당신은 단지 하루에 3분에서 5분 정도의 시간을 세 번에서 다섯 번 정도만, 즉 최대 25분만 할애하면 된다. 덧붙여 명상에 집중하는 시간 전후에 가볍게 할애할 수 있는 10분에서 15분 정도의 시간이 있으면 된다. 그것까지 합해도 하루 35분에서 40분 정도의 시간이면 충분하다. 그마나 이 시간조차도 지금 당신이 일하는 데 투자하고 있는 시간 이외의 시간을 의미하는 것이 아니다. 일하고 있는 시간을 잘 생각해 보면 중간 중간에 이 정도 이상의 시간을 낭비하고 있음을 쉽게 알 수 있다. 그렇기 때문에 현재 자신이 활용하고 있는 시간을 재조직할 수만 있으면 건강과 행복에 큰 도움을 받는 일이 가능하다.

하루에 40분 정도의 시간을 낼 수 없는 사람이 있을까? 아마 그런 사람은 없을 것이지만 혹시 그렇다고 해도 30분, 20분, 아니면 10분의 시간만으로도 도움을 받을 수 있다. 아무리 짧은 시간도 아무 것도 하지 않는 것보다는 낫다. 당신 자신의 시간을 점검하기 위해 다음과 같은 시간과 일들에 대해 생각해 보기로 하자.

- 버스나 기차를 기다리는 시간
- 버스나 전철에서 내려 사무실로 가기 위해 걷는 시간
- 차를 마시기 위해 주전자의 물이 끓기를 기다리는 시간
- 통화하고 싶은 사람의 전화를 기다리는 시간
- 식당이나 커피 전문점에서 식사나 커피를 기다리는 시간
- 아침에 침대에서 일어나 하는 첫 번째 일
- 잠들기 전에 마지막으로 하는 일

이런 시간들이나 상황들 속에서 우리는 긴장 풀기를 실천에 옮길 수 있는 충분한 기회를 잡을 수 있다. 긴장을 풀거나 명상에 들어가기 위해 특별히 어두운 방에 들어가거나 명상음악이 흐르는 피라미드 같은 공간에 들어갈 필요는 없다. (물론 그렇다고 해서 그런 공간이 명상에 도움이 되지 않는다는 말은 아니다.) 대신에 어느 정도 익숙해지기만 하면 어떤 장소 어떤 시간에도 명상에 들 수 있다.

만약 긴장 풀기나 명상을 하고 싶은 최소한의 마음 준비가 되어 있다면 이미 그것만으로도 충분하다. 그 마음을 실천으로 옮기는 그 순간에 이미 당신이 얻을 수 있는 건강과 행복에 한 발짝 다가선 것이기 때문이다.

관심만 있으면 명상과 긴장 풀기를 실천에 옮기는 데 도움을 주는 많은 책들을 쉽게 구입할 수 있고, 그런 책의 목록은 이 책의 마지막에 실린 참고문헌을 통해서도 확인할 수 있다. 여기서는 그 중에서

내가 개발한 아주 간단한 방법을 소개할까 하는데, 이 방법들은 지난 몇 년 동안 많은 초보자들이 실천해서 상당한 성과를 얻은 방법들이다.

- 먼저 마음을 편히 가져라. 어떤 것으로부터도 방해받지 않고 있다고 생각하면서 천천히 숨을 쉬어보도록 하라.
- 어느 정도 준비가 되면 자신의 호흡에 집중하면서 마음을 모으도록 하라. 호흡에 초점을 맞추고 숨을 들이쉴 때는 가슴을 펴고 내쉴 때는 가슴을 오므리도록 하라.
- 할 수 있는 데까지 계속 집중하면서 숨을 들이쉬고 내쉴 때마다 '들이쉬기', '내쉬기' 라는 두 단어를 혼잣말로 중얼거리도록 하라. 그 말 대신에 '이완', '집중' 이라는 말을 사용해도 된다.
- 집중할 수 있을 때까지 이 말들을 계속 중얼거리면서 그 상태를 유지하고, 자신을 둘러싸고 있는 공기의 흐름을 느끼면서 자신의 호흡기와 흉막 같은 신체의 부분들도 느껴볼 수 있도록 노력하라.
- 다른 모든 것들을 잊고 단지 자신의 호흡에만 집중하라.
- 지금쯤 당신은 자신의 마음이 흔들리거나 도움이 되지 않는 생각들이나 소음들로 인해 어지러워지고 있음을 알아차릴 수 있을 것이다. 그것조차도 그대로 놓아두라. 다만 그런 생각들이 당신의 마음에 가득 차는 것만 막으려 노력하면서 앞에 말한 두 단어를 중얼거리며 숨쉬기에 더 집중하라.
- 필요한 만큼 이런 집중의 과정을 반복하라.

이 명상은 매우 초보적인 수준의 명상이다. 그 외에도 우리가 시도해 볼 만한 가치가 있는 훨씬 더 깊고 수준 높은 방법들이 있다. 그럼에도 일상 속에서 명상을 하고 싶은 사람들에게는 이 초보적인 방법이 분명히 많은 도움을 줄 수 있을 것으로 확신한다. 왜냐하면 때로 가장 효과적인 전략은 가장 단순한 전략이기도 하기 때문이다.

자신의 기분 관리하기

스트레스가 많은 에너지를 소모시킨다는 사실은 의심의 여지가 거의 없다. 꽤 오랜 시간 동안 화나 있거나 좌절감을 맛보거나 걱정거리 때문에 잠을 이루지 못했던 기억을 떠올려 보라. 그럴 때 대부분의 사람들은 매우 피곤해진다는 느낌을 갖는데, 그 이유는 이런 부정적인 느낌을 수반하는 생리적인 활동이 우리가 몸을 움직여서 하는 활동과 유사한 정도의 에너지를 소모시키기 때문이다.

예를 들면 강도 높은 불안이나 분노에 휩싸여 있을 때는 심장 박동수가 증가하고 신경이 날카로워지면서 동시에 근육도 긴장한다. 이런 상태는 강도 높은 육체노동을 하고 있을 때와 특별히 다르지 않으면서도 실제로는 어떤 일도 해내지 못하는 것이 문제이다.

이와 같은 강도 높은 부정적인 감정을 자주 느끼다 보면 당연히 행복과는 거리가 멀어지게 된다. 반대로 자신의 기분을 잘 조절할 수 있으면 건강과 행복에 많은 도움을 받을 수 있을 뿐만 아니라, 그 자체로 다른 좋은 일에 쓸 수 있는 많은 에너지를 절약하는 것이 된다.

물론 행복한 사람이라고 해서 부정적인 감정을 느끼지 않는 것은 아니다. 오히려 완벽하게 행복하다고 느끼는 사람도 항상 그런 것은 아니라고 말하는 것이 진실에 가까울 것이다. 다만 좀 더 많은 행복을 경험하는 사람들은 유쾌하지 못한 감정들을 경험하는 그 시간에 그 감정들이 그 상황에서는 자연스러운 것임을 받아들이면서 좀 더 효과적으로 조절하는 것일 뿐이다. 그렇게 함으로써 그런 감정들이 가져올 수 있는 부정적인 효과의 정도를 감소시킨다.

이제 당신은 '좋아, 알겠어! 그렇지만 어떻게 해야 내 기분을 다스릴 수 있지?' 라고 묻고 싶을 것이다.

나는 그런 당신에게 다음과 같이 말하고 싶다. 만약 당신이 이 책을 계속 읽어오면서 내가 추천한 방법들을 이미 실천에 옮기기 시작했다면 당신의 기분을 조절할 수 있는 방법도 알게 된 것이라고. 왜냐하면 기분을 조절하기 위한 기본 원리란 게 행복을 증진시키기 위한 원리와 다르지 않기 때문이다.

- 항상 역동적이고 활동적이도록 노력하라. 건강한 사람들은 좌절과 분노, 스트레스 같은 부정적인 감정들을 덜 느끼거나 느낀다고 해도 낮은 강도로만 경험하는 경향이 있다.
- 현실적으로 생각하라. 자신의 기분에 대해 현실적인 기대를 갖고 있는 사람은 부정적인 느낌을 잘 받아들여 효과적으로 대응할 수 있다. 예를 들어 '화를 내서는 안 되는데 지금 난 지나치게 화를 내고 있고, 우리 아버지가 그랬던 것처럼 나도 절망적이야' 라고 생각하는 대신에 '누구나 때로 화를 낼

수 있고 지금 나도 그런 것이지만, 화를 다스릴 수 있는 방법을 알고 있기 때문에 곧 이 감정에서 벗어날 수 있을 거야' 라고 생각하는 것이 훨씬 더 도움이 된다.

- 앞에서 말한 명상과 긴장 풀기의 방법과 원리들을 활용해서 고요함과 명료함을 얻을 수 있도록 노력하라.

행복한 환경 만들기

마지막으로 당신의 기분에 영향을 미치는 중요한 변수 중 하나인 환경에 대해 말하고자 한다. 우리들 대부분이 거의 의식하지 못하고 있지만 우리 모두는 자신이 살고 있는 환경과 강한 상호작용을 하고 있다는 사실을 부정할 수 없다. 이 환경과의 상호작용은 우리의 기분을 나쁘게 하거나 거꾸로 긍정적인 자극을 주는 방향으로 작동한다.

여러분들 중에서는 파블로프(Pavlov)의 개 이야기를 들은 사람이 있을 것이다. 이 이야기를 통해서 우리가 얻을 수 있는 교훈의 진짜 내용은 무엇일까?

아직 이 이야기를 듣지 못한 사람들을 위해 조금만 더 설명해 보자. 파블로프는 러시아의 심리학자인데, 개를 이용해서 인간의 심리와 건강에 관한 중요한 실험을 했던 사람이다. 그의 연구를 간단히 표현하면 개의 식습관에 관한 연구라고 할 수 있는데, 그것을 통해서 파블로프는 현재는 '고전적 조건화' 라는 개념으로 널리 수용되고 있는 원리를 찾아냈다.

파블로프는 일정한 시간 간격을 두고 자신의 개에게 먹이를 주었고, 개에게 먹이를 줄 때마다 종소리를 함께 들려주었다. 다시 말해서 종소리가 들리면 먹이가 나타나고, 그때에만 개가 그 먹이를 먹을 수 있도록 하는 실험 환경을 만들었던 것이다.

그 실험을 통해서 파블로프는 종소리가 들리면 자신의 개들이 아직 먹이를 보지 않은 상태에서도 침을 흘린다는 사실을 알아냈다. 대부분의 동물들이 먹이를 보고 나서야 침을 흘리는데 이 개들은 어떻게 된 일일까?

그는 이 현상을 본질적으로는 학습의 다른 이름인 '조건화' 라는 개념을 통해서 설명하고자 했다. 이 경우에 조건화는 그 개들이 종소리와 먹이 사이에 존재하는 관련성을 학습했음을 의미한다. 그 결과 먹이가 눈앞에 나타났을 때 비로소 나타나는 침을 흘리는 행동이 단지 종소리를 듣는 것만으로도 가능하게 되었다. 이것은 매우 단순한 개념이면서도 놀라운 영향력을 발휘한 것이기도 하다.

이 원리를 행복에 적용하면 어떻게 될까?

우리는 이 원리를 슬픔과 같은 다른 부정적인 감정을 불러일으키거나 우리 환경 속에서 가능한 범위 안에서 이런 감정들을 제거할 수 있는 자극들의 문제로 활용해 볼 수 있다. 당연히 같은 방식으로 행복과 같은 긍정적인 감정들을 가져올 수 있는 자극들의 문제로도 활용할 수 있다.

어쩌면 이렇게 말하는 내가 당신에게는 조금 이상하게 보일 수도 있겠지만 당신은 이미 이런 자극의 방법들을 대부분 활용하고 있다고 확신한다. 예를 들어 당신의 남편이나 아내, 아이들의 사진을 사무실 책상 앞에 붙여놓는 방법을 사용하고 있을 수도 있고, 꿈 같은 휴양지 사진이나 그림을 여행 잡지에서 오려가지고 다니면서 바쁜 일상 속에서 가끔씩 들여다 보는 방법을 사용하고 있을 수도 있다. 왜 이런 방법들을 사용하는 것일까?

그것은 아마도 그렇게 해서 과거의 행복한 경험을 떠올리거나 미래에 행복해질 수 있는 경험을 상상할 수 있기 때문일 것이다. 그 사진들이 긍정적인 감정을 자극해서 좋은 느낌을 가져다 준다고 보아야 한다. 그런 자극들을 통해 우리는 지금 이 순간 기쁘게 일할 수 있는 힘을 얻는다.

이 간단하면서도 비용이 거의 들지 않는 방법을 제대로만 활용할 수 있으면 우리가 일상적으로 경험하는 많은 부정적인 느낌을 제거할 수 있을 뿐만 아니라, 긍정적인 감정을 상당한 정도까지 증진시킬 수 있다. 직장이나 집에서 이 원리들을 활용한다면 주변 환경을 더 적극적이고 긍정적으로 느낄 수 있게 될 것이다.

행복한 마무리

피터는 내가 상담 프로그램을 처음 시작했을 때 왔던 사람이다. 그의 문제는 뭔가 문제가 있기는 한데 그것이 과연 무엇인지 정확하게 정의하기 어렵다는 점에서 시작되었다. 그냥 보아서는 상대적으로 행복하고 건강했으며, 삶의 거의 모든 영역에서 만족스럽고 충만해 있다고 생각할 수 있었기 때문이다.

그러면서도 그는 특히 직장 일에 대해 불만을 표출했다. 대체로 하고 있는 일에 만족하고 있었고, 특별히 많은 시간을 할애해서 일하지도 않았다. 오히려 자기 스스로 시간을 조직해서 쓸 수 있을 정도의 자유를 누리고 있었고, 많은 일들을 만족스럽게 처리하고 있기도 했다.

그럼에도 무언가 알 수 없는 불만이 밀려오곤 했기 때문에 나를 찾았던 것이다.

상담과정을 거치면서 몇 가지 검사를 한 결과 피터가 자신의 일을 즐기면서 잘 조절하고 있다고 느끼면서도 자신의 일 자체를 좋아하는 것은 아니라는 사실이 분명해졌다. 계속해 상담해 가면서 그가 자신의 일에 합당하게 조직된 인간이라고 느끼는 것만큼 잘 조직되어 있지 않다는 사실도 밝혀졌다. 또한 자신이 어떤 것을 원할 때 그것이 정말 무엇인지를 잘 찾아내지 못해 많은 시간을 허비하고 있는 것으로 밝혀지기도 했다.

본질적으로 문제의 핵심은 잘 조직되지 못한 직장 일이었고, 여기에서 비롯된 시간 낭비로 인해 자신의 삶의 질서가 흔들리고 있다고 느낀 피터가 상당히 심각한 스트레스를 경험하고 있었던 것이다. 자신의 사무실에 들어서는 순간 마치 파블로프의 조건화 사례에서처럼 그도 불만족스런 느낌을 떠올려야만 했다. 자신의 일에 대한 자부심이 높았던 그였기 때문에 그것은 곧 좌절감의 근원적인 요인이 될 수밖에 없었다.

이번 행복한 마무리는 이 사례로부터 이런 종류의 좌절감이나 스트레스는 생각보다 쉽게 제거될 수 있다는 결론을 끌어내는 것으로 대신하고자 한다. 피터는 자신의 문제가 무엇인지 인지한 후 단 며칠 만에 사무실에서 보내는 시간들을 재조직하는 데 성공했다. 다음 상담 시간이 되었을 때 그는 이미 믿을 수 없을 만큼 편안해져 있었을 뿐만 아니라 자신의 일에 대해서도 다른 느낌을 갖고 있었다. 당연한 결과이지만 사무실에 출근할 때도 더 이상 불만을 느끼지 않고 대신 하루를 역동적으로 보낼 수 있을 것이라는 기대로 채워지는 충만감을 느낄 수 있게 되었다.

행복해지기 위해 할 수 있는 일들

다른 장과는 달리 이 장에서는 하나의 전략이 아닌 여러 개의 전략을 선보이고자 한다. 물론 그렇다고 해서 이 여러 개의 전략들을 모두 활용해야만 한다는 뜻은 아니고, 자신에게 맞는 것 하나를 골라서 일상생활 속에서 실천하고자 노력하면 된다.

1. 실천 계획을 작성하라.
2. 자신의 식습관을 점검하고 개선할 수 있는 여지가 있는지 검토하라.
3. 필요하다면 추천된 수면전략들을 실천에 옮겨라.
4. 일 주일 동안 매일매일 내가 제안한 초보적인 명상전략을 실천에 옮길 수 있는 시간을 확보하라.
5. 부정적인 감정을 불러일으키는 직장이나 집안의 환경을 분석하고 재고하면서, 동시에 행복감 또는 살아 있는 느낌을 극대화할 수 있는 긍정적인 감정을 어떻게 하면 불러일으킬 수 있을지에 대해서 생각하라.

요약

1. 건강한 삶은 행복한 삶을 위한 주요 기반 중 하나이다.
2. 건강해지기 위해서는 자신의 육체적인 요구 모두를 잘 관리해야 한다. 즉 잘 먹어야 하고, 활동적이어야 하며, 규칙적으로 운동하고 충분한 수면을 취해야 한다.
3. 또한 규칙적으로 휴식을 취해야 하고, 긴장 풀기나 명상을 실천하면 많은 도움이 된다. 더 나아가 아무 것도 하지 않고 그저 쉬는 것도 당신의 건강과 행복에 도움이 된다.
4. 긍정적인 감정을 불러일으킬 수 있도록 집과 직장의 환경를 조직하는 일이 당신의 미래를 위한 좋은 투자일 수 있다.

매일매일 알 낳는 일이
지겨워지기 시작했다고
주인에게 말했어.
Millard

7장

통제하거나 그냥 받아들이거나

최근에 나는 너무 자주 좌절감과 절망감을 경험하고 있다고 생각하는 피상담자를 상담한 적이 있다. 몇 주 동안 상담을 계속해 나가는 동안 그는 자신이 살아오면서 경험했던 믿을 수 없을 정도로 많은 일들을 나에게 털어놓았다.

왜 그런 상황에서 지속적인 좌절감을 느끼는지에 대한 나의 질문에 답하는 과정에서 그가 해주었으면 하는 일을 다른 사람들이 해주지 않는다고 느끼는 것이 문제임이 드러났다. 그런 일이 너무 자주 일어난다고 생각하는 것이 문제였던 것이다.

그와 깊은 속 이야기를 나누면서 그렇다면 자신이 원하는 다른 것이 무엇인지에 대해서도 묻게 되었고, 그 과정에서 그 좌절도 결국은 자신이 되고 싶은 어떤 것이 되지 못하고 있다는 자의식에서 비롯되는 매우 일반적인 유형의 것임이 밝혀졌다. 심리학자들은 자주 좌절감의 밑바탕에 분노와 실망감 같은 '좌절된 기대' 가 숨어 있다고 말하곤 한다. 그러나 이 사례는 특별히 주목할 만한 특이한 경우인데, 이 사람이 스스로 다른 사람이었으면 하는 기대가 자신의 통제범위를 벗어나 있기 때문에 그러하다.

이야기를 더 전개시키기 전에 논의의 편의를 위해서 내 의뢰인에게 이름을 하나 부여해 보기로 하자. 항상 그런 것처럼 진짜 이름은 아니고 제임스라는 가명으로 부르겠다. 제임스에게 좌절감을 가져다 주는 변수들은 다른 사람과 날씨, 심지어 전철이 제 시간에 오지 않는 것과 같은 상황들이다. 우리가 쉽게 알아차릴 수 있는 것처럼 그런 변수들은 어느 누구도 어떻게 해볼 수 없는 것들이다.

이 이야기는 특별히 흥미로운 주제 하나를 부각시키는데, 내가 비록 많은 사람들에게 자신의 삶을 보다 나은 방향으로 변화시키는데 도움을 주고자 노력하고 있지만 그 변화라는 게 항상 최선의 것이라거나 가장 적절한 것이라는 의미는 아니다. 제임스의 경우가 현실적으로 달성할 수 없는 변화를 꾀하고 있는 전형적인 사례이다. 도대체 어떻게 날씨를 마음대로 바꾸고, 기차를 제 시간에 오게 할 수 있으며, 다른 사람이 항상 자신의 기준에 맞게 행동하도록 할 수 있는가?

물론 제임스의 경우에도 이 변수들을 바꿀 수 있다면 좌절감도 쉽게 극복할 수 있겠지만, 문제는 바꿀 수 있는 변수들이 아니라는 데 있다. 다시 말해서 이 상황에서 변화는 스트레스를 막을 수 있는 수단이 될 수 없다는 것이다.

그렇다면 그 변화를 외적인 것이 아닌 내적인 것으로부터 이끌어낼 수밖에 없다.

제임스와 상담을 시작하면서 점차 우리가 초점을 맞춰야 할 지점이 이 사람의 삶을 변화시키는 방향이 아니라 그런 외적 요인들을 자신의 삶의 일부분으로 받아들이게 하는 것이라는 사실이 분명해졌고, 제임스뿐만 아니라 다른 어떤 사람의 삶에서도 그런 요인들은 항상 통제의 범위를 벗어나는 것들이다.

이번 장의 주제는 자신의 삶에 대한 통제력을 강화하는 일에 관한 것인데, 한편으로 그것은 행복한 사람들이 자신의 삶을 보다 잘 통제할 수 있는 능력을 갖고 있다고 믿어지기 때문에 중요한 주제이기도 하지만, 다른 한편으로는 제임스의 경우에서와 같이 항상 모든 변수들을 통제할 수는 없다는 사실을 받아들이는 일이 중요하기 때문에 의미 있는 주제일 수 있다. 그렇게 불가능한 변수들을 바꾸려고 시도하다 보면 행복과는 함께 할 수 없는 불필요한 좌절과 분노, 절망감만 느끼게 될 뿐이다.

내가 지금 말하고 있는 개념의 핵심은 다음에 살펴보고자 하는 잘 알려지지 않은 기도 프로그램에 아주 잘 나타나 있다. 그 기도하는 사람이 누구인지는 정확하지 않지만 그 메시지는 비교적 분명하다.

> 행복은 다음과 같은 일들을 잘 배우는 데 달려 있다.
>
> 자신이 통제할 수 있는 것은 통제하고
>
> 자신이 통제할 수 없는 것은 받아들여라.
>
> 그리고 통제할 수 있는 것과 없는 것을 구분할 수 있는 지혜를 갖도록 하라.

이 메시지는 지금 우리가 생각하고 있는 주제와 관련지어 매우 중요한 의미를 갖는다. 만약 당신이 변화될 수 없는 것을 변화시키려고 늘 노력한다면 행복은 항상 환상이 될 수밖에 없다. 좀 더 나은 삶, 보다 나은 세상을 위해 할 수 있는 것들은 변화시키려고 노력해야 마땅하다. 변화가 필요한 상황에서 변화는 문제를 해결하거나 장애물을 제거하는 데 필수 요소이기 때문이다. 부정적이거나 도움이 되지 않는 좌절감과 같은 것들을 변화시키고자 하는 노력은 곧 우리가 세상에서 이룰 수 있는 것들을 가능하게 해준다.

그렇지만 어떤 것들은 결코 변할 수 없다는 사실도 동시에 인정해야만 한다. 어떤 것들은 결코 변화되지 않을 것이고, 어떤 것들은 변화되어서는 안 되는 경우도 있다.

가능하면 빠른 시간 안에 이런 사실을 인식하는 것이 좋다. 그런 후에 받아들이게 되면 더 많은 이익과 행복이 당신에게 주어질 것이고, 당신 주변에 있는 모든 사람들에게도 도움이 된다. 왜냐하면 당신의 얼굴에 나타나는 좌절감과 스트레스를 더 이상 마주하지 않아도 되기 때문이다. 대신 그들은 당신에게서 더 많은 행복감과 고요함, 평화로움을 느끼면서 좋은 관계를 유지해 갈 것이다. 이 얼마나 근사한 일인가!

이제 지금까지 우리가 함께 이야기해 온 것들을 좀 더 구체적으로 세 부분으로 나누어 살펴보도록 하자.

- 첫째, 우리는 적절한 시점과 장소에서 변화에 대한 통제력을 극대화할 수 있는 몇 가지 전략들을 살펴볼 것이다.
- 둘째, 우리는 다양한 변수들로 인해 변화가 가능하지 않거나 필요하지 않은 상황과 사태들을 받아들이는 데 도움을 줄 수 있는 몇 가지 연결된 전략들을 살펴볼 것이다.
- 마지막으로 우리는 변화시킬 것인가, 아니면 상황을 받아들이면서 아무 일도 하지 않을 것인가를 결정하는 데 도움을 줄 수 있는 기술들을 개발하는 방법을 소개할 것이다.

스스로 통제할 수 있는 것 통제하기

직장과 집에서의 스트레스나 개인적인 삶의 영역에서 받는 스트레스는 현대인들에게서 가장 광범위하게 발견되는 일종의 질병이다. 그리고 특히 직장과 가정에서 받는 그 스트레스의 가장 중요한 요인 중 하나는 시간 부족으로 알려져 있다.

그런데 이 문제와 관련된 아주 흥미로운 사실은 시간 관리 전문가들에 의해서 자주 발견된 것이기도 하고 이 책을 통해서도 여러 번 언급한 것이기도 한데, 다른 사람의 일상과 비교해 훨씬 더 바쁘다고 생각하고 사는 사람들조차도 사용 가능한 시간을 충분히 확보하고 있다는 점이다. 더 성공적이고 생산적이며 더 안정된 삶을 영위하는 사람들이 모두 그렇지 못한 사람들에 비해 더 많은 시간을 확보하고 있는 것은 아니다.

일 때문에 정말 바쁘다는 말을 입에 달고 살면서 마감이 되어서야 보고서를 제출하는 사람들도 여유를 부리면서 사는 사람들과 똑같은 시간을 갖고 있다. 정해진 시간 안에 성공적으로 일을 마치는 사람들은 다만 즐겁고 만족스럽게 일할 수 있는 시간을 좀 더 많이 확보하고 있는 것일 뿐이다.

어떻게 해서 똑같은 시간을 부여받고 살아가는 사람들 사이에서 이런 차이가 생길 수 있는 것일까? 이 지구상에서 돈으로 살 수 있는 다른 것들에 비해서 왜 시간만은 그렇게 쉽게 사거나 창조할 수 없는 것일까? 가장 풍요롭고 힘 있는 사람도 가장 가난하고 보잘 것 없는 사람들에 비해 더 많은 시간을 갖고 있지는 못하다. 우리가 잘 알고 있는 것처럼 누구나 아침이면 일어나서 똑같은 24시간을 선물로 받고 하루를 시작한다.

이 시간들을 활용해서 우리가 스트레스를 덜 받으며 더 많은 것을 이룰 수 있는 가능성이 열려 있다는 사실은 축복이다.

시간 관리

최근 미국 엠아이티(MIT) 대학에서 연구된 보고서에 따르면, 우리가 일상적으로 생각하는 것보다는 쉽게 자신의 시간을 조절할 수 있고, 또 그렇게 할 수 있는 비교적 쉬운 방법도 많이 있는 것으로 밝혀지고 있다. 시간 관리 전문가들은 대부분의 사람들뿐만 아니라, 대부분의 조직체들도 시간을 좀 더 잘 활용할 수 있는 방법을 배울 수 있다고 충고하고 있다.

자신들의 연구결과에 토대를 두고서 연구자들은 우리가 해야 할 첫 번째 일은 잠시 멈춰 서서 자신의 시간에 대해 생각해 보는 일이라고 충고한다. 여기서 나는 특별히 시간에 관한 철학적 성찰을 강조하고 싶지는 않다. 단지 다른 사람들이나 다른 문화권에서는 시간을 어떻게 받아들이고 있는지를 앎으로써 얻을 수 있는 이익과 관련된 좀 더 실천적 전략들에 대해서만 말하고자 한다.

만약 당신이 다른 나라에 본부를 둔 회사에서 일하고 있거나 다른 나라를 여행하고 있다고 가정해 보자. 당신은 아마도 그 나라에서 시간을 받아들이는 방식이 많이 다르다는 사실을 어렵지 않게 알 수 있을 것이다. 물론 시간 자체는 절대적이지만, 우리가 그것에 대해 생각하는 방식과 그것을 사용하는 방식은 생각보다 다양할 뿐만 아니라 매우 다르다.

캘리포니아 주립대학의 로버트 레빈이 수행한 흥미로운 연구결과를 함께 보도록 하자. 그는 캘리포니아와 브라질의 대학생 200명을 대상으로 해서 '이름'과 '늦음'을 정의하는 방식에 대해 조사했다. 미국 대학생들은 점심 식사 약속 시간에 평균 19분 늦으면 '늦었다'라고 생각하는 데 비해, 브라질의 대학생들은 평균 34분이 늦어야만 '늦었다'고 생각하는 것으로 나타났다. 시계를 차지 않고 거리를 걷고 있는 보행자들을 대상으로 해서 몇 시쯤 되었는지 물어보는 비슷한 유형의 연구가 두 나라에서 진행되었는데, 캘리포니아 사람들은 6.93분 오차를 보인 데 비해 브라질의 보행자들은 14.24분이 틀려 역시 2배 이상의 차이를 보여주었다.

이것은 무엇을 의미하는 것일까? 이 연구결과를 미루어 볼 때 다른 나라에 살고 있는 사람들이 시간에 대해 갖고 있는 관념이 서로 다를 뿐만 아니라, 같은 나라 사람들 사이에서도 각 개인과 조직, 공동체에 따라 시간에 대해 다른 관념을 갖고 있을 수 있다는 사실을 알 수 있다. 이 다른 태도를 이해할 수 있게 되면 당신 자신과 당신이 속한 공동체의 구성원들이 시간에 대해 다시 생각해 보는 일이 가능해진다. 그렇게 함으로써 좀 더 생산적인 방식으로 시간을 활용하는 방법도 찾을 수 있고, 자신의 시간을 어떻게 사용하고 있으며 무엇을 하면서 보내고 있는지 다시 생각해 볼 수도 있게 된다.

좀 더 구체적으로 살펴보도록 하자. 당신이 어떤 일을 하고자 할 때 그 일을 언제, 왜 하고자 하는지 생각해 보는 것이 우리 논의의 좋은 출발점이 될 수 있겠다. 그 일이 해볼 만한 것이라고 생각해서 지금 가장 효과적으로 그 기능이 발휘될 수 있는 방법을 택하고 있는가? 또는 지난 몇 년간 계속 해온 일이기 때문에 그런 일상적인 방식을 활용하고 있는가?

앞에서 말한 엠아이티(MIT) 대학의 연구에는 다음과 같은 흥미로운 연구도 포함되어 있었다. 특정 직업을 가진 노동자들이 각각 하루의 일과 시작을 오전 6시 20분과 오후 2시 20분, 밤 10시 20분에 시작하는 3교대 일을 하고 있다. 이 시간들이 우리들에게는 익숙하지 않은 것이었지만 그 사람들은 자신들의 통근 버스 시간을 가지고 쉽게 그 시간들에 익숙해질 수 있었다. 그런데 한 가지 특기할 만한 점은 그 통근 버스가 6년 전에 이미 운행을 멈췄는데도 그 근무 시작 시간은 여전히 변하지 않고 있다는 사실이다.

당신도 그처럼 단지 이전부터 해온 것이기 때문에 상황이 변했고 어쩌면 적절하지 않게 되었을 가능성도 있는 일을 계속하고 있는 것은 아닌가? 만약 그렇다면 자신의 시간을 효율적으로 활용하고 있다고 말할 수 있을까?

이 질문을 다른 방식으로 물어보면, 시간을 허비하고 스트레스를 받으면서도 직장 동료가 자주 간섭하고 불평한다는 이유로 계속하고 있는 일이 있는가? 만약 그렇다면 당신 자신의 시간을 좀 더 잘 조직할 수 있는 방법이 있고, 이 방법은 특히 당신이 하고 있는 일이 여러 가지 목표를 갖고 있을 경우에 더 효과적일 수 있다. 그 한 가지 예로 하버드 대학에서 진행된 한 연구를 통해 밝혀진 사례를 들 수 있다. 그것은 하루에 일정한 시간 동안 다른 사람들의 방해를 받지 않고 쉴 수 있는 여건이 갖춰진 노동자들이 그렇지 못한 사람들에 비해서 65% 정도의 생산성 향상을 가져왔다는 연구결과이다.

이러한 인상적인 생산성 향상은 당연히 더 많은 시간 때문이 아니라, 시간을 받아들이고 활용하는 방식의 변화로부터 온 것이다. 쉬는 것과 같은 시간 조절 방안은 조직이나 개인 모두가 사용할 수 있는 방안이다. 이처럼 시간 조절 계획은 자신의 통제력을 높이고 스트레스를 줄이면서 행복감과 같은 긍정적인 감정을 고양시켜 주기 때문에 매우 중요하다.

이 틀 안에서는 당신 스스로 시간을 어떻게 받아들이느냐 하는 문제와 함께 당신 자신의 하루, 한 주, 일생을 이루는 다양한 과업 또는 활동들을 어떻게 받아들이느냐 하는 문제도 중요하다. 현대인으로 살아가야 하는 우리들 대부분은 이 바쁜 세상 속에서 너무 많은 일들을 하려고 한다. 그리고 우리들 대부분은 자신이 원하는 것을 할 수 있는 능력을 가졌음에도 우리가 원하는 것 중에서 상당한 부분을 제대로 하지 못하면서 살고 있다. 이 책에서 강조하고 싶은 핵심적인 원칙 중 하나는 바로 행복이 많은 일들을 그럭저럭 해내는 데서 오는 것이 아니라, 몇 가지 일이라도 제대로 해내는 데서 온다는 사실이다.

이와 같은 행복의 철학에 동의하지 않을 사람은 거의 없겠지만, 정작 어떤 일에 초점을 맞추어야 하고 어떤 일에는 소홀히 해도 되는지를 알기 어렵다고 호소하는 사람들이 많다. 이 문제에 대해서는 이미 많은 해결책들이 제시되어 있기 때문에 나는 단지 스티븐 코비와 그 동료들이 펴낸 유명한 책, 『성공하는 사람들의 7가지 습관』(*The Seven Habits of Highly Effective People*)과 『소중한 것을 먼저 하라』(*First Things First*)에서 강조하고 있는 방법들을 요약해 보는 데 만족하고 싶다.

우선 코비의 시스템은 각각 두 차원이 있는 두 개의 변수로 이루어진, 그 결과 4개 범주의 활동과 과업으로 구성된 매트릭스를 제안하고 있다. 이 두 개의 변수는 각각 '중요한 것'과 '급한 것'이고 그 두 변수는 다시 각각 두 차원으로 나뉠 수 있기 때문에 결국 다음과 같은 네 개의 조합이 나온다.

1. 중요하고 급한 것
2. 중요하지만 급하지 않은 것
3. 중요하지 않지만 급한 것
4. 중요하지도 않고 급하지도 않은 것

이것을 표로 나타내 보면 아래와 같을 것이다.

	급한 것	급하지 않은 것
중요한 것	**첫 번째 사각형** • 위기 • 압박받고 있는 문제 • 마감이 임박한 과제, 모임, 준비물 • 심각한 건강상 위협	**두 번째 사각형** • 준비 • 예방 • 계획 세우기 • 관계 맺기 • 활동적인 레크레이션 • 건강
중요하지 않은 것	**세 번째 사각형** • 전화나 메일, 문자 메시지 같은 수많은 방해물들 • 불필요한 만남과 비생산적인 일들 • 가벼운 외출	**네 번째 사각형** • 많은 시간 죽이기 • 과도한 텔레비전 시청 • 잡담 • 생각 없는 도피성 휴식 • 과식과 과음

첫 번째 사각형과 두 번째 사각형 사이에서 우선순위를 정하는 일은 꽤 많은 시간과 공력을 필요로 하지만 사실 꼭 그렇게 어려운 것만은 아니다. 우리 모두가 하루 24시간, 한 주 7일이라는 똑같은 시간을 갖고 있고 그 누구도 그 이상의 시간을 확보할 수는 없지만, 우선순위를 정하는 과정에서 핵심은 첫 번째와 두 번째 사각형에 더 많은 시간을 투자하고 세 번째와 네 번째 사각형의 시간은 가능한 대로 줄여가는 것이다.

이미 당신 스스로도 알고 있는 것이겠지만 자신의 시간 활용과 그 방식에 대해 숙고해 봄으로써 많은 것을 개선할 수 있다.

당신이 스스로 조절할 수 있는 자신의 삶의 부분을 제대로 통제할 수 있는 방법을 배울 수 있으면 행복은 그만큼 당신에게 가깝게 다가올 것이다. 시간은 그 삶의 영역에서 매우 중요한 요소이다.

문제 해결 또는 해결책 찾기

당신이 아무리 행복하다고 해도 당신 자신의 삶과 세상에 문제가 없을 수는 없다. 자신의 삶에서 시간을 잘 조직하고 일의 우선순위를 아무리 잘 정한다고 해도, 또 자신과 삶에 대해서 아무리 낙관적으로 생각하고 이 책에서 권하는 전략들을 잘 실천한다고 해도 세상과 당신의 삶에는 여전히 문제들이 남는다.

우리는 완벽한 세상에 살고 있지 않고 세상 안에서 우리들 자신도 완전하지 못하기 때문에 항상 어떤 문제가 있을 수밖에 없다. 그렇기 때문에 정작 중요한 것은 문제 그 자체가 아니라 그 문제를 대하는 우리들의 자세임을 나도 이 책에서 몇 번이나 강조한 바 있다.

다음 예를 가지고 더 생각해 보기로 하자. 수천 년 동안 우리는 가끔씩 비가 내리곤 하는 상황 속에서 살아왔다. 즉 가끔씩 하늘에서 물이 떨어지고 그 물에 젖기도 하면서 살아왔던 것이다. 그러나 그렇게 대단한 기술의 발전과 다른 영역에서의 진보에도 불구하고 아직까지 우리는 그 비를 그치게 할 수 있는 기술을 만들지 못하고 있다. 그런 이유로 우리는 비를 그치게 하는 선택을 할 수 없고, 계속해서 그 비에 맞아 옷이 젖을 수 있다는 생각을 하면서 살 수밖에 없다.

비를 완전히 없앨 수는 없었지만 우리들은 대신 우산과 우비를 만들어 몸이 젖는 것을 최소한으로 막을 수 있었고, 이 우산과 우비를 좀 더 잘 활용할 수 있게 되면 비록 '비가 내리는 문제' 자체를 막을 수는 없을지라도 대신 상당히 효과적인 해결책을 갖게 되는 셈이다.

비와 우산이라는 이 사례가 조금 가볍게 들리기도 하지만 하나의 중요한 메시지가 담겨져 있다. 비 자체를 막을 수는 없지만, 우산과 우비를 가지고 그 비를 어느 정도 피하는 방식으로 해결책을 모색함으로써 그 문제의 파장을 줄일 수 있는 효과적인 전략 또는 도구를 갖게 된 셈이다.

이 개념을 우리가 직면하는 다른 모든 문제 상황에 적용할 수 있다. 어떤 일이 생겼을 때 당신이 어떻게 반응할 것인지 선택하는 과정에서 이 개념을 떠올릴 수 있다. 불행한 사람들과 비교해서 행복한 사람이 더 갖고 있는 능력은 해결책을 효과적으로 선택하고 문제 상황에 적용하는 바로 그 능력이다.

세상의 어떤 사람들은 문제를 발견하는 데 능할 수 있고, 어떤 사람들은 해결책을 발견하는 데 능할 수 있다. 당신은 어떤 사람이 되고 싶은가?

이 장에서 우리가 초점을 맞추고 있는 것은 상대적으로 간단하지만 문제가 있거나 스트레스를 받고 있는 상황은 물론, 그 문제에 도전할 수 있는 흥미와 동기를 부여하는 데 의외로 큰 도움이 될 가능성이 있는 기술이다.

이런 접근에 대해서는 전통적으로 '문제 해결' 이라는 개념으로 불러왔는데, 긍정심리학의 최근 업적에 기대서 나는 '해결책 찾기' 라는 말로 바꿔 부르고 싶다. 물론 그것이 말장난에 지나지 않는다고 생각할 사람도 있겠지만, 이렇게 이름을 바꿈으로써 초점이 보다 분명해지기 때문에 쉽게 과소평가할 수 있는 일은 아니라고 믿는다.

예를 들어 그다지 좋지 않은 날씨에 대해 우리가 표현하는 말들에 대해 생각해 보자. 조금 추우면 '끔찍한 추위' 라는 식으로 표현하는 사람들이 많이 있다. 반대로 푸른 하늘을 볼 수 있으면 '아름다워' 와 같은 말로 표현하곤 한다. 이렇게 다른 표현이 그 사람의 기분에 어떤 영향을 끼칠지 생각해 보았는가? 겨울에 많은 사람들이 느끼는 우울함도 상당 부분 이런 요인에 의거해 설명할 수 있는 것은 아닐까?

'문제 해결' 이라고 이름 붙여진 해결책은 그와 비슷한 방식으로 이미 문제 자체에 초점을 맞추는 한계를 갖고 있는지도 모른다. 그래서 '해결책 찾기' 라고 다시 이름 붙여 내가 하고자 하는 일이 바로 초점을 '문제' 에서 '해결' 쪽으로 돌리는 일이다.

그렇다면 구체적으로 어떻게 해야 하는 걸까?

'문제 해결' 이라는 개념으로 접근하는 전통적인 방법에서 첫 번째 단계는 문제를 확인하는 것이지만, 이 새로운 접근법에서는 자신이 바라는 성공적인 결과물을 상상하면서 그 해결책을 모색하는 것이 첫 단계이다. 문제를 명료하게 하기 전에 그 해결책을 상상하는 일이 가능한 걸까? 물론 가능하다. 그 문제가 무엇이든지 자신이 이미 전에 해봤던 일을 생각해 보기만 하면 된다.

운동을 하는 사람들은 누구나 이와 같이 한다. 그들이 때로 자신의 운동 스타일과 응용 능력에 초점을 맞추기도 하지만 더 많은 시간을 자신들이 바라는 목표, 즉 여기서 '바라는 결과'라고 부르고 있는 그 목표에 초점을 맞춘다. 다시 말해서 그들은 문제 자체보다는 자신들의 '과정적인 목표' 또는 우리가 해결책이라고 부르는 것에 초점을 맞추는 것이다. 이때 당신에게 필요한 것은 물론 자신의 목표를 달성하고자 하는 노력이다.

이 예를 통해서도 쉽게 이해할 수 없다면 다음 질문들을 자신에게 던져보면서 스스로 개선하고 싶어하는 특별한 상황을 상상해 보도록 하라.

- 그 상황에서 내가 정말로 행복하려면 어떻게 해야 할까?
- 내가 정말로 행복해지기 위해 어떤 다른 일을 할 수 있을까?
- 내가 정말로 원하는 삶을 살고 있을 때 내 삶의 모습은 어떨까?
- 지금 이 순간 내 문제가 사라지거나 더 이상 문제가 되지 않는다면 어떤 기분이 들까?

이 질문들에 대한 답을 찾으면서 1장에서 함께 살펴본 삶의 목표 설정을 위한 기본 원칙들을 떠올려보는 것이 좋겠다. 문제로부터 자유로운 자신의 삶을 상상하는 과정에서 가장 중요한 일은 가능하면 상황을 구체적으로 기술해서 그것을 객관적이고 측정 가능한 문제로 만드는 일이다. 이 과정에서 도움을 받을 수 있는 전략 중의 하나는 당신 자신의 답을 생각과 감정에 의거해 찾기보다는 행동과 실천의 관점에서 찾아보는 방법이다.

당신이 이 문제를 좀 더 구체적인 것으로 받아들이는 데 도움을 주기 위해서 내가 상담했던 렉스의 사례를 말해보려고 한다.

렉스는 꽤 오랜 시간 동안 인간관계 문제로 고민해 왔다. 인간관계를 쉽게 맺는 반면에 대체로 오래 지속시키지 못했기 때문이다. 가까운 친구들에게 이 고민을 털어놓아 보았고 심리학자와 상담전문가에게도 상담해 보았지만 그들이 하는 충고는 거의 차이가 없었다.

친구들과 그 전문가들은 '왜 이런 문제가 생겼는지 이해하려고 노력해 보는 게 좋겠다. 그 이유가 분명해지면 문제 해결 방안도 찾을 수 있겠지' 라고 말하곤 했다.

이 문제를 자신의 아버지와 어머니에게도 몇 시간 동안 말해보았지만 그 스스로는 특히 어머니가 자신을 비난하고 있다고 느꼈고, 자신의 동생과 비교해 볼 때도 그다지 성공적이지 못하다고 믿었다. 이런 이유들로 인해 그는 자신에 대한 낮은 존중감을 갖고 있기 때문에 스스로에 대한 더 나은 관점을 가질 필요가 있다는 진단이 가능했다.

그런데 문제는 렉스가 자신에 대해서는 아주 좋은 생각을 갖고 있다는 점이다. 그는 다른 사람들과 마찬가지로 자신도 완전하지 않다는 사실을 잘 알고 있었고, 어린 시절에는 어린이다운 생각과 행동을 했고, 어른이 되어서는 그때와는 전혀 다른 방식으로 세상을 바라볼 수 있는 눈을 갖게 되었다고 믿었다. 자신의 모든 가족과도 좋은 관계를 유지하고 있고 형제들에게도 어떤 질투

나 미움도 갖고 있지 않다고 믿고 있었다.

그러나 이런 생각과 믿음 중 어떤 것도 그의 인간관계에 실제적인 도움을 주는 것은 없었다!

우리 행복연구소의 고객이 된 이후에 렉스는 우리가 조금 다른 접근법을 권하자 아주 흥미로워하면서 적극적인 자세를 보였다. 그 접근법이란 그의 인간관계를 둘러싼 문제들에 대해 말하는 대신에 그에게 '당신이 좋아하는 이상적인 인간관계가 무엇인가?' 라고 묻는 것이었다.

나는 그에게 자신이 바라는 이상적인 인간의 요건에 대해서 얼마나 많은 시간을 함께 해야 한다고 생각하는지, 어떤 일을 함께 하고 싶은지, 의사결정을 어떻게 내리고 의견 차이를 어떻게 조정해야 하는지와 같은 문제들을 포함해서 가능한 한 상세하게 묘사해 볼 것을 권했다.

몇 번의 전문적인 상담과정을 거친 후에 그는 마침내 자신이 생각하는 이상적인 인간관계와 그것이 포함해야 하는 요건을 보다 상세하게 묘사할 수 있게 되었다.

이 과정에서 우리가 해결책 찾기에 초점을 맞췄지 '문제 자체' 에 대해서는 이야기하지 않았다는 사실에 주목해 주기 바란다.

다음 단계는 후속 질문을 던지는 단계인데, 그 첫 번째 질문을 다음과 같이 구성해 볼 수 있다. '만약 이것이 당신이 생각하는 이상적인 인간관계라면 그 관계에 도달하기 위해 당신에게 필요한 것은 무엇일까? 이 이상적인 관계가 현실화될 수 있기 위해 변화되어야 할 일이나 요건은 무엇일까?'

상당히 주의 깊은 숙고과정을 거친 후에 렉스는 여러 가지 일들 중에서 자신이 관심을 가져야 하는 다음과 같은 사항들을 찾아낼 수 있었다. 여기서 '숙고과정' 이 꼭 필요함을 특히 강조하고 싶은데, 왜냐하면 집에서 혼자 이 과정을 통해 해결책을 찾고자 할 때 단기간 안에 쉽게 할 수 있는 일이 아니기 때문이다.

- 나에게는 혼자 있어야 할 시간이 필요하고, 그것을 이기

적이라고 느낄 필요는 없어.

- 내 파트너에게도 나와 떨어져서 혼자 있는 시간이 필요하고, 그 사실에 대해 나쁘게 생각할 필요는 없어.
- 내 감정을 적절한 시간에 좀 더 분명하게 표현할 수 있는 능력이 필요해.
- 내게는 다른 사람과의 육체적 접촉을 받아들이고 즐길 수 있는 능력과 의지가 필요해.

전통적인 심리학이나 상담기법에서는 렉스가 현재 경험하고 있는 두려움에 초점을 맞춰서 이 문제를 이해하려고 했을 것이고, 그와 함께 이런 모든 일들에 관한 그의 믿음이 무엇을 의미하는지 분석하려고 했을 것이다. 그리고 그런 방법이 어쩌면 도움이 되었을지도 모른다.

그러나 좀 더 최근의 긍정심리학의 관점에서는 단순히 좌절감이나 비참함이 없는 상태가 아니라, 좀 더 참되고 지속적인 행복을 가져다 줄 수 있을 것으로 보이는 접근법을 선호하는데, 바로 내가 택한 방법이 그런 접근법에 근거한 것이다. 우리는 단순히 렉스가 하고 싶어하는 좀 더 나은 방향의 행동들을 목록화하면서 이 행동들을 실천에 옮길 수 있는 계획을 세우도록 권했을 뿐이다.

예를 들어 렉스는 우리와 만나는 일 주일 사이의 중간 시간들을 활용해서 혼자 있는 연습을 하기도 했고, 그 시간 동안 스스로를 이기적이라고 느끼지 않는 연습도 함께 했다. 그 시간에 스스로 이기적이라는 생각을 떨쳐버릴 수 없을 때는 그렇게 하는 것이 자신과 관계를 맺고 있는 사람들을 도와주는 길이라는 생각을 하도록 권했다. 파트너와 자신이 모두 관계 속에서 고통을 느낀다면 그것은 누구도 원하는 결과가 아니지 않겠는가?

같은 방식으로 렉스는 파트너가 자신의 일을 하고 있을 때 불편하게 느끼지 않으면서 지켜봐 주는 훈련도 했다. 처음에는 특별히 고안된 모니터링 방식을 통해서 그런 상황에서 어떤 느낌이

드는지 확인하여 파트너에게 이야기해 보고, 그 원인이 무엇인지를 생각해 보는 훈련을 하도록 했다. 파트너와 함께 이런 과정을 실천에 옮기면서 서로의 시간을 조절하고 합의를 전제로 하는 육체적 접촉도 갖도록 했다.

렉스와의 상담과정을 전체적으로 요약해서 결론만 말해보면 다음과 같다. 몇 주 동안의 상담을 거치면서 렉스는 이런 기술과 행동을 익히는 데 큰 진전을 보였다. 그 결과 자신의 인간관계에 좀 더 몰입할 수 있게 되었을 뿐만 아니라, 그 인간관계로부터 훨씬 더 높은 수준의 만족감과 즐거움도 느낄 수 있게 되었다. 이제 렉스는 행복해졌고, 그의 파트너 역시 행복해졌다.

이 이야기로부터 우리가 얻을 수 있는 것이 무엇일까? 그것은 보다 적극적인 대안에 초점을 맞추고 실천하기 위해 필요한 능력과 기술을 확인하여 실천에 옮기는 방법이 단지 우리의 결점에 초점을 맞춰서 모든 문제를 해결하려고 하는 방법보다 훨씬 더 효과적일 수 있다는 교훈이다. 특히 우리의 '문제'가 과거에 머물고 있을 경우에는 더 이상의 진전이나 변화는 불가능하다. 다른 말로 표현해 보면, 문제를 풀기 위해 노력하기보다는 해결책에 초점을 맞추어 실천에 옮기는 방식이 행복에 이르는 효과적인 방법의 하나이다.

바꿀 수 없는 것 받아들이기

우리가 앞에서도 이미 확인했던 것처럼 변화가 필요한 시점과 상황을 파악해서 망설이지 않고 실천에 옮기려고 시도하는 것만큼이나 자신을 괴롭히고 있는 것들 중에서 바꿀 수 없는 것을 분별해서 받아들이는 일도 중요하다.

삶을 이어가는 구비에서 우리는 생각보다 어렵지 않게 이런 상황과 만나게 된다. 예를 들어 당신이 생각하기에는 화가 날 만큼 부적절하게 행동하면서도 그것이 옳을 뿐만 아니라 적절하기까지 하다고 믿는 직장 동료가 있다고 해보자. 또 너무 자주 제 시간에 오지 않는 통근 버스나 전철도 생각해 볼 수 있고, 당신과 정치적 입장이나 철학적 · 종교적 관점을 달리해서 당신이 바람직하다고 생각하는 방식으로 행동하지 않는 친구도 있을 수 있다.

이런 문제들을 대하는 출발점은 세상은 완전하지 않고 세상 사람들이 그 '완전함'에 대해 각각 다르게 생각하는 데서 이런 문제가 생길 수 있음을 받아들이는 일이다. 우리 각자가 모두 완전한 세계를 만들려고 노력해 왔지만 그것은 그저 50억 개의 다른 세상 중 하나에 불과하다는 사실을 받아들여야 한다는 것이다.

물론 이 세상과 사람들을 바꾸려고 노력해야만 하는 적절한 시점이 있을 수 있지만, 대부분의 경우에는 그런 노력이 변할 수 없는 것을 바꾸려고 노력하는 허망한 노력에 그치고 말아 좌절과 절망감을 가져오는 요인으로 작동한다. 그리고 한 개인의 기대가 지나치게 비현실적인 경우에는 그런 기대를 현실화하려는 생각 자체가 근본적인 좌절과 불행의 원인이 되기도 한다.

그렇다면 당신이 할 수 있는 일은 무엇일까? 한 가지 좋은 소식은 이런 상황 속에서도 포기할 필요는 없다는 사실이다. 적절하고 효과적인 방식으로 받아들이는 일은 포기하는 것과는 다르다. 오히려 그 방법은 좌절감 같은 부정적인 감정을 줄여주어 행복과 만족에 이르는 기회를 최대화하는 적극적인 전략일 수 있다. 그 방법이 수동적인 접근이라고 생각하는 대신에 적극적이고 적절한 방식으로 '받아들이기'를 활용한다면 우리의 감정에 매우 큰 영향을 미칠 수 있는 효과적인 전략이 된다는 것이다. '받아들이기'를 실천에 옮기는 일은 다음과 같은 것들을 포함한다.

- 결단 내리기, 즉 어떤 것을 변화시키려고 노력할 것인지 아니면 받아들일 것인지 결정하기.
- 우리가 함께 살펴본 '도움이 되는 생각하기'와 명상 같은 행복의 전략들을 응용하여 받아들이기 위한 마음 조절과 이 상황을 관조하는 방법으로 활용하기.
- 새로운 계기 만들기, 즉 이전에 어떤 것을 받아들이고자 마음먹은 후에 느꼈던 좌절감을 생각해 보면서 다른 관점으로 접근할 수 있는 새로운 계기 만들기.

이제 이런 전략들을 변화가 필요한 상황과 그냥 받아들이는 것이 더 나은 상황을 구별해내는 과정에 어떻게 활용할 수 있는지 생각해 볼 차례이다.

변화 시도와 받아들이기 사이에서 결단 내리기

어떻게 하면 변화될 수 있는 것이어서 변화를 시도해야 하는 것과 변화될 수 없는 것이기 때문에 스스로 받아들이는 현명함을 발휘해야 하는 것을 구별할 수 있을까? 상황을 다르게 만들어야 할 상황과 있는 그대로 놓아두는 것이 더 행복한 상황을 어떻게 구별지을 수 있을까?

불행히도 이런 질문들에 대한 단순한 답은 없지만 많은 도움을 받을 수 있는 검증된 전략들은 있다. 우선 다음 질문들을 자신에게 던지면서 그 전략들을 찾아보기로 하자.

- 내가 지금 여기에서 실제로 변화시켜야 할 것이 무엇일까?
- 그 변화를 통해서 내가 얻고자 하는 것이 무엇일까?
- 과거에 그것을 변화시켜 보려고 노력한 적이 있던가?
- 만약 그랬다면 그때 나는 성공했던가?
- 만약 성공했다면 어떤 방식으로 성공했지?
- 성공하지 못했다면 왜 그랬지?
- 이런 변화를 시도해서 내가 얻을 수 있는 것이 무엇이지?
- 그 변화과정에서 감수해야 할 위험요소는 무엇이지?
- 만약 변화되지 않는다면 감수해야 하는 위험요소나 가능한 손실은 무엇이지?
- 현재 상황을 받아들임으로써 얻을 수 있는 이득이 무엇이지?

앞에서 했던 것처럼 질문들을 공책에 써놓고 그 밑에 자신의 답을 가능하면 상세하게 써보는 것이 좋다. 많은 사람들이 단지 머리 속으로만 그런 질문들을 던지는 과정에서 혼란을 느끼곤 하기 때문이다.

덧붙여 당장 결단을 내려야 할 상황이 아니라면 판단을 일단 유보한 후에 관련된 모든 것들을 생각해 보는 시간을 갖는 것이 좋다. 필요한 만큼 한 시간이나 하루, 일 주일 등 일정한 시간 동안 자신의 생각들을 정리해 보면서 파트너나 친구 같은 믿을 수 있는 사람들과도 상의해 보도록 하라. 그들이 말해주는 것을 숙고해 보고 필요한 경우 자신의 답이나 결정에 대해 다시 생각해 보도록 하라.

여기서 우리의 초점은 행복과 성공을 가져올 수 있기 때문에 변화를 시도해야 하는 일과 불가능한 것을 시도함으로써 감내해야 하는 좌절과 분노를 최소화하는 일 사이의 구분에 따른 균형이다. 이미 우리가 살펴본 것처럼 이 일은 결국 어떤 것을 변화시켜려고 노력해야 할 때와 어떤 것을 받아들이려고 노력해야 할 때를 구별해내는 일이다.

한 가지 좋은 소식은 그 받아들이기가 실제로 가능한 행위라는 사실이다. 다른 일들과 마차가지로 이 받아들이기도 시의적절하게만 하면 생각보다 쉬운 일이 된다. 또한 그것은 대체로 우리가 5장에서 살펴보았던 인지적으로 사고하는 전략들을 통합하는 방식으로 도움을 받을 수 있다.

현실적이고 도움이 되는 생각들은 의심의 여지없이 효과적인 받아들이기와 관련된다. 일반적으로 사람들은 어떤 상황을 변화시킬 수 없으면 그 상황을 바라보는 자신의 관점을 바꾸어야 한다고 말한다.

홀로코스트와 같은 커다란 재앙 속에서 살아남은 사람들이나 음식을 먹지 못하고 몇 주를 견뎌야 했던 사람들, 또는 불치병과 함께 하면서 결국 극복해낸 사람들은 모두 이 이론을 실천에 옮긴 사람들이다.

당신이 받아들이기를 얼마나 쉽고 효과적으로 수용하는가 하는 정도는 당신과 다른 사람들, 세계의 당신 자신에 대한 기대의 정도에 의존한다.

이 결단의 과정에서도 명상을 잘 활용하면 많은 도움을 받을 수 있다. 그런데 이 경우 6장에서 제안했던 숨쉬기 명상이나 '고요한 호수를 떠올리는 명상' 과 같은 소극적인 방법보다는 결단을 내려야 하는 주제들을 적극적으로 생각하는 방식의 명상이 더 도움이 된다.

이 과정에서 당신은 다음과 같은 일을 할 수 있다.

- 변화시켜야 할 것과 받아들여야 할 것을 생각하면서 자신에게 그 각각의 경우에 해당하는 질문과 답 던져보기.
- 앞에 제시된 질문들 중 하나를 택하여 대답하면서 일정한 시간 동안 숙고해 보기.
- 자신의 마음을 고요하게 하고 명료한 상태로 만드는 명상해 보기.
- 그런 마음을 가지고 스스로에게 질문하면서 어떤 답을 할 것인가에 대해 생각해 보기.
- 이런 질문과 응답과정에서는 가능한 한 객관적 자세를 유지하고, 다른 사람은 어떤 결정을 내릴까 상상해 보거나 그 과정들이 단지 연습과정일 뿐이라고 상상해 보기.
- 자신의 반응을 모니터하되 그것에 매달리지 말고 다른 생각

이나 감정 느껴보기.

이 명상의 주요 목표는 당신 자신의 결단이 가능하면 명료하고 합리적인 것이 될 수 있게 하기 위한 결단 내리기 과정에서의 효율성을 증가시키는 것이다.

이 과정에서 다른 대안에 대해서도 늘 마음을 열어놓는 자세를 가지면 처음에는 좌절감의 원천이었던 것을 바꾸어 볼 수 있는 좋은 기회를 얻을 수 있다. 자신의 결단과 그 결단의 배후에 있는 과정 자체에 마음을 모음으로써 그 도전이 이전에는 생각하지 못했던 기회를 가져올 수 있는 반응을 불러올 수도 있다는 사실이 분명해질 수도 있다. 예를 들면서 더 생각해 보기로 하자.

- 호흡 곤란증을 앓고 있는 한 아이가 호흡 기능을 향상시키기 위해서 수영을 하는 것이 좋겠다는 권유를 받고 세계적인 수영선수가 되고자 하는 꿈을 갖는다.
- 끔찍한 교통사고를 당한 사람이 다리를 잃고 휠체어에 의지해 살게 되었지만 장애인을 위한 스포츠를 즐기면서 놀라운 경험을 공유할 수 있는 좋은 친구들을 사귈 수 있게 된다.
- 일자리를 잃은 어떤 노동자가 몇 주 동안 새로운 일자리를 찾기 위해 노력하다가 결국 찾은 후에 이전과는 비교할 수 없을 정도의 만족감을 느낀다.

성공에 이르는 비결은 실패인데, 이때의 실패는 다만 무언가를 배울 수 있는 경우에 한한다.

행복한 마무리

멜린다는 전문적인 서비스 회사에서 두 상관을 보좌하는 비서일을 하는 매우 바쁜 직장인이었다. 두 사람의 상관을 보좌하는 일이 쉽지는 않았지만, 그렇다고 해서 그녀가 감당하기 어려울 정도로 일이 많은 것은 아니어서 자신의 시간을 계획적으로 사용해 다른 일을 하고 있기도 했다. 그녀는 대체로 열심히 일하는 편이었고, 일하는 것 자체를 즐기고 있기도 했다. 그런데 그녀가 불만을 갖고 있는 것이 하나 있었는데, 그것은 바로 상관 중의 하나가 자신에게 가끔씩 던지곤 하는 말투였다.

그녀는 이 두 상관과 좋은 관계를 유지하고 있어 대부분의 시간은 즐겁게 함께 일하고 있었다. 그런데 최소한 일 주일에 한 번 이상은 그 상관 중의 하나가 퉁명스럽게 말하면서 한꺼번에 너무 많은 일을 시키거나 쉽게 해낼 수 없는 일을 시키곤 하는 것이 문제였다.

멜린다는 이런 상관의 요구를 가능하면 들어주려고 노력했지만, 그렇다고 해서 그 상황을 도움이 되는 생각을 하거나 명상을 하면서 있는 그대로 받아들일 정도의 노력을 한 것은 아니다. 그 결과 그녀가 최선을 다하고 있다고 생각했음에도 일 주일에 한두 번은 이 상관 때문에 아주 힘들고 불행한 시간을 보내야 했다.

몇 번 상담을 거친 후에 우리는 그녀가 이 어려운 상황 속에서 제대로 할 수 있었던 일과 그렇지 못한 일을 구분해서 생각해 보기를 권했다. 그러면서 동시에 이런 스트레스를 받는 상황을 받아들임으로써 얻을 수 있는 것들도 함께 생각해 보기를 권했고, 결국 우리는 그 상황을 그녀가 스스로 어떻게 해볼 길은 없지만 그 현실을 받아들임으로써 그 스트레스를 줄일 수는 있다는 결론에 도달할 수 있었다.

더 나아가 멜린다는 이 상황에 명상이 도움이 될 수 있겠다는 생각에도 동의해서 매일 아침마다 짧은 시간 동안 느린 호흡 명상과 고요한 생각 명상을 하기 시작했다. 아침 외에도 가능한 대로 점심 이후나 오후에 차 마시는 시간에 잠깐 동안의 명상을 시도했다.

시간이 갈수록 그녀의 스트레스가 줄어들었음은 물론이고, 놀랍게도 그것이 그녀의 상관에게까지 영향을 미쳤다. 어떻게 그런 일이 생겼는지 완전히 설명할 수는 없지만, 아마도 그녀의 편안해진 분위기가 상관의 기분에도 영향을 미치지 않았나 싶고, 그것이 다시 멜린다에게 좋은 영향으로 돌아오는 선순환의 과정이 있었던 것 같다. 상관의 좋지 않은 기분이 멜린다에게 스트레스를 주고, 다시 그녀의 스트레스가 상관에게 악영향을 미치는 악순환의 고리가 끊어진 것이라고도 설명할 수 있겠다. 이 사례를 통해서 우리는 행복과 고요함이 얼마나 큰 전염력을 가질 수 있고, 특히 우리들과 관계를 맺고 있는 사람들에게 어떻게 영향을 미칠 수 있는지를 잘 알 수 있다.

어찌되었건 이 얼마나 행복한 마무리인가?

행복해지기 위해 할 수 있는 일들

이 장에서 몇 가지 전략들을 살펴보았지만 그 중에서 한 가지 활동에만 초점을 맞춰보고자 한다. 다른 전략들도 행복해지는 데 여러 가지 방식으로 도움이 되는 것들이기 때문에 개인적으로 실천에 옮겨보기를 권한다.

지난 한 주 동안 자신이 한 일을 기록해 보거나 다음 주에 할 일을 앞에서 제시한 사각형의 표를 그려서 우선순위에 맞게 정리해 보도록 하라. 그런 후에 사각형 3과 사각형 4에 기록되는 일들을 하는 데 소비한 시간을 사각형 1과 사각형 2에 속하는 일들을 쓸 수 없을지 고려해 보라. 그것이 가능하다는 생각이 들면 더 망설이지 말고 지금 즉시 실천에 옮기도록 하는 것이 좋겠다.

요약

1. 밖으로부터의 변화가 가능하지 않을 때는 받아들임을 실천에 옮기는 내부로부터의 변화를 생각해 볼 수 있다.
2. 변할 수 없는 것들을 변화시키려고 노력하는 일은 좌절과 같은 부정적인 감정을 불러일으킬 뿐이다.
3. 이 장에서 우리가 함께 살펴본 시간 조절과 해결책 찾기 전략들은 당신 자신의 삶을 보다 잘 통제하는 데 도움이 될 것이다.
4. 당신 삶의 어떤 측면들을 받아들일 것인지, 아니면 변화시킬 것인지에 대한 결단은 관련된 주제들에 관한 질문을 자신에게 던지고 그 대답을 얻기 위한 명상의 과정을 통해 보다 적절하게 주어질 수 있다.

'지금 이 순간'에 머물고 있는거야?
아직은 아냐. 15분쯤 후에 다시 물어봐 줄래~
Millard

8장

행복은 '지금 이 순간'의 것이다

우리는 앞장에서 행복해지기 위해 필요한 삶에 대한 조절과 통제의 중요성과 조절할 수 있는 전략들에 대해 살펴보았다. 더 나아가 우리가 통제할 수 있는 변인과 그럴 수 없는 변인을 구별해내는 일이 행복을 위한 중요한 요소가 된다는 점도 함께 살펴보았다.

그 이야기의 초점은 상황과 사태에 관한 통제와 조절이었다. 이 장에서는 그 이야기를 더 전개해서 내가 '적절한 통제'라고 부르는 것에 초점을 맞추고자 한다. '적절한 통제'라고 부르는 이 개념을 통해서 우리는 통제가 가능한 시점과 가능하지 않은 시점을 구분하는 데 도움을 얻을 수 있다. 이것은 행복이 최소한 부분적으로라도 우리의 삶 자체에 대한 통제와 조절에 달려 있다는 점에서 중요한 주제이고, 이를 통해 어떤 것을 조절해야 하는지만이 아니라 언제 그런 조절이 필요한지에 대해서도 알 수 있게 될 것이다.

당신의 생각을 좀 더 펼쳐보기 위해서 자신에게 다음과 같은 질문들을 던져보자.

- 어제나 지난 주 또는 작년에 일어났던 일이 지금 다시 발생한다면 얼마나 통제할 수 있을까?
- 내일이나 다음 주, 내년에 생길 일이 지금 당장 일어난다면 얼마나 통제할 수 있을까?
- 지금 당장 일어나는 일을 얼마나 통제할 수 있을까?

이 질문들에 대한 당신의 답이 어제냐, 오늘이냐, 내일이냐에 따라 조금씩 다를 수 있겠지만, 과거에 일어났던 일을 통제할 수 있는 정도가 미래의 그것에 비해 적을 것이고, 그 미래의 일에 대한 통제 정도는 현재의 그것에 비해 적을 것이라는 점은 의심의 여지가 없다.

스펜서 존슨이 쓴 『선물』(*The Present*)은 작지만 놀라운 책인데, 그 내용의 핵심을 요약하면 지금 이 순간이 우리가 통제할 수 있는 유일한 시간이기 때문에 가장 중요한 순간이라는 것이다.

물론 과거로부터 우리가 배울 수 있는 것이 없다는 것이 아니다. 실수나 잘 된 일과 그렇지 못했던 일을 분석함으로써 교훈을 얻을 수 있을 뿐만 아니라, 개선할 수 있는 기술이나 전략을 마련하는 데 도움을 받을 수 있다는 의미이다. 그렇지만 단지 과도하게 과거에 머무는 것은 행복을 위해 거의 도움이 되지 않는 삶의 방식이다.

비슷한 맥락에서 미래에 대한 우리의 자세에 대한 이야기도 하고 싶다. 물론 미래에 대한 계획을 세울 필요가 있고, 특히 어떤 목표를 설정하는 일은 본질적인 중요성을 지니기도 한다. 삶의 목표를 설정하고 그 목적과 방향에 맞게 잘 살아가기 위해서는 계획을 잘 세울 필요가 있기 때문이다. 그리고 그 계획을 현실화하기 위해서는 실천에 옮겨야 하고, 자신의 계획을 실천으로 옮기기 위해서는 지금 당장 어떤 일을 시작해야 한다.

지금 이 순간은 우리가 미래의 목표와 목적을 가장 효과적으로 달성하기 위해 활용할 수 있는 시간일 뿐만 아니라, 지금 생기는 일에 대해 가장 적절하게 대응할 수 있는 방안이기도 하고, 과거에 있었던 일들로부터 많을 것을 배울 수 있는 방법일 수 있다는 점에서 가장 중요한 순간이다. 이런 방식으로 지금 이 순간을 활용하면 더 나은 미래를 기대할 수 있고, 이 더 나은 미래의 출발점이 바로 이 순간이기도 하다.

'좋아, 그렇지만 과거에 머물거나 미래에 대한 걱정으로 시간을 보내지 않고 지금 이 순간에 충실하려면 도대체 어떻게 해야 하는 거야?' 라고 묻는 당신의 모습이 보인다.

그런 모습을 상상하면서 나는 당신에게 "그 방법이라는 게 따로 있지 않고 이 책에서 선보이고 있는 모든 전략들이 다 그 방법을 담고 있습니다"라고 말하고 싶어진다. 지금 당장 그 방법들 중에서 가능한 것들을 실천에 옮김으로써 많은 성과를 기대할 수 있다. 당신이 할 수 있는 범위 안에서 실천에 옮기면서 점차 그 시간을 늘려가다 보면 점점 더 쉬워지기도 한다.

그 과정에서 이 책에서 제안하고 있는 다양한 전략들을 활용할 수 있는 방안을 생각해 본다면 많은 도움이 될 텐데, 이 전략들은 서로 배타적이라기보다는 함께 활용하면 더 많은 효과를 기대할 수 있는 것들이다. 예를 들어 다음과 같은 일들을 하다 보면 현재에 몰두하는 일이 더 쉬워질 것이다.

1. 생각의 범위와 원칙들을 개선하는 데 큰 도움이 되는 명상 실천에 옮기기
2. 과거에 할 수 없었던 일들이나 제대로 알 수 없는 미래의 일들을 생각하는 것과 같은 바람직하지 않은 목표에 초점을 맞춰 5장에서 제안한 대응 전략들 실천에 옮기기

덧붙여 특히 어린이들에게 적합한 응용전략을 하나 소개하고 싶다. 그동안 이 전략은 '한 가지 일에 집중하기'로 알려져 왔지만 지금 우리의 논의 맥락을 고려해서 나는 '현재에 집중하기'로 부르고 싶다.

이 전략은 아주 단순한데, 평소의 생활 리듬을 잠시 멈추고 다음과 같은 질문들을 자신에게 던져보는 것으로 충분하다.

- 내가 지금 이 순간 무엇을 하고 있지?
- 지금 내가 어떤 일에 초점을 맞추고 있지?
- 지금 현재로 돌아오기 위해 내가 해야 할 일은 뭐지?

이런 질문을 스스로에게 던지고 답을 구하는 것이 물론 쉽지는 않을 것이다.

대체로 우리는 어느 한 순간에 한 가지 일만 하거나 생각하고 있지 않고 동시에 여러 가지 일들을 하고 있기 때문이다. 이 상황에서 도움을 받을 수 있는 방법의 하나는 일상의 기반 위에서 내가 목표로 삼는 바람직한 목표가 무엇인지를 상기해 보는 방법이다. 다행스러

운 것은 방법을 실천에 옮기는 일이 그다지 어렵지 않다는 사실이다.

의자에 앉아 있거나 거리를 걷는 일과 같이 일상 속에서 자주 하는 일을 생각해 보라. 이런 일을 하는 모든 순간에 앞의 질문들을 스스로에게 던져볼 수 있다면 최소한 하루에 20-30분, 어쩌면 40-50분 정도의 시간 동안을 현재에 맞출 수 있을 것이다. 이렇게 며칠 또는 몇 주 동안 하다 보면 자기 스스로 익숙해지기도 하고 집중할 수 있는 기술을 더 익힐 수도 있게 되어 순간에 집중하는 일이 점점 더 쉬워질 것이다.

현재 또는 지금을 즐길 수 있는 방법의 또 다른 버전은 모든 순간 순간에 자신이 가진 것을 온전히 인정하는 방법인데, 이 방법은 다음과 같은 중국의 옛날 이야기 속에 담겨져 있던 것으로 내 웹사이트에서 매주 보내는 메일에 포함되기도 했던 방법이다.

여행길에 부자와 가난한 사람이 만나게 되었다. 둘 다 가방 하나만을 어깨에 메고 터덜거리며 길을 걷고 있었는데, 가난한 사람이 부자에게 왜 그렇게 불행해 보이는 얼굴을 하고 있느냐고 물었다.

그 부자는 자신이 재산도 많고 명성도 얻었을 뿐만 아니라 권력도 갖고 있지만 이 모든 것들이 자신을 행복하게 만들어 주지는 못하기 때문이라고 대답했다. 그래서 가방에는 중요한 것 몇 가지만 담고서 진정한 자아와 행복을 찾아 길을 나서는 중이라는 것이다.

그 말을 듣고 가난한 사람은 자신을 돌아보면서 잠시 동안 생각에 잠겼다. 그러더니 갑자기 부자의 가방을 빼앗아 숲속으로 도망쳐서 자신만이 찾을 수 있는 곳에 숨겨두었다.

기분이 나빠진 그 부자는 곧 숲으로 가서 그 가난한 사람과 자신의 가방을 찾을까도 생각해 보았지만 그 가방에 든 것도 별로 없고 해서 그만 포기하겠다고 생각했다. 그러자마자 그는 오히려 자신의 소유물로부터 자유로워졌다는 생각이 들기 시작했다.

가난한 사람이 그를 발견했을 때는 행복감과 놀라움으로 가득한 얼굴을 하고 있었다.

그는 '행복을 내 마음이 아닌 다른 곳에서 찾고자 하는 사람들이 많다는 것이 얼마나 이상한 일인가?' 라고 가난한 사람에게 말했다.

나 스스로 얼마 전에 바로 이 부자가 경험했던 행복감을 느낀 일이 있다. 몇 달 전에 내 사무실 아래에 있는 작은 커피숍에 내가 좋아하는 모닝 커피를 마시려고 들렀을 때의 일이다. 커피를 주문하고 돈을 내려는 순간 내 지갑이 없어진 사실을 알게 되었고, 나는 그 순간 지갑에 들어 있던 돈과 신용카드를 모두 잃어버렸다고 생각하면서 즉시 신용카드 지급 정지 신청을 한 후에 재발급받아야 한다는 생각에 허둥대기 시작했다. 그러면서 주의력이 없었던 자신에 대해 화가 났고, 그렇게 중요한 것들을 잃어버린 것에 대해서도 마음이 쓰여 기분이 무척 나빠지기도 했다.

그런데 사무실로 돌아와서 다시 찾아보니 그 지갑이 내 가방 속에 그대로 있었다. 늘 주머니 속에 지갑을 넣고 다녔기 때문에 깜박 그 생각을 못했던 것이다. 세상에, 내 주머니가 아니라 가방 속에 지갑이 있었다니! 단지 몇 분 사이에 내 기분은 180도 바뀌면서 지갑 안의 돈과 신용카드에 대해 안도감과 감사의 마음으로 가득 찼다. 그 순간 나 자신이 약간 바보 같다는 생각을 하기도 했지만 다른 한편으로 행복감을 더 많이 느꼈는데, 이 경험을 통해서 중요한 교훈을 얻을 수 있었기 때문이다.

나의 이 경험이 어찌 보면 사소한 것이라고 말할 수도 있겠지만 사실 대부분의 사람들이 경험할 수 있는 일이기도 하다. 또한 이 이야기는 행복이 당신이 생각하는 것보다는 가까운 곳에 있다는 중국 옛 이야기의 교훈을 입증해 주는 것이기도 하다. 이제 당신에게 필요한 것은 그 사실을 깨닫고 자신의 가방을 뒤적여 보는 일이다.

다음의 실천사례는 행복이 숨겨진 비밀이나 신성한 영역의 것이라기보다는 당신의 코앞에 있는 것일 수 있다는 사실과, 그것이 당신 삶의 최종 목표 지점에 위치하고 있는 것이 아니라 일상적인 경험과 인간관계 속에 숨어 있다는 사실을 알려주고 싶어서 제안하는 것이다. 행복은 어쩌면 당신의 친구와 가족, 일, 건강, 생활환경, 심지어 당신 자신의 정신적 믿음 속에 있는 것일 수 있다.

행복한 마무리

캐롤이 우리 연구소에 왔을 때 일반적으로 걱정으로 인한 불안으로 알려진 증상으로 고통받고 있어서 우리는 먼저 그와 관련된 치료를 시작했다. 쉽게 말하면 그녀는 걱정거리에 지배받고 있는 사람이었고, 특별히 어떤 구체적인 것에 대한 두려움이나 공포가 없었는데도 거의 모든 것에 대해 걱정하곤 했다.

우리는 그녀에게 인지적 치료라고 알려져 있는 한 특별한 심리치료를 권했지만, 이미 그녀는 그 치료를 받을 적이 있는데 별로 큰 도움을 받지는 못했다고 말했다. 그녀가 우리에게 온 이유는 그것과는 다른 방식의 치료를 받을 수 있다는 소문을 들었기 때문인데, 우리는 그 기대를 충족시켜 주고자 했다.

내 생각에 캐롤이 갖고 있는 문제는 현재에 초점을 맞추지 못하는 사람들이 보이는 전형적인 증상이었고, 몇 번의 상담을 거치면서 도움이 되지 않는 생각들을 제거하는 치료를 했고 일부 도움이 되기도 했다. 그렇지만 우리는 현재에 초점을 맞추기 위한 노력으로 명상을 활용하면서 다른 방식의 치료를 시도했다.

결과는 적극적이고 빠르게 나타나서 몇 주 안에 캐롤은 자신이 현재 하고 있는 일에 초점을 맞출 수 있게 되었고, 미래에 대한 걱정도 많이 줄일 수 있게 되었다. 현재 하고 있는 일에 더 많이 집중할수록 좀 더 많은 즐거움과 행복을 느낄 수 있었고, 그만큼 걱정이나 스트레스를 줄일 수 있게 된 것이다.

치료의 보너스로 자신이 하는 일에서도 더 많은 성과를 거둘 수 있었다. 현재에 초점을 맞춤으로써 실수를 줄이면서 더 빠르고 효과적으로 일할 수 있었기 때문이다. 이 모든 것들이 그녀를 행복하게 만들어 주었다.

행복해지기 위해 할 수 있는 일들

내가 이미 현재의 이 순간에 머물 수 있는 간단한 전략들을 제시했기 때문에 여기서는 우리의 일상 속에서 자신이 이미 갖고 있는 것에 대해 재평가하면서 감사할 수 있는 간단한 방법을 어떻게 하면 실천에 옮길 수 있을지 생각해 보고자 한다. 자신의 장점을 발견하고 수용하는 일의 중요성에 대해서는 이미 3장에서 살펴보았는데, 여기서는 당신이 실천에 옮기기를 간절히 바라면서 그 방법을 제시해 본다.

오늘부터 10일 동안 하루의 일과를 끝내는 시간에 5분 동안 앉아서 당신이 감사할 수 있는 일을 다섯 가지 이상 써보도록 하라. 자신이 할 수 있는 범위 안에서 사랑하는 사람이나 자신의 건강 같은 것들을 겹치지 않게 써내려 가는 것이 중요하다. 이렇게 하면서 4, 5일 지내고 나면 계속 다른 것들을 찾는 일이 어려워지겠지만 그만큼 더 가치 있는 일임을 깨닫게 될 것이다.

요약

1. 당신이 통제할 수 있는 것은 현재 일어나고 있는 일뿐이다.
2. 과거에 일어난 일은 통제할 수 없다.
3. 미래에 대한 계획을 세우고 하나씩 실천해 간다면 미래에 일어나는 어떤 일은 통제할 수 있다.
4. 행복은 지금 당신이 가지고 있는 것들을 인정하면서 가치를 부여함으로써 얻어진다.

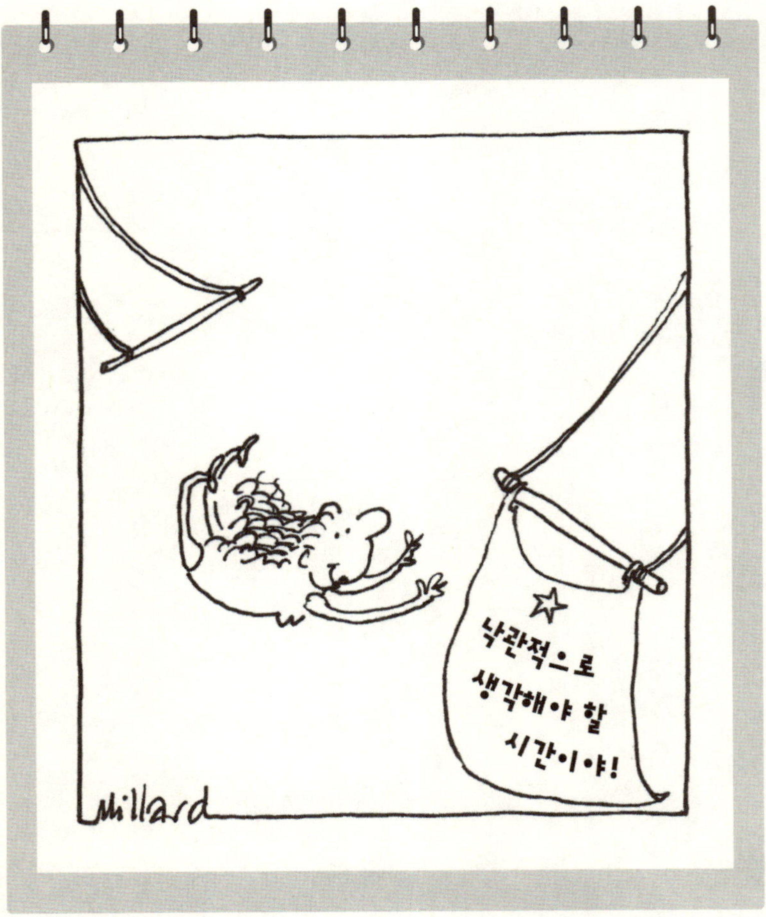
낙관적으로
생각해야 할
시간이야!
Millard

9장

자신의 삶을 보다 행복하게 만들기

내가 이 말을 언제 처음 들었는지는 잘 생각나지 않지만 꼭 당신에게 들려주고 싶은 말이 있다. 그것은 "긍정적인 변화가 오늘 곧바로 완성되지는 않겠지만 바로 이 순간부터 시작할 수는 있다"는 말이다.

너무 많은 사람들이 변화나 성취를 바라면서도 쉽게 할 수 없을 것이라는 생각에 뒤로 미루곤 한다. 자신의 목표가 무엇이고 그 목표를 성취하는 데 시간이 얼마나 걸릴지 생각하며 망설이는 동안에는 그 어떤 것도 성취할 수 없다.

또 너무 많은 사람들이 자신의 일상적 삶을 변화시키는 일은 게을리하면서 단지 자신들의 목표가 성취되기만을 바란다. 그러나 그것이 그렇게 쉽다면 당신은 이미 많은 목표들을 성취했을 것이다.

늘 하던 대로 행동한다면 당신이 늘 얻는 것 이상을 얻지 못할 것은 당연한 귀결이다.

이것을 중국 고대의 유명한 철학자인 노자는 "방향을 바꾸지 않는다면 자신의 눈앞에 있는 것도 볼 수 없음에 유의하라"라는 말로 경고했다.

더 행복해지기 원한다면 그것이 얼마나 많은 시간을 필요로 하는지에 대해 불평하지 말아야 한다. 자신의 문제에 초점을 맞추지도 말고 행복해지기 위해 필요한 구체적인 어떤 일을 실천에 옮겨라. 당신에게 필요한 그 어떤 것에 대해서는 이 책에서 충분히 이야기했다. 그것들을 당신 자신의 삶 안으로 끌어들여 실천에 옮김으로써 어둠 대신에 빛으로 가는 길로 접어들 수 있을 것이다.

이 장에서 우리는 앞장에서 제시된 전략들과 기술들에 초점을 맞추고 특히 어떻게 하면 행복해지기 위해 필요한 조건들, 즉 낙관적 사고와 자신의 시간 활용, 규칙적인 명상, 인간관계의 질 유지와 같은 조건들을 자신의 삶 속에 잘 뿌리내리게 할 수 있는지에 대해 이야기해 보고자 한다.

만약 그런 조건들을 이미 실천에 옮기고 있다면 계속 읽어가면서 행복한 사람들이 무엇을 알고 있고 또 실천에 옮기는지 다시 생각해 볼 수 있는 기회로 활용하기 바란다.

시작하기

시작하기의 과정에서 가장 중요한 부분은 시작하는 것 그 자체이다. 시작하는 것 자체가 중요하다는 말은 자신이 하고자 하는 일이 어떻게 진행될 수 있을지 다 이해하지 못하고 있다고 해도 걱정하지 말라는 의미이기도 하다. 단지 시작하면 된다. 많은 사람들과의 상담 경험과 다양한 심리학 분야의 책을 읽은 나의 결론은 아무 것도 하지 않는 것보다는 어떤 것이라도 하는 것이 훨씬 더 나은 결과를 가져온다는 것이다. 그러므로 당신이 생각하는 전략들을 실천에 옮기는 일을 시작하고 나서 어떻게 하면 더 잘 할 수 있을지를 고민해야 한다.

한 가지 예를 들어가면서 어떻게 하면 그렇게 할 수 있을지 생각해 보자. 가장 최근에 어딘가로 가기 위해 집을 떠나 차로 가던 때를 떠올려 보라. 집에서 목적지까지 가는 동안에 교통 신호등이 항상 파란불이었는지 생각해 보라. 마찬가지로 어떤 일을 하다 보면 반드시 파란불뿐만 아니라 빨간불도 만나기 마련이다.

이 책을 읽고 있는 독자들 중에서 과연 얼마나 행복해질 수 있는 전략들을 실천에 옮겼거나 옮기려고 마음먹고 있을까? 아마도 그 비율이 높지 않을 것으로 보이지만 그건 별 문제가 아니다. 단지 시작하는 것 자체만으로도 이미 성공을 위한 한 걸음을 내딛은 셈인데, 왜냐하면 혹시 실패하더라도 그 실패를 통해서 얻을 수 있는 것이 있고, 그 경험을 통해서 더 많은 행복을 경험할 수 있을 것이기 때문이다. 또 매일매일 조금씩 나아진다면 주말이나 월말, 연말에는 그 성취의 정도가 얼마나 클지 생각해 보라.

당신의 행복은 점차적으로 늘어날 것이기 때문에 우선 시작하고 나서 아주 작은 성취라도 얻는 것이 중요하다. 그리고 목표를 설정하는 기본 원칙 중에서 행복은 작은 것을 통해서 점진적으로 올 수도 있다는 사실을 명심하고 작지만 의미 있는 발걸음을 내딛기 바란다.

행복을 위한 기억장치 활용하기

당신이 이미 알고 있는 것처럼 이 책에서 추천하고 있는 전략의 대부분은 규칙적인 실천을 필요로 하는 것들이다. 그러나 내 개인적인 경험과 전문적인 경험에 따르면 규칙적인 실천을 방해하는 주요 장애물은 바로 망각이다. 우리들의 바쁜 일상 속에서 새롭게 어떤 일을 실천에 옮기고자 할 때 자주 잊어버리게 되는 것은 어쩌면 당연하기 때문에 익숙해지기까지는 지속적으로 그 일을 상기시킬 수 있는 장치가 필요하다.

앞장에서 나는 당신이 해야 할 필요가 있는 일들을 기억하는 몇 가지 간단한 방법에 대해 말했는데, 여기서는 보다 구체적인 방안들을 제시하고자 한다.

- 공책에 노란색 표지 끼워놓기
- 당신의 컴퓨터 스크린 보호 장치에 표시해 놓기
- 할 일을 적은 종이 책상 위에 놓기
- 타이머 같은 전자 경보 장치 활용하기
- 색깔 있는 다트 표적지 활용하기
- 일기 활용하기

이런 장치들을 어디에 놓아둘 것인가? 기본적으로는 당신의 눈이 늘 닿을 수 있는 어떤 곳에 놓아두어도 된다. 예를 들면 다음과 같은 장소들이다.

- 냉장고 문
- 거실 문
- 컴퓨터
- 사무실의 눈에 잘 띄는 공간
- 일기장
- 명함 케이스
- 침대 머리
- 욕실
- 텔레비전 위

만약 당신의 컴퓨터에 색깔 있는 다트를 걸어놓고 활용하고 있다면 그것 자체가 다음과 같은 의미를 지니게 된다.

- 당신은 좀 더 낙관적으로 생각하기를 원한다.
- 당신은 자신의 삶에서 중요한 것을 가끔씩 생각해 보기를 원한다.
- 당신은 일하다가도 적절한 시간에 긴장을 풀기를 원한다.
- 당신은 자신의 삶을 받아들이면서 감사하고 있다.

행복해지기 위한 일상의 습관 만들기

행복해지기 위해 우리가 해야 할 일에는 일상의 궤도를 찾아가는 것도 포함된다. 인간인 우리들은 살아가면서 습관을 만들어내고, 일단 어떤 행동이나 생각의 습관이 형성되면 크게 노력하지 않아도 계속할 수 있게 된다.

아마도 당신의 일상 속에는 이미 많은 습관이 자리하고 있을 것이다. 만약 특별히 생각하지 않고도 매일 똑같은 시간에 똑같은 장소에서 같은 일을 하고 있다면 바로 그것이 당신의 습관이다. 예를 들어 매일 아침 또는 밤에 같은 시간에 이를 닦고 있지는 않은가? 매일 아침 같은 방식으로 화장을 하고 있지는 않은가?

만약 그렇다면 당신이 할 수 있는 어떤 일을 별다른 노력 없이 이미 하고 있는 셈이다. 오늘부터 낙관적으로 생각하면서 살고 싶다면 그런 방식으로 낙관적인 생각이 습관화될 수 있게 하면 된다. 처음에는 인위적인 것처럼 느껴져서 어색하겠지만 시간에 지나면서 습관이 될 것이다. 비슷한 방식으로 매일 아침 차에 시동을 거는 순간에 좀 더 적극적인 생각을 할 수 있는 습관도 들일 수 있다.

이런 예들은 행복의 전략을 당신의 삶 속에서 어떻게 구현할 수 있는지 보여주는 몇 가지 사례에 불과하다. 한번 습관화되면 절대 잊을 수 없게 되고, 이 전략들을 규칙적으로 활용하여 실천에 옮긴다면 많은 이득을 얻을 수 있을 것이다.

자신과 자신의 행복 스스로 북돋우기

이 책에서 제안하고 있는 전략들을 실천에 옮기면서 특히 당신 자신의 목표 중 어떤 것을 성취하거나 일정한 진보를 경험할 수 있게 되면 그것이 아무리 작은 것일지라도 자기 스스로 만족스럽고 의미 있는 어떤 것을 성취했다는 충족감을 느낄 수 있을 것이다. 이런 충족감은 당연히 당신에게 더 많은 행복감으로 다가올 것이고, 이 행복감은 다시 더 많은 행복을 가져올 수 있는 일을 할 수 있는 기반이 되어줄 것이다. 이런 선순환은 말할 것도 없이 행복이 또 다른 행복을 가져오는 놀라운 결과로 이어진다.

아주 실천적인 차원에서 자신을 북돋울 수 있는 수많은 방법들이 있다. 예를 들어 자신이 좋아하는 일을 할 수도 있고, 좋아하는 비디오를 보거나 마사지를 받을 수도 있다. 그런데 여기서 생각해야 할 일은 자신에 대한 보상이 단지 물질적인 것에 한정되지 않는다는 사실이다. 그렇기 때문에 보다 근본적으로는 정신적으로 만족감을 느낄 수 있는 일을 하는 것이 좋다.

이런 과정에서 유념해야 할 단 한 가지 일은 당신 스스로에게 하는 보상이 즐겁고 만족스러운 것이야 하지 자기파괴적이거나 해로운 것이어서는 안 된다는 점이다. 예를 들어 과도하게 술이나 담배, 초콜릿을 먹거나 마시는 일은 도움이 되지 않는다.

다른 사람의 지지 이끌어내기

비록 이 책에서 강조하고 있는 주요 메시지 중 하나가 행복이란 우리가 스스로 선택하는 것이라는 명제이기는 하지만, 그것이 곧 그 모든 것을 당신 스스로 해내야 한다는 의미는 아니다. 행복은 물론 당신 자신에게 달려 있지만, 그렇다고 해서 행복을 얻는 과정에 다른 사람의 조언이나 도움이 전혀 불필요하다는 의미는 아닌 것이다. 헬스 클럽에서 어떤 사람들은 개인적인 트레이너의 도움을 받아 운동하는 것처럼 당신도 개인적인 행복 코치의 도움을 받을 수 있다. 그 코치들은 심리학자와 같은 전문가들일 가능성이 높기는 하지만 그렇다고 해서 꼭 전문가들일 필요는 없다. 당신의 남편이나 아내, 친구일 수도 있고, 심지어 직장 동료일 수도 있다. 이 책에서 제안하고 있는 행복해지기 위한 전략들을 실천에 옮기고자 노력하는 과정에서 당신을 지지해 주고 응원을 아끼지 않을 사람이라면 그가 누구든지 상관없다.

이 과정에서 가장 중요한 첫 번째 단계는 적절한 사람을 선택하는 일이다. 그 사람은 당신이 믿을 수 있고 존경하는 사람이어야 할 뿐만 아니라 기꺼이 당신을 도와줄 수 있는 자세를 갖고 있는 사람이어야 한다. 물론 어느 누구도 당신 자신의 프로그램 속으로 들어올 수는 없다. 그렇기 때문에 당신이 적절하다고 생각하고 있는 사람들 중에는 실제로는 그렇지 못할 가능성이 있는 사람도 포함될 수밖에 없다. 만약 도와줄 것이라고 믿었던 사람이 도와줄 수 없다고 말한다면 그것을 상처로 받아들이지 말고 단지 그 일에 적합하지 않은 사람일 뿐이라고 생각하면 된다.

한번 적합한 사람을 찾고 나면 일이 훨씬 쉬워진다. 다음 단계는 그 사람에게 당신의 프로그램을 설명하는 일인데, 그 일은 쉽게 말해서 미래를 위한 당신의 비전과 목표를 공유하는 일이기도 하고, 이 목표들을 달성하는 데 어떻게 하면 협력할 수 있는지 논의하는 과정 자체이기도 하다.

이 단계에는 정기적인 만남이 포함될 수도 있는데, 이 만남은 겉으로는 공식적으로 보이면서도 실제로는 한 달에 한 번 정도 만나 다음과 같은 일들을 점검하는 매우 실제적인 만남이 될 것이다.

- 당신이 성취하려고 노력하는 그 목표를 계속해서 유지하고 있는지 확인하기
- 당신이 성취한 것 확인하고 격려받기
- 당신이 목표를 잃고 있거나 그 과정에서 일탈하고 있을 경우, 다시 그 궤도로 돌아갈 수 있는 도움 받기

때로는 당신을 지지해 주는 그 사람이 단지 울타리처럼 주위에서 있을 수도 있고, 어려운 문제들이 무엇인지를 알려주는 코치의 위치에 있을 수도 있다.

지속적으로 실천하기

지지해 주는 사람의 가장 중요한 역할 중 하나는 당신에게 어떤 진전이 있을 때 확인해 주고 북돋워 주는 일이다. 더 나아가 그 사람은 당신이 어떤 문제에 봉착했을 때 중요한 역할을 할 수 있다. 우리가 이미 알고 있는 것처럼 행복은 하루 종일 지속될 수 있는 감정은 아니기 때문에 자신의 기분이 저하되어 있거나 좌절감에 빠져 있을 때 행복감을 회복하기 위한 어떤 일을 하는 것이 중요하다.

이 책에서 추천하고 있는 전략 중에서 많은 것이 익숙해지는 데 시간이 필요하고, 또 익숙해졌다고 해도 늘 완벽하게 실천할 수 있는 것은 아니라는 사실을 염두에 두어야 한다.

삶의 구비에는 자갈길도 포함되어 있기 때문에 이 구비들을 잘 건너가는 방법을 배우는 것이 중요하다. 이것과 관련된 매우 적절한 중국의 격언이 있다.

"일곱 번 넘어지면 여덟 번 일어나라(七顚八起)."

이 격언의 핵심은 절대 포기해서는 안 된다는 것이다. 행복은 결국 당신의 것이 될 것이다. 이 책의 앞부분에서 말한 것처럼 실패를 통해서 배울 수 있는 자세만 되어 있으면 실패는 성공에 이르는 숨겨진 지름길이다. 같은 맥락에서 만약 곤경으로부터도 배울 수 있는 자세만 되어 있다면 불행은 곧 행복에 이르는 지름길이라고 말할 수도 있겠다.

어려운 상황이나 여건을 통해서 배울 수 있다는 사실을 명심하고, 당신의 행복을 위한 계획과 전략들을 포기하지 말고 끝까지 밀고 나가기 바란다.

요약

1. 행복해지기 위한 전략에서 가장 중요한 첫 번째 단계는 지금 곧 시작하는 것이다.
2. 이 장에서 제시하고 있는 도구들과 방법들을 활용하라.
3. 실천하고 실천하고 또 실천하라.
4. 그 과정에서 실수를 하게 되면 그것을 통해 배울 수 있는 것이 무엇일지 생각하라.

이 그림의 의미를
제대로 읽어낼 수
있다면 당신은
행복해 질거야.
Millard

10장

스스로 행복한지 어떻게 알 수 있을까?

이 마지막 장에서는 지금까지 우리가 함께 이야기해 온 행복론에 관한 총체적인 마무리를 하려고 한다. 당신이 이 마지막 장까지 꼼꼼히 읽어가기를 바라는 마음이 간절하지만, 그렇다고 행복에 관한 더 특별히 제시할 새로운 전략은 없다는 사실을 숨기고 싶지는 않다. 다만 몇 가지 중요한 포인트를 다시 한 번 강조하고 싶고, 또 내가 실생활에서 활용하고 있는 몇 가지 가벼운 방법들을 소개하고 싶을 뿐이다.

이 마지막 장에서는 또 내가 만나는 사람들마다 항상 던지곤 하는 질문에 대한 답을 제시해 보고자 한다. 이 책에서 제안하고 있는 행복해지기 위한 전략들을 실제 임상에서 활용해서 많은 도움을 받고 있는 많은 내방객들이 나에게 항상 이렇게 묻곤 한다.

"언제 내가 행복한지 어떻게 알 수 있지요?"

그러면 나는 대체로 다음과 같은 표준 답안은 내놓곤 한다.

"당신 자신에게 물어보세요. 그것도 가능하면 자주 그런 물음을 자신에게 던지세요."

이 질문을 던지는 사람들 대부분은 정말로 행복이 무엇인지를 잘 몰라서 행복해지려는 노력을 통해 어떤 것을 얻어놓고도 그것이 진정한 행복인지를 확신하지 못해 이런 의구심을 갖는다. 또 어떤 사람들은 그 행복이 하루 종일 지속되어야 한다는 잘못된 믿음을 갖고 있어서 조금만 스트레스가 다가와도 불행하다는 생각을 하는데, 이런 생각들은 전혀 도움이 되지 않는다.

자신에게 행복이 무엇을 의미하는지를 깊이 생각해 보고 행복이 사람에 따라 다른 의미를 지닐 수 있다는 사실을 받아들이는 것이 좀 더 많은 도움을 가져다 준다. 즉 행복이 하나로만 정의될 수 없다는 것이다. 대신 행복은 만족감과 충족감, 즐거움, 흥미, 쾌락 등을 포함하는 감정들의 결합이다. 더 나아가 참되고 지속적인 행복의 경험은 내외적 변인과 통제할 수 있거나 할 수 없는 변인들과 같은 다양한 변인들에 의해 결정되기 때문에 이 책에서 제안한 원칙들도 그러한 다양한 변인의 영향을 받을 수밖에 없다.

앞에서도 살펴본 것처럼 좀 더 행복해지고 싶은 현실적이고 성취 가능한 욕구들이 비현실적이고 얻을 수 없는 100%의 온전한 행복과 혼동되어서는 안 된다. 따라서 지금 자신이 행복한지를 알고자 한다면 그 행복이 자신에게는 무엇을 의미하는지를 좀 더 명료하게 알 필요가 있는 것이다.

자신의 행복 개념을 보다 분명하기 위해 할 수 있는 일이 무엇인지를 이해하는 데 도움이 될 수 있는 다른 비유를 하나 생각해 보기로 하자.

나를 포함해서 많은 사람들은 일 년에 한 번 정도는 세금 환급 등의 일로 재무 설계사나 세무사를 만난다. 그들을 만나서는 대개 '올해 제 재무상태가 어땠나요?' 와 같은 질문을 던진다.

이 질문에 대한 답은 자기 스스로 자신의 재정적 상황을 평가하는 준거에 따라 달라질 수밖에 없다. 자신이 12살 때 부자인지 아닌지를 어떤 기준을 가지고 판단했었는지 떠올려보자. 아마도 그때는 10만 원 정도만 손에 쥐고 있어도 부자라고 생각했을 것이다. 지금 기준으로 따져보면 전혀 그렇지 않을 텐데, 그 이유는 바로 자신의 정의와 기분이 바뀌었기 때문이다.

그렇다면 지금 자신은 행복을 어떤 기준을 가지고 정의하고 있는지 생각해 보자. 더 나아가 자신이 정의내린 행복의 목표에 좀 더 가깝게 가고 있는지를 어떻게 측정하고 있는지에 대해서도 생각해 보자.

이런 생각들을 전개하는 과정에서는 전문가의 도움은 그다지 쓸모 없고 오직 당신 스스로 생각하는 것이 중요한데, 전문가들처럼 행복을 정의하고 그것의 성취 정도를 측정하는 스스로의 시스템을 갖추도록 해보라. 그렇게 해놓으면 일 년에 한 번씩 자신의 재정상태의 균형을 점검하는 것처럼 가족과 건강, 정신적 삶의 영역에서의 낙관주의 같은 행복에 긍정적인 요소들을 점검할 수 있게 될 것이다.

물론 이런 점검을 매일 할 필요는 없고, 일 년에 한 번 내지 두 번 정도 하면 되는데 실제로 해보면 어렵지 않다.

지금 바로 공책을 펴들고 자신의 건강과 행복을 위해 가장 중요하다고 믿는 삶의 영역들을 나열해 보기 바란다. 그런 후에 이 영역들 각각에서 현재 자신의 상황을 평가해 등급을 매기고, 여섯 달 내지 열두 달 동안 10등급으로 나누어 그 성취의 진행 정도를 측정할 수 있도록 표를 그려보도록 하자.

만약 어떤 영역에서 등급이 낮게 나오면 그 등급을 끌어올릴 수 있는 특별한 계획을 세우는 게 좋지만, 여기서 한 가지 상기해야 할 사실은 우리들 중 누구도 모든 영역에서 10등급을 얻을 수는 없고, 그나마도 그 등급들이 삶의 다양한 국면에서 상황변인에 따라 요동칠 수 있다는 점이다.

행복은 일상 속에서 얻어지는 아주 단순한 영역이기도 하다는 점에서 이런 절차들이 혹시 지나치게 복잡한 것으로 받아들여질까 두렵다. 이 책에서 우리가 함께 살펴본 모든 전략과 기술들은 노력하면 쉽게 배울 수 있는 것들이다. 다른 전략이나 기술과 마찬가지로 지속적인 실천을 통해 좀 더 잘 활용할 수 있게 될 것이고, 인내심을 갖고 실천해 나가다 보면 어느 새 행복이 자신에게 다가와 있음을 느끼게 될 것이다.

그 실천의 과정에서 칠전팔기(七顚八起)의 자세를 꼭 명심하기 바란다.

성공과 성취에 관한 논의에서 많이 활용되는 다음 인용문이 행복에 관한 논의에서도 상당한 정도의 의미를 지닐 수 있을 것으로 믿는다.

> 세상의 어떤 것도 집념을 넘어설 수는 없다. 능력은 잘못 사용될 수 있고 재능도 때로는 발휘되지 않을 수 있다. 교육조차도 세상의 교육받은 사

람들의 행태를 통해 알 수 있는 것처럼 때로 무능할 수 있다. 오직 집념과 굽힘 없는 실천만이 전지전능하다.

미켈란젤로는 "세상 사람들이 내가 얼마나 힘들게 작품을 만들었는지를 안다면 내 작품을 보고 놀랍다는 말을 쉽게 할 수 없을 것이다"라고 말한 적이 있다. 성취나 성공, 행복 모두 같은 원칙이 적용된다. 이 책을 읽고 있는 여러분들에게 행복은 어쩌면 쉽게 다가오지 않는 것일 수 있다. 지금 이 순간 그런 나의 말에 동의할 수밖에 없다면, 성공을 위해 그렇게 많은 시간을 투자하는 것처럼 행복을 위해서도 많은 노력이 필요하다는 사실을 다시 한 번 자각하기 바란다.

자신이 원하는 만큼 행복하지 못하다고 느껴지면 그 느낌을 그대로 수용하지 말라. 그대로 수용할 경우에 그 감정은 틀림없이 사랑하는 사람을 잃었거나 좋지 못한 일을 했다는 자책감 같은 부정적인 감정일 것이고, 그 감정은 다시 더 많은 불행감을 가져올 것이기 때문이다. 대신 좀 더 행복해지기 위해 할 수 있는 일이 무엇일까 생각해 보라.

당신은 스스로 선택하는 것만큼 행복해질 수 있다.

내가 이 책을 통해서 당신에게 주고 싶은 핵심적인 선물은 바로 이것이다. 나뿐만 아니라 행복 전문가들 상당수가 행복은 결국 선택의 문제라고 일관되게 충고하고 있는데, 나는 더 나아가 그런 선택을 위한 구체적인 전략을 '선택 모형' (CHOOSE Model)으로 표현해 보고자 했을 뿐이다. 이 모형을 가지고 우리는 좀 더 구체적이고 실천적인 전략들을 일상 속에서 잊지 않고 활용할 수 있을 것이라고 믿기 때문이다.

이 책의 시작 부분에서 이미 설명했던 것처럼 선택 모형은 '선택' (CHOOSE)이라는 단어의 철자를 이루는 각각의 알파벳에 해당하는 단어로 재구성한 것이다. 그 단어들을 다시 한 번 떠올려 보도록 보자.

명료함	C = 삶의 목적과 방향의 명료함(Clarity)
건강	H = 수면과 운동, 다이어트를 통한 건강(Health)
낙관주의	O = 낙관적인 사고와 희망(Optimism)
타인들	O = 나의 핵심적인 인간관계(Others)
장점	S = 자신의 장점 인정하기(Strengths)
현재를 즐김	E = 지금 이 순간을 즐기기(Enjoyment)

이 선택 모형을 생각해내기 전에 비슷한 방식으로 내가 자주 활용했던 '수다 모형' (Chat Model)이라는 것도 있는데, 이 모형에서는 특히 독선을 피하고 관용을 받아들이는 데 초점을 맞췄다.

또 행복 자체에 초점을 맞춰서 '붙잡기 모형' (Grasp Model)이라는 것도 만들어본 적이 있는데 구체적인 내용은 다음과 같다.

수다 모형(CHAT)

고요함	C (calm)
행복	H (happiness)
태도	A (attitude)
관용	T (tolerance)

붙잡기 모형(GRASP)

목표	G(goals)
관계	R(relationships)
태도	A(attitude)
장점	S(strengths)
현재	P(present moment)

이런 방식으로 당신 자신의 상상력과 창의성을 발휘해서 자신의 모형을 만들어 볼 수 있다. 물론 내 모형을 활용해 주기를 바라는 마음도 크지만, 자신에게 더 큰 의미를 지닐 수 있는 요소들을 중심으로 새로운 모형을 만들어 보면 그 활용도를 훨씬 더 높일 수 있고, 그렇게 되면 좀 더 힘 있고 적절한 모형으로 당신의 삶 속에 자리매김될 수도 있을 것이다.

나의 말에 흥미가 느껴진다면 모형을 만들기 전에 먼저 자신의 행복을 위해 가장 결정적이라고 믿는 삶의 영역과 주제, 전략들의 리스트를 만들어 보라. 이 리스트를 만들면서 한 항목을 한 가지 이상의 방식으로 정리해 보면 생각의 폭을 넓히는 데 도움이 된다. 다시 말해서 태도와 낙관적 사고, 긴장 완화와 명상, 타인들과 그들과의 관계 등으로 한 항목을 두 개 이상의 단어로 떠올려 보라는 것이다. 물론 이런 단어들을 선택하는 일이 문제의 핵심은 아니다.

그런 후에는 이 단어들의 첫 글자를 조합해서 다시 한 개의 단어 또는 문장으로 만들어 보고, 가능하면 우리의 일상 속에서 쉽게 접할 수 있는 단어로 재구성해 보도록 하라.

내가 지속적으로 강조해 온 것처럼 행복은 멀리 있는 것이 아니라 바로 우리의 일상과 가장 가까운 곳에 있기 때문이다. 그 어떤 중요한 전략도 이 일상 속에서 활용될 수 있어야만 의미가 있다. 예를 들어 명상법을 마스터했다고 해도 일상 속에서 자주 활용하지 않으면 의미가 없고, 가끔씩 낙관적인 생각을 한다고 해도 일상 속에서 지속적으로 할 수 없으면 참된 행복으로 이끄는 방법이 되기 어려운 것과 같다. 행복해지기 위해 당신이 어떤 계획을 세우고 그에 맞는 좋은 프로그램을 마련한다고 해도 참된 행복에 이르는 유일한 길은 바로 그 실천에 있음을 명심하기 바란다.

이 책을 쓰는 데 도움을 받은 분들

어떤 책을 쓰든지 항상 그런 것처럼 이 책도 결코 나 혼자만의 작품이 아니다. 몇 년 동안, 특이 이 책을 본격적으로 집필했던 지난 아홉 달 동안 많은 사람의 저서들을 읽기도 했고, 사람들과의 만남과 대화를 통해서 많은 도움을 받았다. 그 중에서도 빠뜨려서는 안 될 사람들만을 꼽아서 밝히는 것이 그분들로부터 받은 도움이 대한 최소한의 예의일 것으로 믿어 아래와 같이 밝혀두고자 한다.

셀리그먼(M. Seligman) 교수는 비록 한 번도 직접 만난 적은 없지만 긍정심리학의 영역을 주도하면서 저서 등을 통해 내게 많은 영감을 주신 분이고, 달라이 라마(Dalai Lama)는 역시 내가 직접 뵙지는 못했지만 저서와 실천을 통해 나를 비롯한 많은 사람들에게 큰 영향을 주신 분이다.

좀 더 논리적인 측면에서서는 레이놀즈(Siimon Reynolds)와 메이(Andrew May), 내 행복연구소에서 함께 일하는 좋은 동료들인 나오미(Naomi)와 아만다(Amanda), 루이즈(Louise) 등의 도움을 많이 받았다.

그 외에도 내 가족과 나의 성장과정에서 다른 사람과 사랑하고 관계 맺는 법을 가르쳐 주신 아버지와 어머니의 도움을 말하지 않을 수 없다. 여기에 직접 기록하지는 못하지만 그동안 내게 도움을 주었던 다른 많은 분들에게도 모두 고마운 마음을 표현하고 싶다.

더 읽을 만한 책들과 찾아가 볼 만한 사이트들

추천하고 싶은 웹사이트들

〈www.thehappinessinstitute.com〉 이 사이트는 다른 어떤 것보다도 무료로 소식지를 받아볼 수 있고 혼자서 집에서 활용할 수 있는 다양한 서비스 자료들도 받아볼 수 있다는 점에서 먼저 추천하고 싶다. 행복에 관한 세미나나 워크샵이 언제 어디서 열리는지도 알 수 있고, 이 책에서 추천하고 있는 프로그램을 좀 더 심층적으로 응용할 수 있는 행복 전략들과 워크북도 이 사이트에서 구할 수 있다.

〈www.makingchanges.com.au〉 이 사이트는 티모시 샤프 박사의 임상심리학을 주로 연구하는 '티모시 박사와 그 동료들'이라는 연구소의 온라인 연구실이다. 이 사이트에서는 행복과 관련된 다양한 자료들과 정보들을 무료로 받아볼 수 있고, 행복에 관한 다른 연구소나 채팅방을 소개받을 수도 있다.

<www.authentichappiness.org> 마틴 셀리그먼 교수가 운영하고 있는 이 사이트는 당신이 행복에 대해서 갖고 있는 궁금증들을 해소할 수 있는 다양한 정보들과 질문지, 조사결과 등을 무료로 제공하고 있다. 또한 자신의 장점이나 낙관적으로 사고하는 정도 같은 행복 구성요소들을 진단받을 수 있는 놀라운 기회도 무료로 제공하고 있다.

더 읽을 만한 책과 자료들

1. 허버트 벤슨(H. Benson), 『이완 반응』(*The Relaxation Response*), Harper Torch, an imprint of Harper Collins, 1975.
2. 달라이 라마와 하워드 커틀러(H. Cutler), 『행복의 기술 : 삶의 지침』(*The Art of Happiness : A Handbook for living*, 『달라이 라마의 행복론』으로 번역출간), Hodder, 1998.
3. 「티모시 샤프 박사와 함께 편안한 마음 갖기」(*Relax with DR Timothy Sharp*), CD와 테이프를 <www.makingchanges.com.au>에서 구할 수 있음.
4. 캐더린 색썰비(C. Saxelby), 『삶을 위한 영양식』(*Nutrition for Life*), Hardie Grant Books, South Yarra, 2002.
5. 마틴 셀리그먼(M. Seligman), 『참된 행복』(*Authentic Happiness*), Random House Australia, Milsons Point, 2002.
6. 폴 윌슨(P. Wilson), 『고요해지는 기술 : 마술과 미신을 벗어나 명상하기』(*The Calm Technique : Meditation without magic or mysticism*), Penguin, Ringwood, 1996.

– 저자

티모시 샤프(Timothy J. Sharp) 박사는 임상과 심리치료를 전공하는 심리학자이면서 동시에 호주 유일의 행복연구소 책임자이기도 하다. 이 행복연구소(The Happiness Institute)는 개인과 연인들, 가족과 조직의 행복을 증진시키는 것을 주된 목표로 삼고 있다. 그는 이 책 외에도 세계적으로 널리 알려진 『숙면을 위한 안내서』(*The Good Sleep Guide*)의 저자이기도 하다.

– 옮긴이

박병기(朴柄基) 박사는 서울대학교 사범대학 윤리교육과와 같은 대학원에서 도덕교육과 윤리학을 공부해 박사학위를 받았고, 불교원전전문학림 삼학원에서 불교철학과 윤리를 공부했다. 전주교육대학교 교수를 거쳐 현재는 한국교원대학교 윤리교육과 교수로 있으면서 우리 아이들이 어떻게 하면 학교와 가정에서 행복해질 수 있을까를 고민하고 있다. 그는 이 번역서 외에도 『사드의 철학과 성윤리』, 『아동인격교육론』 등을 번역했고, 『윤리학과 도덕교육 1, 2』, 『우리 시대의 문화와 사회윤리』 등의 저자이기도 하다.

티모시 샤프의 행복심리학

초판1쇄 / 2008년 9월 30일

지은이 **티모시 샤프**
옮긴이 **박병기**
펴낸이 **여국동**
펴낸곳 **도서출판 인간사랑**
인 쇄 **백왕인쇄**
제 본 **은정제책사**

출판등록 1983. 1. 26. / 제일 3호

정가 12,000원
ISBN 978-89-7418-965-5 03100
※ 잘못된 책은 교환해 드립니다.

(411- 815) 경기도 고양시 일산구 백석동 1178-1
TEL (031)901-8144, 907-2003
FAX (031)905-5815
e-mail/igsr@yahoo.co.kr / igsr@naver.com